# Le plaisir de travailler

**Favoriser l'implication des personnes**

Éditions d'Organisation
Groupe Eyrolles
61, bd Saint-Germain
75240 Paris Cedex 05
www.editions-organisation.com
www.editions-eyrolles.com

DU MÊME AUTEUR

*Audit de la culture d'entreprise,* Éditions d'Organisation, 1986.
*Culture et comportements,* Vuibert, 1992 (avec Jean-Luc Vachette).
*Impliquer les personnes dans l'entreprise,* Éditions Liaisons, 1992.
*Culture d'entreprise,* PUF, Que-sais je ?, 1993.
*Management, une affaire de proximité,* 2003.
*L'implication,* Vuibert, 2002 (œuvre collective avec Jean-Pierre Neveu).
*Management, une affaire de proximité,* Éditions d'Organisation, 2003.

Éditeur de plusieurs numéros spéciaux de la *Revue Française de Gestion* :
– Les lois Auroux (1982) ;
– La culture d'entreprise (1985) ;
– La gestion des ressources humaines à l'heure européenne (1991) ;
– Le retour du travail (1999).

Maurice THÉVENET

# Le plaisir de travailler
## Favoriser l'implication des personnes

Deuxième édition
Troisième tirage 2007

**EYROLLES**
Éditions d'Organisation

*Collection de l'Institut* MANPOWER

**L'institut MANPOWER de Recherches Prospectives
en Ressources Humaines**

Acteur et observateur central du monde de l'emploi, Manpower a créé en 1994 un Institut de recherches prospectives en ressources humaines afin de mutualiser son expertise dans le domaine.

L'objectif de l'Institut Manpower est double : explorer d'une part les évolutions à moyen terme en matière de GRH ; apporter d'autre part aux entreprises et aux dirigeants des outils d'aide à la décision leur permettant de se préparer dès aujourd'hui aux implications des ces mutations à venir.

La collection de livres édités aux Éditions d'Organisation s'inscrit dans cette double perspective et complète les autres actions de l'Institut Manpower : publication de cahiers de recherche thématiques, réalisation de guides sur les enjeux de la GRH, remise du Prix de l'ouvrage en ressources humaines...

Cette collection est dirigée par Jean-Pierre LEMONNIER, Denis PENNEL (MANPOWER) et Jean-Pierre RICHARD (PLUS CONSULTANT), avec la collaboration de Jacques PERRIN, directeur de l'Enseignement Supérieur et du Développement des Pôles de Compétences Technologiques CCINGA et Georges TRÉPO, professeur au Groupe HEC, ex-président de l'Association Francophone de GRH (AGRH), « Program Chair de la division Management Consulting, Academy of Management, USA ».

**Titres parus**

Jean-Paul ANTONA, *La rupture du contrat de travail : Guide juridique et pratique*, 1998.

Victor ERNOULT, *Recruter sans se tromper*, 2000, 2e édition 2004.

Guillaume FRANCK et Rafaël RAMIREZ, *Les meilleures pratiques des multinationales : Structures - Contrôle - Management - Culture*, 2003.

Bernard MERCK et Coll., *Équipes RH acteurs de la str@tégie - L'e-RH : mode ou révolution*, 2002.

Thierry C. PAUCHANT et Coll., *La quête du sens*, 1997.

Jean-Marie PERETTI, *Les clés de l'équité dans l'entreprise*, 2004.

Guy-Patrice QUÉTANT et Michel PIERCHON, *L'embauche ; Guide juridique et pratique*, 1998.

Stéphanie SAVEL, Jean-Pierre GAUTHIER et Michel BUSSIÈRES, *Déléguer - Voyage au cœur de la délégation*, 2000.

Maurice THÉVENET, *Le plaisir de travailler - Favoriser l'implication des personnes*, 2000, 2e édition 2004.

Georges TRÉPO, Nathalie ESTRELLAT, Ewan OIRY, *L'appréciation du personnel*, 2002.

Jean-Louis VIARGUES, *Le guide du manager d'équipe - Les clés pour gérer vos ressources humaines*, 2e édition 2001.

Philippe VILLEMUS, *Motiver vos équipes : le guide*, 1997, 2e édition 2004.

Cet ouvrage est écrit à la mémoire de Jean-Luc Vachette (1950-1997). Jean-Luc a toujours suivi le sens de ses valeurs, le service de l'autre et le développement de la personne. Je rêve qu'il aimera ce livre, il y a tant contribué. Que cette dédicace soit pour Nicole, Aurore et Maud le rappel que Jean-Luc ne peut être oublié de tous ses amis et l'assurance que son apport vit toujours.

*Remerciements*

À tous les étudiants du CNAM, de l'ESSEC, des universités de Paris 12 et Versailles-Saint-Quentin-en-Yvelines qui ont, par leur présence, leurs réactions et leurs travaux aidé à la pédagogie de ce livre.

À l'APM et aux dizaines de dirigeants d'entreprise membres des clubs qui ont stimulé par leurs questions et réactions l'utilité pratique de cet ouvrage.

Aux personnels des multiples entreprises avec lesquels j'ai eu le privilège de travailler ; ils ont fortement inspiré l'ouvrage en me révélant dans la quotidienneté du travail une implication plus forte que ce que disent généralement les livres. Que soient particulièrement remerciés les personnels de AGF, Arthur D. Little, Bull, CFCA, CNCEP, Crédit Lyonnais, Disneyland-Paris, ESSEC, General Motors, Honeywell, Philips, Pizza-Hut, Renault, SCA-Packaging, Sommer-Allibert, SNCF, Sonatrach, Usinor.

À l'AGRH (Association francophone de Gestion des Ressources Humaines) et aux membres du groupe de travail sur l'implication, en particulier Jean-Pierre Neveu, Brigitte Charles-Pauwers, Dominique Peyrat, Nathalie Commeiras.

« Seule une attention patiente permet de pénétrer la vérité d'autres êtres humains, avec leurs vices et leurs vertus, leur méchanceté et leur bonté. Il faut les écouter attentivement et les laisser se dévoiler. La vérité n'est pas donnée dans la mise à nu brutale, mais dans un moment de révélation. Elle a besoin de tendresse, pas de dénonciation. Pour y voir clairement, il faut de la compassion, et même de l'amour. »

Timothy Radcliffe
Maître de l'Ordre des prêcheurs
*Jurassic Park et la dernière Cène* – Conférence à l'« Open Day » du *Tablet,* Londres, juin 1994.
(Texte de la conférence repris dans « *Je vous appelle amis* » – Entretiens avec Guillaume Goubert – Éditions La Croix-Cerf, 2000).

# Sommaire

**DEUXIÈME PARTIE : LE DÉFI DE L'IMPLICATION
POUR L'ENTREPRISE**

**TROISIÈME PARTIE : LES VRAIS CHEMINS DE L'IMPLICATION**

# Introduction
# Le retour du travail*

L e travail revient. En fait il n'était pas parti, mais on ne comptait plus les théories qui le faisaient disparaître ou ranger au rayon des vieilleries de l'histoire. La montée inexorable du chômage ne laissait entrevoir aucune issue à une société duale dans laquelle de moins en moins de personnes travailleraient ; le développement d'une nouvelle économie remettait en cause le besoin de travail, de postes et d'emplois comme on les avait connus. Ainsi le travail devait cesser d'être le lieu central de l'existence comme il semblait l'avoir été dans le passé. Approches économiques, sociologiques, politiques et même historiques du travail nous brossaient un tableau relativisé et contrasté d'une activité humaine en déclin : le travail n'avait plus la cote, critiqué de toutes parts, et on en serait même venu à se réjouir que de plus en plus de personnes puissent en être dispensées.

---

* Que soient remerciés Renaud de Rocheburne et la *Revue Française de Gestion* pour autoriser la reprise de ce titre du numéro spécial de la revue sur le travail (décembre 1999).

Le travail est-il encore un thème intéressant ? Sans doute, dans la mesure où il reste un lieu d'investissement important en temps, en énergie, en espoirs et en projets. Les économistes, psychologues, sociologues ou politiques, mais aussi les auteurs et cinéastes n'ont donc pu manquer de s'interroger sur le travail, avec leur propre angle d'approche.

Rien que ces dernières années, on peut citer au moins trois grands coups de projecteur sur le travail. Tout d'abord il y a le problème du chômage. C'est l'angoisse de la perte d'emploi, les difficultés économiques des personnes touchées, mais aussi les sentiments divers et douloureux de non-reconnaissance des efforts déployés, du travail accompli, la perte de statut social, les difficultés d'ajustement dans une société qui semble mettre à l'écart ceux qui ne possèdent pas le statut conféré par le travail. En manquant, le travail révèle son importance.

Le deuxième débat concerne les conditions de travail, avec l'apparition de toutes sortes de nouvelles affections liées à l'exercice de l'activité comme les TMS[1], ces traumatismes produits par la répétition de gestes et postures, la violence au travail, la pression psychologique découlant de l'investissement au travail : harcèlement, épuisement professionnel, etc. Après avoir dénoncé les problèmes du taylorisme, de la pénibilité des tâches et de la non-responsabilité dans le travail, on pointait alors les problèmes causés par les organisations non-tayloriennes.

Le troisième débat concerne la réduction du temps de travail. La durée légale du travail a été abaissée le 1er février 2000 pour toutes les entreprises de plus de 20 salariés. Autour de cette loi importante se sont ranimés tous les débats sur l'effet de telles mesures en faveur de l'emploi et de l'évolution des organisations de travail, sur sa fonction de libération d'un joug contraignant.

Plus qu'un nouvel ouvrage sur le travail, ce livre veut traiter de son retour[2] comme sujet d'observation et de préoccupation.

---

1. TMS - Traumatisme Musculo-squelettique.
2. Ce titre a déjà été utilisé pour un numéro spécial de la *Revue Française de Gestion* (Maurice Thévenet, Éd, décembre 1999).

Bien entendu c'est un clin d'œil à l'ouvrage à succès de Rifkin[3] qui, il y a 5 ans, c'est-à-dire au siècle dernier, avant l'avènement de la « nouvelle économie », montrait une tendance inéluctable à la disparition du travail du fait des améliorations de la productivité et de l'évolution de l'économie. Ce clin d'œil n'en est pas pour autant une réponse, mais plutôt l'affirmation qu'aujourd'hui, ceux qui s'occupent du fonctionnement des organisations et des entreprises ne peuvent éviter de chercher à nouveau à comprendre ce que travailler veut dire, ce que l'expérience vécue par des femmes et des hommes signifie pour eux car leur représentation de leur investissement en temps et énergie va fortement déterminer leurs comportements et attitudes, de plus en plus divers, vis-à-vis du travail[4].

# La diversité des représentations

## Les aspects quantitatifs du retour du travail

Le bâtiment manque de bras, comme les stations de sports d'hiver pour la saison 1999-2000, comme l'hôtellerie-restauration et de nombreux autres secteurs d'activité en dehors même de ceux qui relèveraient d'une nouvelle économie. Les entreprises cherchent des jeunes cadres, des professionnels de toutes sortes. Puisque le marché se renverse dans certains secteurs, on voit réapparaître les problèmes classiques de lutte contre le *turn-over*, de développement de la fidélisation des employés, de communication auprès de toutes les cibles pour attirer à nouveau des talents vers l'entreprise. Le rapport de pouvoir se renverse à ce niveau.

---

3. Rifkin J., *The End of Work*, New York, Putman's sons, 1995.
4. Au-delà des excellents ouvrages sociologiques et historiques qui ont connu un grand succès ces dernières années, on lira avec intérêt deux ouvrages récents qui tentent d'aborder différemment le travail :
Jarrosson B. et Zarka M., *De la défaite du travail à la conquête du choix*, Paris, Dunod, 1997.
Bellier S., Rouvillois S. et Vuillet P., *Le travail à visage humain*. Paris, Éditions Liaisons, 2000.

## Les aspects qualitatifs du retour du travail

Cependant, ces tensions sur le marché du travail exprimées par les très nombreuses entreprises qui déclarent vouloir recruter ne se traduisent pas encore par des revirements brutaux des chiffres du chômage qui restent élevés avant que le débat d'experts ne ressurgisse sur le niveau de chômage structurel. Des centaines de milliers de personnes ne sentent pas encore qu'il soit devenu si facile de trouver le travail qu'elles désirent ; elles continuent d'être confrontées aux angoisses, vexations et difficultés de processus de recrutement qui sont rarement une partie de plaisir. Car dans un univers où les emplois sont de plus en plus hétérogènes, on cherche des compétences bien particulières, pas forcément « formalisables », pas nécessairement référencées dans des programmes de formation ou des diplômes. La diversité des activités de service, la nouveauté de certains secteurs requièrent des compétences difficiles à posséder : sens du service, initiative, prise de responsabilité sont difficiles à trouver. Si en plus on recherche, comme c'est souvent le cas, des moutons à cinq pattes, on a encore plus l'impression d'un manque de compétences disponibles sur le marché : capacités entrepreneuriales avec une grande rigueur de gestion, réserve et sérieux mais ouverture, extraversion et sens des contacts, tout cela est possible mais pas forcément compatible.

Dans des organisations toujours plus maigres, on a besoin de ces moutons à cinq pattes et la chasse aux oiseaux rares est de plus en plus difficile. Il n'est qu'à regarder, sur le marché des cadres, l'activité intense de la chasse de têtes où l'on essaie surtout de faire tourner d'une entreprise à l'autre des personnes aux compétences attestées et reconnues.

## Le retour du travail par obligation

Tensions sur le marché du travail, difficultés à trouver les compétences adéquates à des situations opérationnelles nouvelles, le retour du travail est aussi une obligation du fait de la disparition de la « centralité » du travail. À une époque où l'on travaillait 48 heures par semaine avec très peu de vacances, une entrée précoce sur le marché du travail, une sortie de ce marché peu de temps avant que la fatigue accumulée n'ait raison de la santé, le problème de la « centralité » du travail se posait en des termes différents. Aujourd'hui, non seulement le temps consacré au travail dans une vie se réduit mais, plus encore, l'activité s'exerce dans des conditions de plus en plus diverses de temps, de lien juridique, de conditions de travail. Il n'existe plus de figures emblématiques du monde du travail comme l'ouvrier métallurgiste de 40 ans a pu l'être dans le passé. Non seulement l'industrie recouvre des situations contrastées entre l'équipement automobile, la chimie, l'électronique ou l'agroalimentaire mais la main-d'œuvre dans l'industrie ne représente plus qu'un petit quart de la population active. Les services, qui semblent accueillir la majorité des nouveaux emplois et des nouveaux travailleurs, ne représentent plus rien d'uniforme, c'est le rapprochement d'activités, de conditions d'emploi, de pratiques professionnelles qui vont du « call-center » aux pompes funèbres, de l'hôtellerie-restauration à la sécurité en passant par les services de soin (qui risquent de connaître la plus forte croissance quoi qu'en pensent les chantres de la nouvelle économie). Plus encore, la diversité démographique est de plus en plus grande et la société réclame de la prendre en compte : l'arrivée des femmes sur le marché du travail, la considération prochaine des identités culturelles et ethniques dans les politiques de personnel, comme l'ont fait bien avant nous les États-Unis par exemple. Tout ceci accroît la diversité des situations de travail, des attentes, des représentations qui lui sont liées.

Ainsi le retour du travail s'impose parce que le rapport au travail n'est plus une constante ; le travail n'est plus un monde uniforme, il n'est ni paradisiaque ni barbare, ni lieu d'aliénation ni lieu d'épanouissement par construction[5].

Il est toujours plus facile de faire fonctionner des organisations quand on partage quelques références communes, celles

---

5. Baudelot C. et Gollac M. « Le travail ne fait pas le bonheur mais il y contribue », *Sciences Humaines*, n° 75, août-septembre 1997.

auxquelles on ne pense plus, tant il paraît évident de les partager comme une sorte de langue commune. Le travail était de l'ordre de ces hypothèses tacites : donner une grande place à son travail, en attendre une rémunération mais aussi un lieu de promotion et d'acquisition de statut, maîtriser les règles implicites de progression selon lesquelles plus de compétences et de performance conduisent inéluctablement au succès, tout cela constituait un ensemble de valeurs largement partagées du haut en bas des échelles puisqu'il en existait. Le monde du travail possédait aussi les hiérarchies rassurantes qui aident le monde à fonctionner.

Quand ces hypothèses ne peuvent plus être posées parce que les situations au travail sont de plus en plus diverses, on accède à un monde où travailler ne veut plus forcément dire la même chose pour chacun. On ne passe pas de l'ère de la valorisation à celle de la dévalorisation du travail, cela serait trop simple. On passe d'un monde où les représentations du travail sont de moins en moins uniformes, de plus en plus éclatées. Par représentations, il faut entendre ce que les gens considèrent être leur travail, comment ils voient et se construisent leur expérience de travail. Avant d'aller s'interroger sur les problèmes éternels de la compétence, de la motivation, des comportements au travail, on ne peut faire l'économie d'un débat sur ce que travailler veut dire pour la personne et non pas pour ces échantillons qui n'ont de représentativité que pour les sondeurs.

Il y a un retour du travail pour le gestionnaire, pour celui qui tente de faire fonctionner des organisations, des petits groupes, des collectivités bien curieuses dans lesquelles quelques personnes (ou quelques centaines) sont réunies sans toujours s'être choisies pour travailler à une activité commune. En effet, il est responsable des résultats et ceux-ci passent par les personnes ; à la différence du sociologue, le gestionnaire ne veut pas seulement expliquer, il ne veut pas dégager les grandes tendances d'évolution du monde du travail mais plutôt tenter d'influencer les comportements qui feront ou non le résultat. Pour ce gestionnaire, il devient capital de mieux comprendre ce qui lie les gens au travail pour mieux entrevoir ce qu'il peut faire.

### L'informaticien de la nouvelle économie

❑ Le directeur du recrutement aux États-Unis d'une grande entreprise de télécommunications évoque la difficulté de son entreprise à recruter les jeunes informaticiens spécialistes d'internet et des réseaux. Tous les concurrents se disputent les mêmes personnes, pas assez nombreuses pour répondre aux besoins du marché. Le responsable du recrutement tentait de montrer à l'un de ces jeunes d'une petite vingtaine d'années les avantages de l'entreprise, les possibilités de carrière au sein de cette multinationale, les performances des fonds de pension et le soin mis par l'entreprise à assurer à ses fidèles collaborateurs une retraite sans soucis. Visiblement aucun de ces arguments ne paraissait vraiment décider le candidat qui restait peu loquace et semblait peu intéressé par les propositions. Il vint à l'idée du recruteur de laisser parler son interlocuteur et après de longues conversations, il fut finalement conclu que l'on inscrirait sur le contrat de travail les engagements de l'entreprise : tout au long de sa carrière et quel que soit le lieu de travail, l'entreprise s'engageait à mettre à la disposition de notre jeune et brillant informaticien un distributeur automatique de... soda ! Sottise ? Là n'est pas la question, l'entreprise a besoin de ces compétences, elle a jugé qu'elle pouvait intégrer cette personne, et, sur un marché du travail tendu, elle doit écouter ce qui est important pour elle... et faire ensuite ce qui lui paraît opportun. Vraisemblablement, pour autant que cette personne reste longtemps dans l'entreprise, ses attentes et besoins évolueront très rapidement et elle oubliera certainement le distributeur mais peu importe, au moment du recrutement ce sont ces bizarreries qu'il faut savoir écouter et prendre en compte et la diversité du monde du travail en révèle bien d'autres pour peu que l'on fasse l'effort de les écouter.

# Grandes approches de la notion de travail

Si les représentations du travail éclatent, c'est dire qu'il faut rompre avec les approches traditionnelles du travail. Économie, science politique, sociologie, histoire, philosophie ont, encore dans les années récentes, interrogé la notion du travail. Il est difficile de faire une synthèse d'autant de travaux érudits et intéressants, mais trois tendances peuvent malgré tout être dégagées qui résument quelques grandes approches du travail.

## L'unicité du travail

C'est une première façon de voir le travail. Il est unique, il représente un concept en soi, c'est une activité humaine homogène qui exige une appréciation uniforme. D'un côté on ressasse l'étymologie peu flatteuse du mot « travail » quand on l'exprime avec notre vocabulaire et nos références de ce siècle. Le travail est mauvais, dur, c'est une limitation de la liberté, un lieu de risque et de violence. On ne compte plus les expressions populaires qui stigmatisent la lourdeur, la douleur et les inconvénients de cette activité. Deux débats récents viennent illustrer cette approche unique et négative du travail.

Le premier c'est le succès de la discussion sur les effets pervers du travail à travers la notion de violence, de souffrance, de harcèlement. Quand des enquêtes révélaient que 6 millions de personnes au travail en France affirment connaître violence ou harcèlement[6], sur une population active d'une vingtaine de millions on peut dire que c'est la quotidienneté du travail, sinon son synonyme : à chacun d'apprécier si cela correspond à ce qu'il observe ! On ne sait pas ce que donnerait une enquête pratiquée sur les familles, les syndicats de copropriétaires, les clubs sportifs ou les associations de bénévoles. Ce qui est plus frappant encore, c'est le succès en librairie des ouvrages qui dénoncent le travail. Ce succès signifie que les lecteurs et la société s'y retrouvent à lire le travail représenté de cette manière, ils y voient ce qu'ils perçoivent eux-mêmes du travail.

On a eu la figure emblématique du travailleur taylorisé comme Charlie Chaplin dans *Les Temps modernes*. Le travailleur, c'était l'ouvrier spécialisé dans l'automobile. Curieusement, il a fallu beaucoup de temps pour s'apercevoir que ce modèle ne se trouvait plus dans ce secteur mais plutôt ailleurs, dans

---

6. Petitnicolas C., « Le tabou de la violence au travail », *Le Figaro*, 21 octobre 1999.

d'autres industries moins étudiées par les chercheurs. Ce genre d'emplois représente aussi une part relative de plus en plus faible dans la population active, du moins dans nos pays développés. Le « taylorisme » passe même dans le vocabulaire courant et devient synonyme de l'enfer, de l'inacceptable, de ce qui ne mérite même pas d'être discuté[7]. Aujourd'hui, le symbole des affres du travail, c'est le travailleur qui est dans une situation non taylorienne parce qu'il a de l'autonomie, de la responsabilité, qu'il doit se débrouiller par lui-même pour atteindre des résultats. On évoque alors le stress, l'épuisement professionnel, la pression morale, etc.

Le deuxième signe, c'est une étape de la communication officielle sur la réduction du temps de travail. On a dit que les 35 heures étaient une bonne loi parce qu'elle réduisait le temps de travail, qu'elle « libérait » les personnes du travail pour qu'elles puissent se consacrer plus encore aux bonnes activités humaines, c'est-à-dire la famille et les loisirs. Voilà une opinion légitime. Implicitement, ce qui est dit, c'est que le travail est uniformément mauvais, c'est le mal dont il faut se libérer, alors que famille et loisirs sont forcément de bonnes activités qui doivent être valorisées par les personnes.

Il existe aussi une approche uniforme du travail en sens inverse, positive, pour ceux qui considèrent que le travail est ou doit être obligatoirement un lieu d'épanouissement. Le travail comme lieu de valeur, se retrouve dans de nombreuses théories de management où l'on estime implicitement que les personnes doivent trouver de l'épanouissement dans le travail, pour peu que les méthodes de management réussissent. Le travail doit être fait pour l'homme et non pas l'homme pour le travail, la personne doit s'enrichir au sens le plus global du terme : voilà quelques valeurs sous-jacentes à de nombreuses théories diffusées dans les séminaires de relations humaines ou dans les ouvrages à succès. On retrouve aussi ces

---

7. Pour une approche moins sommaire du taylorisme, on pourra lire les travaux de Taylor mais aussi l'excellent ouvrage de Francis Guérin aux Éditions La Découverte.

idées dans un bon ouvrage de 1981[8] et elles viennent d'être reprises avec toutes les idées sociales de l'Église à l'occasion du Jubilé de l'an 2000, le 1er mai 2000.

Cette référence à une encyclique papale a tout son sens. Le pape définit la position de l'Église et invite les fidèles à aborder le travail avec ces références et ces valeurs. En faisant cela il fait son métier. À la différence de beaucoup de théories simplistes du management, il ne dit pas que c'est la réalité du travail, mais témoigne de ce qu'il devrait être.

## Le travail dans un rapport de force

De manière beaucoup plus classique, le travail comme facteur de production a été abordé dans le contexte politique des organisations ou des systèmes dans lesquels il se pratique. Plus qu'une activité, le travail s'inscrit dans un rapport de force d'une personne qui vend sa tâche, son temps, sa compétence et son énergie. Se pose alors le problème de la légitimité de l'achat et de la rétribution de cette force de travail. Au-delà d'une approche strictement économique des facteurs de production, c'est bien d'une analyse politique dont il s'agit, et on en voit encore régulièrement les traces dans les représentations du travail.

Quand on décrit le travail, on met en exergue la relation à une entreprise, à un patron, on situe une expérience dans le contexte de rapports de pouvoir. La figure du chef (souvent petit) et du patron à chapeau haut de forme et fumeur de cigare en première page du *Monde* sert encore de référence. L'entreprise sert ainsi de terrain privilégié à l'étude de la violence, de la perversité des situations de travail, des mauvaises conditions et des pathologies occasionnées par le travail. Les associations en tout genre, lieux de loisirs ou autres formes d'activités humaines ne sont pas encore soumis à la même critique.

Dans ce courant, on aura repéré que si personne ne sait réellement ce qu'est la nouvelle économie, un ouvrage est déjà paru qui y dénonce les conditions de travail : décidément, il

---

8. Jean-Paul II, *Laborem Exercens*, Encyclique sur le Travail, 1981.

n'y a vraiment pas de salut[9] ! Un mensuel a même parlé, pour caractériser les évolutions des emplois des « nouveaux forçats[10] ».

## Le travail socialisé

C'est une activité qui se pratique dans la société, les relations entre travail et évolutions de la société tendent donc à être de plus en plus fortes puisque notre vie est de plus en plus socialisée. Les débats de société débordent sur le travail, le travail est vu à l'aune des valeurs sociétales de l'époque. Il n'est plus, en ce sens, une activité isolée, à examiner comme telle, mais bien une activité où les valeurs de la société sont en conflit avec celles de l'institution dans laquelle elle est pratiquée.

En premier lieu, il faut noter que la société réglemente le travail. Depuis plus d'un siècle, les dirigeants politiques tentent d'en régler l'exercice : c'est le temps de travail, l'âge d'entrée et de sortie du monde du travail, l'égalité professionnelle, les conditions de travail. Ce dernier thème est le moins visible mais sans doute le plus important : la sécurité au travail a été fortement réglementée aussi et le nombre de vies sauvées a été considérable si l'on compare notre situation à ce qu'elle était encore il y a une trentaine d'années. Ce mouvement des conditions de travail se poursuit : aujourd'hui on peut parier que les TMS comme le stress ou la pression morale donneront un jour place à une loi ou des règlements.

En second lieu, on voit surgir quelques beaux dilemmes sur l'extension au monde du travail de grandes valeurs de la société. Prenons le cas de la démocratie. Jusqu'où ce principe, cette valeur est-elle transposable dans le cadre d'une organisation comme une entreprise ? Jusqu'où doit aller le pouvoir des salariés, comment doit s'établir l'équilibre entre

---

9. Lessard B. et Baldwin S., *Net Slaves*, New York, McGraw-Hill, 2000.
10. Rey F. et Trentesaux J., « Les nouveaux Forçats », *Liaisons Sociales* mensuel, février 1998.

les droits des propriétaires, des salariés et des clients ? Quand de grandes entreprises publiques en voie de privatisation (ou de fonctionnement privatisé) donnent plus de pouvoir à leurs salariés, on voit bien l'intérêt en matière de paix sociale, mais l'on peut se demander dans quelle mesure les consommateurs n'auraient pas plus leur mot à dire...

La liberté est une valeur très présente à notre époque : jusqu'où peut-on la contraindre dans le cadre du travail ? On se souvient des débats épiques de 1982 quand il s'agissait de mettre de l'ordre dans les règlements intérieurs. Dans les activités de service où le rapport entre consommateur et personnel est si important, jusqu'où peut-on imposer des règles sur l'habillement, l'apparence physique, la tolérance du handicap ? Voilà le genre de questions auxquelles il est facile d'apporter des réponses... de principe.

Un autre débat agite nos sociétés, celui du multiculturalisme et de la reconnaissance des identités : de nombreux pays prennent des mesures d'*affirmative action* sur le plan de la représentation ou de l'accès aux services publics. Là encore, le monde du travail doit-il être soumis aux mêmes lois, jusqu'où doit-on contraindre le simple problème professionnel d'exercice d'une activité aux principes de fonctionnement de la société dans son ensemble ? L'application pratique est moins simple qu'il n'y paraît.

Enfin, dernier débat qui n'a pas fini de faire des vagues, celui de la responsabilité de l'institution qui abrite le travail. Des évolutions jurisprudentielles récentes semblent reconnaître la responsabilité de l'entreprise dans le suicide d'une personne à la suite d'un licenciement. Cette extension du champ de la responsabilité à des actes traditionnellement cantonnés au domaine du mystère personnel traduit le souci de la société de soumettre le travail à un contrôle externe de plus en plus étroit.

# Présentation de l'ouvrage

## L'approche du travail dans cet ouvrage

L'unicité du travail, le cadre des rapports de force dans lequel il s'inscrit, le souci de la société d'en définir de manière toujours plus étroite l'exercice constituent des approches utiles du travail mais cet ouvrage ne s'inscrit pas dans cette lignée.

C'est un livre de gestion des personnes. Dans toutes les organisations où le résultat dépend encore du travail des personnes, le problème se pose de savoir comment atteindre ses objectifs, faire ensemble, atteindre collectivement un résultat alors que les compétences, les objectifs personnels, les personnalités et les systèmes de valeurs sont si différents. Ce n'est pas qu'un problème d'entreprise, c'est celui de l'association humanitaire, du département universitaire ou du club sportif tout autant. Si l'organisation a un objectif ou une contrainte de produire quelque chose et si cette production dépend des personnes, il faut bien savoir comment influencer certains comportements pour y parvenir.

Ce que nous ont appris la psychologie et la sociologie, c'est que les personnes avaient deux caractéristiques principales :

– l'individualité parce que chacun est différent dans ses compétences, sa personnalité, ses intérêts, objectifs ou stratégies mais aussi dans ses références et systèmes de valeurs ;

– la liberté parce que chacun est libre de ses comportements. Liberté ne signifie pas absence de risque, elle signifie surtout que l'autre ne sera jamais sûr des réactions de l'un à ses propres tentatives d'influence.

Individualité et liberté sont des banalités quand elles sont affirmées sous forme de principes. Elles le sont moins quand elles nous sortent des approches techniques et idéologiques si largement répandues. Les approches techniques poussent à chercher les moyens d'agir avec efficacité sur les autres : les ouvrages de gestion sont remplis de ces méthodes pleines de bons sentiments – entrelardées de communication, de formation, d'écoute ou de responsabilisation – censées changer les autres comme par enchantement. Les approches idéologiques invitent à voir et vouloir le monde tel qu'il devrait être, à plaquer sur les autres ses propres références, cadres de pensée, à leur attribuer ce qu'ils *devraient* penser et sentir dans leur travail.

Sortir des approches techniques et idéologiques, dans cet ouvrage, c'est écouter et reconnaître ce que les personnes ont à dire et sentir de leur expérience de travail, c'est redonner la parole à ceux qui travaillent et ne pas leur coller nos propres valeurs sur le travail.

C'est aussi clarifier ce qu'attendent du travail les organisations, ce dont elles ont besoin pour accomplir leur mission, en sortant de l'image naïve d'une collectivité fusionnelle pour reconnaître simplement l'engagement que requiert l'activité.

C'est enfin éviter de confondre les deux aspects, personnel et organisationnel, mais chercher des moyens d'agir pour que des personnes, dans leur individualité et leur liberté, puissent contribuer à la réalisation d'un résultat collectif.

Le concept central de cet ouvrage est l'*implication*. Dans un ouvrage précédent, le concept a été dégrossi et de nombreux travaux en France et à l'étranger ont avec rigueur et méthode précisé ce que l'on pouvait connaître et mesurer du phénomène[11]. Par implication on entend, simplement, l'engagement, l'investissement des personnes, qui se caractérise par une identification de la personne. La personne s'implique dans une activité parce qu'elle s'y reconnaît. Elle s'implique parce que cette activité lui permet de mieux réconcilier la réalité à l'idéal qu'elle a d'elle-même. L'implication servira en fait à chercher et caractériser le rapport que les personnes tissent avec leur

---

11. Voir les travaux de l'AGRH (Association Francophone de Gestion des Ressources Humaines) qui a créé dès 1993 un groupe de travail et de recherche sur le sujet qui publie régulièrement ses travaux au congrès annuel de l'association (contact : Professeur Georges Trepo, Président de l'Association, HEC, 1 rue de la Libération, 78 Jouy-en-Josas).

expérience de travail. Plus que de vouloir donner une définition académiquement définitive de cette notion, l'ouvrage veut définir un cadre pour aborder le problème du retour du travail.

Ce cadre de référence aurait trois traits majeurs :

- les personnes créent elles-mêmes leur expérience et leur rapport au travail ne peut se comprendre si on ne les écoute pas, si on ne la relie pas à l'histoire personnelle qui seule permet de la comprendre ;

- les organisations ont besoin, dans certaines situations, de l'engagement de leur personnel. À chacun de voir si l'implication lui est une obligation morale. Mais l'implication relève avant tout d'un besoin dans des situations opérationnelles précises où elle détermine l'accomplissement d'un résultat ;

- si l'implication au travail paraît dépendre plus des personnes et de leur histoire personnelle, c'est pousser les managers et leurs méthodes à plus de modestie dans leurs ambitions. La modestie est ici encore le début de la sagesse et de l'efficacité.

## Contenu de l'ouvrage

Le travail revient comme sujet d'étude, de préoccupation. Il est si peu uniforme dans son contenu, ses conditions d'exercice, son droit ou son temps que le gestionnaire doit s'en préoccuper à nouveau. Dans cet éclatement des représentations liées au travail, comment imaginer faire de la gestion du personnel sans donner la parole aux personnes sur leur rapport au travail, sans être clair sur les besoins réels – et non idéalisés – des entreprises ?

Dans le chapitre 1, nous essaierons de repérer les signes de l'implication au travail. À quoi repère-t-on que les gens sont impliqués ? Notre propos n'est pas de dénombrer les « impliqués », de déceler des tendances séculaires au développement ou à la disparition de l'implication au travail. Nous ne ferons, à partir de quelques enquêtes, que repérer certains signes récurrents chez ceux qui s'engagent et se reconnaissent dans leur travail. C'est là que l'on découvre que l'implication n'est pas de tout repos.

Le chapitre 2 traite de la grande illusion de l'implication. Tous les managers la recherchent, ils s'en considèrent responsables. Ils sont persuadés qu'ils doivent la créer et s'attribuent le succès quand leurs collaborateurs sont impliqués. Sans vouloir les décevoir, la parole donnée aux personnes qui travaillent montre que c'est surtout leur histoire personnelle, plus que le management dans leur organisation, qui permet de comprendre leur implication.

Le chapitre 3 essaie de mieux comprendre les causes de l'implication au travail. L'expérience de travail a de multiples facettes et on recherche ici celles qui causent, au sens juridique du terme, l'implication. Cinq causes majeures sont passées en revue : le travail comme valeur, l'environnement immédiat de son exercice, le produit ou l'activité de l'entreprise, le métier et l'entreprise elle-même.

Le chapitre 4 quitte les personnes pour s'interroger sur l'entreprise et ses besoins d'implication. On montre qu'il existe des situations aujourd'hui où l'implication est particulièrement importante. Il s'agit des activités de service, de la mise en œuvre de nouvelles formes d'organisation, des situations de crise et... de sortie de crise.

Le chapitre 5 s'interroge sur la difficulté de satisfaire ce besoin. Comment peut-on s'impliquer dans l'entreprise ? Certaines évolutions de la société, des pratiques des entreprises et des réactions des personnes ne semblent pas toujours être favorables à une implication dans l'entreprise. Évidemment ces phénomènes pointés avec partialité de notre part suscitent des interprétations contestables et, heureusement, l'implication reste une démarche personnelle qui n'obéit pas aux tendances sociologiques.

Fort d'une meilleure compréhension de l'implication et de la relativité des besoins d'implication pour les entreprises, le chapitre 6 commence à donner un cadre pour aborder pratiquement le problème. Dans ce chapitre, nous donnons une réponse aux quatre questions de base que pose l'implication dans l'entreprise : est-ce qu'elle crée de la performance, quel intérêt a-t-elle, peut-on la créer et la renforcer, que peut-on faire au juste dans les entreprises à propos de l'implication ?

Le chapitre 7 montre que si l'implication reste une démarche personnelle de l'individu, c'est lui et seulement lui qui peut s'impliquer, l'entreprise ne peut pas le faire. L'entreprise, la gestion du personnel, le management ne peuvent que créer les conditions nécessaires à cette implication. Elles sont au nombre de trois : la cohérence, la réciprocité et l'appropriation.

Travailler aux conditions nécessaires de l'implication, c'est faire des choses et l'on se trouve alors confronté aux difficultés habituelles de l'action et du changement. Le chapitre 8 montre que peu importe ce que l'on fait, si l'on sait résoudre les trois problèmes habituels de toute action dans une organisation : comment démarrer, comment tenir sur le long terme, faire du « développement durable » et comment obtenir les compétences humaines nécessaires à la vie collective.

# Partie I

# Implication et histoire personnelle

# 1

# Les symptômes de l'implication

Les entreprises espèrent l'implication de leurs salariés qui paraît augurer leur réussite. Elles la souhaitent comme chacun rêve de l'engagement des autres dans la réalisation de ses propres intérêts. Quoi de plus naturel quand on est responsable de rêver de l'engagement de tous dans la réalisation d'un but collectif ? Il est vrai que les rêves des entreprises n'ont pas encore donné lieu à de grandes études psychanalytiques, mais le rêve du dirigeant est plus accessible. Il imagine des attitudes et comportements idéaux des salariés comme le responsable de l'association humanitaire rêve de l'engagement de ses membres, comme le père de famille voit sa famille idéale. Vouloir de l'implication de la part des membres d'une communauté à laquelle on appartient, dont on est responsable, est bien naturel.

Pour Pfeffer[1] la réussite à long terme des entreprises dépend de leur capacité à mener avec constance et rigueur des politiques de personnel qui développent et maintiennent l'implication de leur personnel. Seule cette implication permettrait de faire face aux évolutions stratégiques, et à tous les changements induits. Plus encore, cette implication permettrait d'assumer avec succès la difficulté première du management, trop peu étudiée car si peu spectaculaire : le développement durable, le maintien d'un niveau d'efficacité et de réussite sur le long terme. Pfeffer est professeur à Stanford, au cœur de la Silicon Valley, entouré de toutes ces entreprises emblématiques de la nouvelle économie, rapidement montées, vite vendues. Les traits communs de ces entreprises qui réussissent sur le long terme, pour J. Pfeffer, sont l'emploi à vie, la formation, les rémunérations incitatives étroitement liées aux résultats de l'entreprise, voire même l'attention première pour le recrutement...

De manière très symptomatique, l'auteur ne s'épuise pas à définir le concept d'implication, pas plus que ne le font les dirigeants qui cherchent désespérément à créer ou augmenter l'implication de leurs salariés.

Une littérature aujourd'hui très riche comble ce manque ; elle donne différentes définitions de l'implication, de ses déterminants, de ses formes, conséquences, composantes et cherche à en découvrir les causes et les conséquences. La notion complète ainsi le vaste panorama de tous ces concepts qui visent à mieux décrire la relation entre les personnes et leur travail.

Il est toujours important de tenter de mettre de l'ordre dans les multiples approches d'une notion complexe comme celle de l'implication, et les thèses sont nombreuses aujourd'hui qui s'y emploient avec une très grande rigueur académique. Mais d'un autre côté trop de chercheurs s'y sont essayés sans parvenir à des définitions qui emportent l'adhésion de tous. Ce n'est donc peut-être pas là qu'il faut chercher. Avant de questionner les théories, les échelles de mesure, les résultats des

1. Pfeffer J., *The Human Equation*, Harvard Business School Press, 1999.

analyses statistiques, nous essaierons, comme on ne le fait jamais assez, de chercher l'implication dans ses différentes manifestations. En effet, il existe des outils de mesure de l'implication, mais ils supposent une partie de notre problème résolu puisqu'ils ne font que traduire dans ces outils une définition de l'implication. Dans un premier temps, nous chercherons donc à repérer les signes de cette implication, sa traduction concrète, ce que les uns et les autres estiment être de l'implication.

Si les responsables rêvent de l'implication des autres, ils doivent être à même de la repérer, à travers des comportements et attitudes des salariés qui en paraissent être les signes. À quoi voit-on que quelqu'un est impliqué dans son travail ?

Mais si l'implication est propre à la personne, celle-ci doit l'associer à différents sentiments présents dans cet état d'implication. Que ressent une personne impliquée ? Comment voit-elle cette expérience si particulière qu'elle est en train de vivre ?

Signes et sentiments renvoient à cette dichotomie permanente dans l'approche des problèmes de personnel. D'un côté se trouvent les mécanismes visant à faire fonctionner des personnes ensemble pour produire du résultat, de l'efficacité, de la performance collective : c'est l'objet de la gestion du personnel, du management, de cette activité politique consistant à créer collectivement du résultat, que ce soit dans l'entreprise ou ailleurs. D'un autre côté se trouvent les personnes avec leur singularité et leur liberté, qui agissent dans et sur leur environnement qui se trouve être essentiellement social[2]. Alors que dans la gestion du personnel nous nous trouvons face aux problèmes de changement et d'influence des autres, nous sommes là au niveau de la compréhension, de l'élucidation des mystères du comportement humain, de l'élaboration par la personne de l'énigme de son expérience personnelle. C'est sans doute la difficulté de la réflexion sociale que

---

2. Thévenet M. et Vachette J.-L., *Culture et comportements*, Vuibert, 1992.

de faire cohabiter sans les polluer ces deux perspectives. Il ne faut donc pas mélanger ces deux versants, ne pas croire, en comprenant les mécanismes personnels, que l'on peut forcément agir dessus tout comme il serait vain de penser que les mécanismes de gestion, avec leurs règles et lois, peuvent obligatoirement influencer les comportements.

Dans ce chapitre nous examinerons donc ces deux aspects des signes et des sentiments liés à l'implication, avant de prendre la position de l'anti-chercheur qui cherche moins à opposer les différentes approches théoriques de l'implication qu'à en mettre à jour les constantes, les traits structurants et permanents révélés par les théories.

# 1 – Les signes extérieurs de l'implication

Comme le souligne Rojot[3], les salariés impliqués tendent à développer les attitudes ou les comportements qu'attend l'entreprise, ou son dirigeant. Mais ceci est un peu court pour repérer et penser l'implication. En écoutant les responsables exprimer leur attente d'implication, mais aussi les personnes impliquées qui parlent de leur façon d'agir dans le travail, au moins trois signes assez communs peuvent être dégagés :

- c'est faire plus que ce qui est attendu ;
- c'est donner au travail une place prépondérante, qui déborde sur le hors-travail ;
- c'est faire autrement que ce qui est attendu, déplacer les frontières de l'emploi.

## Faire plus que ce qui est attendu

Les impliqués auraient tendance à faire plus que ce qui est attendu. Cela s'entend en termes de temps de travail, mais aussi en énergie investie, en volume de travail puisque le temps ne mesure plus toujours ce dernier.

---

3. Rojot J., « Ce que veut dire la participation », *Revue Française de Gestion*, mai 1992.

Dans les années 90 est apparu l'adjectif *workaholic* caractérisant les personnes qui travaillent beaucoup, au-delà de la norme. La construction du mot évoque la dépendance vis-à-vis du travail comme une drogue, une activité qui vous emplit, qui vous comble, qui vous enlève aussi toute liberté et toute vie équilibrée. Ainsi, travailler beaucoup ne relevait plus de l'épanouissement personnel dans le travail mais plutôt d'une fuite, d'une dérive, d'une pathologie personnelle. On pourrait discuter longtemps de l'image du travail qui est véhiculée par de telles notions qui s'imposent si facilement et sans discussion dans notre vocabulaire d'époque.

Il est vrai que le monde du travail est aujourd'hui tellement éclaté que certains de nos contemporains travaillent énormément. On cite l'exemple des avocats, des consultants mais aussi de ces cadres qui aiment tellement les 35 heures qu'ils les font deux fois dans la même semaine... Mais dans une enquête récente[4] on essayait de comparer le temps de travail de 72 professions en France. L'artisan boulanger-pâtissier venait en tête avec 65,3 heures hebdomadaires et le professeur certifié du secondaire en queue de peloton avec 27. À la notion de *workaholic* s'est ajoutée celle de *burn out* révélant des personnes totalement vidées, épuisées voire déprimées après un engagement trop profond dans leur travail.

Bartolomé mène régulièrement des études auprès de ses étudiants de l'INSEAD[5]. Il note que quels que soient la nationalité, le sexe et le type de fonction, ces professionnels disent consacrer à peu près 55 % de leur temps éveillé au travail. Le plus frappant d'ailleurs est de ne pas noter de différence entre les hommes et les femmes d'une part, entre les nationalités d'autre part, malgré tous les présupposés interculturels. Plus que cela, les mêmes professionnels affirment investir plus de 70 % de leur énergie dans leur travail.

Mais au-delà de ces figures emblématiques correspondant le plus souvent à des profils de jeunes professionnels diplômés, il y a le reste du monde du travail, les longues heures

---

4. « Qui bosse, qui bulle ? » *Le Nouvel Observateur*, 23-29 septembre 1999.
5. Conférence de l'EFMD – Madrid, janvier 1998.

effectuées dans la grande distribution, dans la restauration, dans les emplois de recherche et développement, dans tous ces secteurs où l'activité très irrégulière entraîne des « charrettes ». Dans toutes les organisations du travail, on fait la chasse aux temps morts, à tous les niveaux et pour toutes les fonctions. Depuis Taylor, la meilleure utilisation de la ressource que constitue le travail a été une constante. Taylor l'a envisagée sous l'angle de la standardisation et de la spécialisation ; le « toyotisme[6] » a la même perspective en conduisant à la polyvalence qui se traduit en fait par une occupation permanente. C'est la réceptionniste de l'hôtel qui élabore également les menus durant ses temps morts tout en faisant les inventaires de cuisine et la comptabilité ; c'est l'assistant dans la restauration rapide qui fait de la formation, du suivi des jeunes recrues, tout en passant les commandes, en servant les clients en cas de rush ; c'est l'ouvrier qui gère un minimum d'approvisionnement de son poste, tout en le maintenant propre et en effectuant quelques contrôles et du travail administratif sur ses résultats. C'est le manager qui fait le travail de son prédécesseur des temps anciens en y rajoutant la gestion du personnel et le secrétariat. Et cette préoccupation gestionnaire resurgit avec les 35 heures quand il s'agit de négocier le grand marchandage de la réduction du temps de travail contre la flexibilité, du surcoût salarial contre l'occupation croissante, voire la remise en cause des pauses.

Les personnes impliquées dans leur travail disent également travailler beaucoup ou, du moins, plus que ce que l'entreprise attend d'elles. Mais elles le décident elles-mêmes, voire en retirent une certaine fierté comme ce peintre en bâtiment qui ne voit pas l'intérêt du loisir ou des vacances tant il est important pour lui de consacrer tout le temps nécessaire à apprendre, à se constituer une expertise. Quant à ce chef de rayon de la grande distribution, il aime cette rapidité et ce changement permanent dans ce qu'il fait, comme cet intellectuel qui affirme travailler tout le temps parce que, lui, fait un véritable travail qu'il a décidé.

---

6. Nous utilisons ce terme parce qu'il semble devenir une sorte d'antithèse, de pendant, de successeur paradigmatique du taylorisme. Voir les travaux de Benjamin Coriat par exemple.

Cela s'exprime par différentes formules comme : « Je travaille tout le temps », « Je ne peux rester sans travailler », « Même quand je suis malade, je viens travailler », « Si on m'appelle, je ne déjeune même pas, je viens. » Les personnes expriment là leur comportement, la perception qu'elles en ont. Elles n'expriment pas une exigence de l'organisation parce qu'elles ne le vivent pas de cette manière ; elles ne disent pas réagir à une contrainte ou à une pression de l'organisation : d'ailleurs, cette secrétaire administrative de la Ville de Paris montre bien qu'elle est la seule à s'investir autant dans son travail sans qu'on lui demande, et sans que cela ne pose de problèmes à ses collègues de ne pas se comporter comme elle.

Bien souvent les gens qui travaillent beaucoup dans des métiers non intellectuels sont considérés comme des victimes d'un système, soumises à la contrainte de l'entreprise. Une analyse politique du monde du travail peut sans doute conduire à cette conclusion que nous ne tentons pas de réfuter. Mais ce qui nous intéresse ici, c'est de voir comment certaines personnes « sur-travaillent » sans que leur milieu ni l'organisation ne les y contraignent, la preuve étant que leurs collègues se portent très bien en fonctionnant de manière beaucoup moins impliquée. Si l'on ne voit pas bien comment un chef de rayon de la grande distribution pourrait ne pas faire de longues heures de travail, ce n'est pas le cas de cette secrétaire à la mairie ou de l'ouvrier-peintre.

## Le travail déborde sur le hors-travail

Souvent les « impliqués » montrent que le travail prend le pas sur le hors-travail.

Les rapports entre ces deux domaines de la vie constituent un des grands sujets de réflexion sur le travail aujourd'hui. Tous les jeunes diplômés expriment le même besoin d'une carrière professionnelle réussie avec une vie personnelle et familiale riche et intense. L'équilibre parfait entre des investissements lourds, réussis et non contradictoires entre les deux domaines constitue peut-être une illusion. On peut d'ailleurs le comprendre si on regarde la part du temps de travail dans la semaine mais plus largement dans une vie.

On cherche à savoir quels sont les rapports entre ces deux lieux d'investissement personnel[7]. On reconnaît généralement trois formes de rapports entre travail et hors-travail.

Premièrement, le débordement. Généralement on considère que le travail déborde sur le hors-travail. On imagine le travailleur fatigué qui ne peut plus consacrer le temps et l'énergie nécessaires à l'exercice de son rôle familial, on pense aussi au consommateur qui abandonne par manque de temps tout jugement dans l'achat de ses produits, de ses loisirs, voire de ses investissements. C'est la personne qui ne peut dormir parce qu'elle pense à son travail, qui ne peut retrouver des relations naturelles avec sa famille tellement elle est émotionnellement « captée » par l'expérience qu'elle a au travail, la personne préoccupée, accaparée par ce qu'elle vit dans sa situation professionnelle. Il faut également considérer le débordement du hors-travail sur le travail quand une personne, ayant par exemple des soucis personnels, ne parvient pas à se concentrer sur son travail, à y consacrer le temps, l'énergie ou l'attention nécessaires.

Deuxièmement, la compensation. C'est le cas de la personne qui utilise l'un des deux lieux d'investissement pour compenser l'autre : le salarié soumis et peu impliqué qui s'investit dans différentes responsabilités à la tête d'une association ; le chef de l'équipe de football qui fait le minimum au travail, le leader d'une équipe au travail qui n'a pas son mot à dire chez lui, etc. Généralement cette compensation se voit souvent dans les comportements personnels, dans l'opposition entre leader et suiveur, dans la prise d'initiative ou la soumission. Cette approche est basée sur l'hypothèse selon laquelle il y a concurrence entre les deux lieux d'investissement et qu'ils se servent mutuellement : ce que vous trouvez dans l'un vous ne pouvez le trouver dans l'autre et plus que cela chaque lieu est une ressource pour l'autre.

---

7. Voir la thèse de doctorat en gestion de Marc Dumas sur l'implication des salariés à temps partiel. Université Paris I-Sorbonne, 1997.

Troisièmement, la fusion. Travail et hors-travail sont des lieux d'investissement cohérents parce que la personne s'y affirme et s'y comporte de la même manière. Dans cette situation il y a toujours une éventuelle différence entre les deux domaines, mais la personne vit ses différents rôles dans le même respect de ses principes personnels. L'hypothèse de base est ici que la personne dans son unicité peut vivre différents rôles, les faire cohabiter, s'investir dans l'un sans renoncer à l'autre.

Il faut remarquer dans le discours des personnes impliquées qu'elles se situent plutôt dans les deux premières catégories. C'est le cas de cette coiffeuse qui continue dans le métro de regarder les têtes et d'imaginer la manière dont elle les coifferait pour les rendre plus belles ; ce sont toutes les personnes qui disent rêver souvent de leur travail, revivre leur journée quand elles sont de retour chez elles. Elles avouent aussi penser toujours à leur travail.

Là encore on peut imaginer les problèmes que de tels investissements peuvent causer à la vie familiale et même à la santé des individus comme c'est souvent remarqué aujourd'hui[8]. Mais l'explication est trop courte de n'y voir que la conséquence de la force et l'oppression exercée par un système (ou la hiérarchie, l'entreprise, le capitalisme, la mondialisation, etc...) sans y reconnaître aussi l'initiative et l'investissement émotionnel de la personne elle-même. Certes, le travail rejaillit sur la vie personnelle mais la vie personnelle rejaillit aussi souvent sur le travail : le problème c'est que personne n'est là pour écouter ou mesurer ce phénomène.

Quant à tout ce qui nuit à l'exercice optimal de ses rôles familiaux, il ne faudrait pas accuser seulement le travail : regardons les effets sur la vie familiale d'investissements trop importants dans des activités militantes, associatives voire même dans des activités de loisir comme le jeu, le sport ou

---

8. Ehrenberg A., *La fatigue d'être soi*, Paris, Éditions Odile Jacob.

la télévision dont le temps d'écoute augmente parallèlement à la réduction du temps de travail[9]...

## Le déplacement des frontières de l'emploi

Tout organisateur imagine le système idéal. Depuis que l'activité n'est plus l'autarcie mais est devenue organisée, on essaie de définir des modes appropriés pour fonctionner ensemble, au mieux d'une efficacité collective. Taylorisme et toyotisme ne sont que des approches de la définition de modes opératoires. Au-delà, on trouve le souci permanent de réguler l'activité de la collectivité, de définir la manière dont les autres devraient fonctionner, travailler.

Toutefois, cette vision se heurte à la réalité humaine puisque les opérateurs peuvent toujours utiliser leur liberté à faire autrement que ce qui a été prévu. Depuis les travaux d'Elton Mayo jusqu'au constructivisme en passant par l'approche socio-technique et la sociologie de l'acteur dans les organisations, c'est toujours le même constat selon lequel les personnes créent en partie le monde dans lequel elles vivent et se l'accaparent. Et le quotidien de toute personne responsable consiste à assumer cette opposition entre la liberté de l'acteur d'un côté et la prescription d'un mode opératoire ou l'exigence d'un résultat de l'autre.

Dans les premières expériences en Angleterre de ce qui deviendra l'approche socio-technique, les chercheurs s'étonnaient du fait que les nouveaux matériels de dégagement du minerai n'étaient pas utilisés comme leurs concepteurs l'avaient pensé même si leur intention était d'améliorer les conditions de travail des mineurs ; dans les années 70, beaucoup essaient de mettre en œuvre les fameuses équipes semi-autonomes testées en Suède chez Volvo parce qu'ils y voient un moyen de gagner de l'efficacité et de mettre en place un mode de travail plus humain, qui respecterait la personne en lui « donnant » plus d'autonomie et de responsabilité. Quelle ne fut pas leur surprise,

---

9. La durée moyenne d'écoute journalière par foyer passe de 3 h 53 en 1982 à 5 h en 1997 selon les Données sociales de l'INSEE, 1999, p. 386.

dans de nombreux cas, quand les ouvriers le refusèrent ! De la même manière, l'introduction de la micro-informatique et de tous les systèmes d'information actuels, les ERP par exemple (qui visent encore à la rationalisation, la standardisation, l'unicité), se heurte le plus souvent à la liberté des personnes de ne pas toujours s'y soumettre comme prévu.

Bien entendu les organisateurs considèrent que ces écarts entre les comportements des acteurs et les prescriptions organisationnelles sont des dysfonctionnements alors que le directeur d'une usine disait récemment que si l'on respectait toutes les règles, aucun produit ne sortirait jamais... La liberté des acteurs, l'écart entre les comportements réels et les comportements attendus expliquent aussi pourquoi la machine sociale marche en dépit des prétentions technocratiques de tout normaliser et standardiser (et ce mouvement de standardisation continue sous des habits moins vieillis que le taylorisme à travers la normalisation, la certification, ou les systèmes d'information intégrés).

Le discours des personnes impliquées révèle la liberté qu'elles prennent par rapport à ce qui leur est prescrit. Cet agent municipal chargé du nettoyage de la voirie dit qu'il est toujours prêt à « faire les samedis » alors que personne d'autre ne veut le faire. Il tient à apporter un service à la ville parce qu'il y rencontre plus de monde dans les jardins ces jours-là. Plus encore cette infirmière scolaire dit que, quand les enfants sont en vacances, n'ayant pas de travail, elle commence à établir des fiches permettant à la fois de mieux traiter les petits problèmes rencontrés tout au long de l'année et d'assurer une meilleure prévention des risques. Ses collègues lui disent d'ailleurs que ce n'est pas inscrit dans la définition de fonction, qu'elles ont assez de travail comme cela... et que cela ne serait pas un très bon exemple à donner que de faire plus et autrement que ce qui est demandé... La cuisinière dans cette clinique raconte qu'à la fin de son service de la journée, elle prépare les plateaux pour le petit-déjeuner de ses collègues du lendemain : comme elle dit, elle est la seule à le faire, personne ne le lui demande. Quant à la femme de ménage de cette même clinique, elle va aider les infirmières ou aides-soignantes s'il y a besoin, quand son ménage est terminé.

Pour ces personnes, la définition de fonction ne constitue pas une limite mais un minimum. Elles font d'autres choses parce qu'elles l'estiment nécessaire, non parce que quelqu'un le leur demande : là encore c'est leur initiative, même si les organisateurs n'avaient même pas imaginé le demander. Dans cette clinique, une même salle de consultation était utilisée par deux chirurgiens, l'un le matin et l'autre l'après-midi. La femme de ménage devait nettoyer la salle le matin avant les consultations. Un jour la direction s'est aperçue que la femme de ménage nettoyait la salle le matin et pendant la pause du déjeuner parce qu'elle considérait qu'un autre nettoyage était nécessaire avant la seconde consultation de l'après-midi... Personne ne s'en était aperçu auparavant. On peut se demander si dans les entreprises on se rend compte que les choses fonctionnent, non pas parce que les organisateurs ont été efficaces, mais surtout parce que des personnes (je ne sais combien) font plus et surtout autrement. On a coutume de dire que 10 % seulement des membres des associations réussissent à les faire tourner, il ne serait pas surprenant qu'il en fût de même dans la plupart des organisations...

## 2 – Les sentiments du salarié impliqué

Mais que disent les personnes impliquées de ce qu'elles ressentent dans des situations de travail de forte implication ? C'est la première question à se poser si l'on admet, à la suite de ce qui précède, qu'elles ont laissé le travail prendre tellement d'importance qu'elles travaillent plus, et différemment de ce qui est attendu, voire même qu'elles laissent le travail envahir leur vie.

Avec le développement de toutes les théories sur l'intelligence émotionnelle, on commence à admettre la notion de sentiment dans nos réflexions sur le management, tout simplement parce qu'il paraît évidemment illusoire d'imaginer les mettre au placard dans quelque activité humaine que ce soit, même si longtemps nos approches bureaucratiques ont essayé de les en écarter le plus possible.

Que peut bien ressentir quelqu'un qui donne autant de place à son travail, sans toujours en avoir, ni en espérer aucune rétribution ? Sur la base d'une enquête[10] opérée auprès de personnes appartenant à tous les secteurs d'activité, à des niveaux d'exécution ou de management intermédiaire, quatre sentiments principaux sont exprimés :

– la tension, le stress, l'angoisse, l'excitation : l'implication n'est pas toujours agréable ;

– la réalisation, car l'implication est liée à l'action, elle est liée à une situation très concrète, ce n'est pas un sentiment éthéré ;

– le plaisir, car les personnes impliquées aiment quelque chose dans leur travail, elles y trouvent une rétribution *personnelle* (et pas exclusive des rétributions traditionnelles que procure l'entreprise) ;

– la fierté parce que le travail permet aux personnes impliquées d'être un peu plus elles-mêmes, de mieux coller à l'image idéale qu'elles ont d'elles-mêmes.

## La tension

La tension est le sentiment le plus souvent exprimé quand on se souvient de son implication au travail. La tension n'appartient pas aux catégories d'émotions présentes dans les typologies classiques, mais elle recouvre de nombreuses émotions plus ou moins agréables que les personnes relient à leur implication.

Le tableau suivant reprend ces sentiments de tension le plus souvent exprimés par 141 personnes interrogées sur leur forte implication dans le travail.

---

10. L'enquête a été effectuée auprès de 141 personnes. Elle demandait aux personnes de décrire une étape de leur vie professionnelle où elles étaient particulièrement impliquées dans leur travail et de décrire leurs sentiments vis-à-vis du travail.

| Tension | | Occurrences |
|---|---|---|
| **Peur** | – de l'échec<br>– de ne pas être à la hauteur<br>– angoisse<br>– appréhension<br>– inquiétude<br>– crainte | 20 |
| **Risque** | – risque<br>– challenge<br>– pas de droit à l'erreur | 6 |
| **Stress** | – stress<br>– excitation<br>– urgence<br>– rythme intense<br>– vie intense<br>– pression | 23 |
| **Colère** | – colère<br>– excitation<br>– frustration | 3 |
| **Passion** | – passion<br>– dépassement de soi | 4 |

La peur et le stress sont les deux types de tensions les plus citées par les personnes qui évoquent leur implication dans le travail. Ce ne sont pas forcément des émotions très agréables, mais elles font partie de ce que les personnes associent à l'implication ou du moins à la manière dont elles ont « tricoté » leur expérience qu'elles se remémorent (pour reprendre l'expression de Cyrulnik[11]).

La peur est souvent celle de l'échec, celle d'être mis dans une situation non maîtrisée, où elles sentent un risque de remise en cause personnelle. Les situations d'implication sont

11. Cyrulnik B., *Un merveilleux malheur*, Paris, Éditions Odile Jacob, 1999.

souvent liées à des situations exposées : six autres personnes évoquent, en plus de la peur, le challenge et le risque pris.

Le stress est également lié à une tension qui n'est pas forcément évaluée, selon les canons actuels, en stress positif ou négatif. C'est une période de vie intense, dans laquelle le travail prend beaucoup de place et déborde sur la vie hors-travail, met de la pression sur la personne.

Enfin, la colère et la passion caractérisent aussi cet engagement : c'est la colère de ne pas voir tout tourner comme on le voudrait, c'est l'engagement total de la personne qui s'exprime dans la passion, une espèce de dépassement de la situation « normale », un laisser-aller de ses envies les plus profondes.

Ainsi, l'implication engage profondément la personne ; le vocabulaire très rationnel de la relation au travail est rarement utilisé. La pression, la concentration de toute la personne sur le travail caractérisent cette tension.

## La réalisation

Être impliqué, c'est avoir le sentiment de réaliser quelque chose. Cette notion de réalisation a quatre facettes qui ne sont pas exclusives les unes des autres.

Premièrement, l'implication évoque du concret ; on fait quelque chose, il existe des actions concrètes, des résultats. L'implication n'est pas une vague idée, l'impression éthérée d'une relation à l'organisation ou au travail, mais elle s'attache à des faits, des réalisations, une réalité concrète. Au caractère concret est souvent alliée la clarté de la mission, des tâches, des objectifs à réaliser : on n'est pas dans la confusion ; on peut être dans la complexité mais on sait que faire, sinon comment le faire.

Deuxièmement, l'implication est associée par les personnes à la réalisation d'un projet (le terme revient très souvent). Ce projet représente un progrès, un avancement, une amélioration de la situation que la personne ressent parfois alors que ce n'est pas le cas de son entourage dans l'entreprise. L'implication va ainsi parfois avec le sentiment d'être marginal, différent du reste de l'entreprise. Ce sur quoi on travaille a un réel impact sur l'entreprise, sur son avenir. Et cet impact est considéré comme une amélioration.

Troisièmement, de nombreuses personnes impliquées indiquent qu'elles avaient alors le sentiment d'être utiles, elles sentaient que leur action servait à quelque chose. Ce sentiment d'être utile est même souvent donné comme le sentiment unique relié à l'implication. Là encore le sentiment est personnel et ce n'est pas un hasard que plusieurs des personnes interrogées indiquent que leur entourage, l'entreprise, leurs dirigeants ou leurs collègues, ne percevaient pas forcément cette utilité.

Quatrièmement, l'implication évoque pour la personne la réussite, le succès. Dans cette période de leur carrière durant laquelle les personnes se sentaient impliquées, elles ont senti le passage d'une situation plutôt confuse ou difficile à une réussite. Il s'est passé quelque chose durant cette phase d'implication, cela n'a pas été seulement les longues heures tranquilles du travail.

## Le plaisir

Dans cette catégorie apparaissent plusieurs sentiments liés à la satisfaction personnelle. La mention de la satisfaction apparaît dans au moins 20 % des réactions des personnes rappelant leur implication au travail.

Mais cette satisfaction concerne les aspects les plus divers et imprévisibles de l'expérience de travail :
- satisfaction que l'on me donne la possibilité de faire ;
- satisfaction de pouvoir agir ;
- satisfaction du travail bien fait ;
- satisfaction d'accomplir quelque chose ;
- satisfaction de faire du concret ;
- satisfaction d'élargir mon domaine d'intervention ;
- satisfaction d'obtenir des résultats ;

- satisfaction d'avoir un enrichissement personnel et la découverte de nouveaux aspects du travail ;
- satisfaction d'avoir un challenge positif ;
- satisfaction d'aboutir ;
- satisfaction personnelle ;
- satisfaction de faire un changement.

Toutes ces causes de satisfaction renvoient évidemment beaucoup à tout ce que nous avons exprimé dans la réalisation. Mais la réalisation n'a que peu d'importance en elle-même, seule compte la représentation que s'en fait la personne.

Après la satisfaction apparaissent deux notions exprimées en ces termes :
- le plaisir de travailler : celui-ci n'est pas présenté comme une espèce de valeur immanente mais comme un résultat de ce dont les personnes ont eu l'expérience à ce moment-là ;
- la joie, le bonheur : ces mots forts sont également exprimés par plusieurs personnes dans les questions ouvertes qui leur étaient posées.

Enfin, il existe toute une série de remarques exprimées par seulement une personne mais que nous estimons pouvoir relier à cette notion de plaisir :
- bonne camaraderie ;
- plénitude ;
- harmonie ;
- intérêt ;
- amusement ;
- gagnant ;
- à l'aise ;
- privilégié et chanceux d'avoir cette expérience.

## La fierté

La fierté revient aussi très fréquemment, c'est une fierté trouvée dans le travail, qui n'est pas toujours facile à comprendre tellement elle est là encore personnelle et liée à des aspects de l'expérience professionnelle qui sortent souvent des cas évidents de l'exploit ou du simple « travail bien fait ».

Tout d'abord les personnes expriment qu'elles avaient gagné la confiance en elles et que les autres leur faisaient confiance : la confiance, c'est la reconnaissance de soi par soi-même ou par les autres. Ensuite, on indique souvent que l'on se sentait valorisé dans cette situation d'implication. Ainsi les personnes impliquées se reconnaissent dans cette situation, elles sont avant tout reconnues par elles-mêmes. Si je suis fier c'est que je me trouve dans une situation où la réalité semble se rapprocher un peu plus étroitement que d'habitude de l'image idéale que j'ai de moi-même.

L'enquête ne permet pas de savoir si l'entourage personnel et professionnel a ressenti cette fierté, sans doute n'a-t-il été que rarement exprimé par les personnes donc encore moins entendu.

## Sentiments mêlés

Ces sentiments sont mêlés, la tension et la peur désagréables côtoient le plaisir, le temps de la réalisation concrète s'accompagne de la fierté à trouver par le travail et l'occupation une meilleure osmose entre la réalité de l'expérience et l'image idéale de soi. Mais en rassemblant autant de sentiments, le travail, dans l'implication, rejoint les grands moments de l'existence : dans l'amour, le développement de soi ou la parenté, il existe ce même ensemble de sentiments multiples que la binarité du plaisir/déplaisir ne suffit pas à décrire et englober totalement. Exprimant cette relation complexe entre la personne et son travail, l'implication ne peut donc être réduite à l'état de satisfaction. Elle invite à s'interroger sur la complexité et la profondeur de ce que les personnes tissent avec leur travail parce qu'elles ne lui sont pas totalement soumises, elles n'en sont pas totalement dépendantes.

Il est frappant aussi, dans toutes ces déclarations, de trouver peu de mention des autres, des relations avec les collègues, les collaborateurs, les responsables. Les sentiments de la personne impliquée font peu référence à ce qu'apporte la relation, à la sympathie, au ressenti commun ; c'est plutôt un moment personnel renforcé par la mention fréquente d'un sentiment de solitude. L'implication dans le travail est une expérience personnelle forte, intense. Les autres y ont sans doute leur importance mais ce n'est pas en fonction d'eux qu'elle est ressentie ; c'est donc au niveau des individus qu'il s'agira de mieux la comprendre. Mais avant de chercher à comprendre ce qui peut permettre en partie d'expliquer ou de mieux comprendre l'émergence de ces sentiments, il faut regarder ce que la théorie dit de l'implication.

# 3 - Qu'est-ce que l'implication ?

Cette gardienne de cité universitaire était toujours présente dans sa loge pour essayer d'aider les étudiants qui vivent parfois, selon elle, des situations personnelles difficiles. Comme elle dit, c'est important pour les étudiants de savoir qu'auprès d'eux quelqu'un peut les aider, les écouter, les faire se sentir un peu comme à la maison. Voilà la personne impliquée telle que chacun en a connu, comme « client », collègue, ou patron. On sent bien cette implication, on repère les comportements, on écoute parfois, peu souvent, les sentiments de ces personnes ; on imagine même le sens personnel qu'elles donnent à leur travail, le *devoir* qu'elles cherchent à assumer en menant leur activité professionnelle.

Devant cette réalité de la relation au travail, les chercheurs se sont interrogés de manière plus théorique sur la définition même de l'implication. Cela posait trois grandes questions théoriques :

– Y a-t-il une réelle différence entre les multiples concepts qu'a produits la psychologie ou le management pour décrire la personne au travail en parlant de motivation, de satisfaction, d'engagement, de loyauté, de confiance, de citoyenneté ?

– Qu'est-ce que l'implication, puisque tant les professionnels que les chercheurs utilisent la notion, sans toujours la définir ? On retrouve là un phénomène bien connu consistant à utiliser des concepts clairs pour tous sans toujours avoir la même signification pour chacun.

– Quels sont ces liens avec des pratiques de gestion du personnel, des antécédents, des actions de management ?

Comme ils le font généralement, les chercheurs développent leurs méthodes pour décrire, décrypter, repérer les relations et les lois qui constituent la base de la connaissance. Le progrès de la connaissance est fait de distinctions, d'oppositions. On a cheminé dans cette connaissance en remettant en cause les définitions anciennes, en purifiant les descriptions, en affinant les composantes.

À ce stade il devient toutefois nécessaire de chercher ce qui relie ces différentes conceptions, plutôt que ce qui les oppose. Qu'y a-t-il de commun chez ceux qui parlent, sans toujours bien le réfléchir, d'implication plutôt que de motivation, d'engagement ou de sens du devoir ? Si tant de personnes éprouvent le besoin de parler d'implication pour caractériser la relation des personnes à leur travail, c'est que les concepts existants sont insuffisants, c'est qu'ils perçoivent plus ou moins confusément qu'il se passe quelque chose entre la personne et son travail qu'ils ne pouvaient couvrir autrement.

## Implication, motivation et satisfaction : facteurs de performance

La littérature de management a tendance à toujours dire la même chose, mais avec des mots différents. La diversité du vocabulaire ne traduit pas, malheureusement pour les auteurs, leur génie ou leurs découvertes mais bien plutôt des manières de penser les problèmes des relations des personnes à leur travail. Il est vrai que la science des organisations, cette réflexion sur le fonctionnement de ces sociétés humaines particulières, a évolué au gré des problèmes que rencontraient ces organisations dans leur contexte économique et culturel.

L'émergence des théories de l'implication s'inscrit dans le droit fil des réflexions sur la motivation ou la satisfaction qui sont permanentes depuis que l'on s'est mis à chercher les clés de l'efficacité des organisations. Bien souvent les besoins de motivation ou d'implication sont employés comme des synonymes, tout aussi souvent implication et satisfaction au travail veulent traduire le même état de la personne vis-à-vis de son travail. Si l'implication, comme la motivation et la satisfaction, intéresse le praticien comme une source possible de performance, elle représente pourtant un concept de type particulier.

## Implication et motivation

La motivation est la force, le moteur qui pousse l'individu à faire. C'est une dimension ou une caractéristique individuelle. Les recherches sur la motivation sont nombreuses mais elles cherchent toutes à expliquer ce qui peut pousser l'individu à réaliser une performance : certaines s'attachent aux besoins que l'individu cherche à satisfaire en agissant ; d'autres, plus cognitives, insistent sur le mécanisme interne à la personne qui le conduit à interpréter une situation et prévoir les gains potentiels de son action dans ce contexte. Elles ont en commun de situer la personne en dehors de son travail mais de chercher en elle les ressorts de l'action. En prenant en compte la motivation, on commence à admettre que la personne est aussi une source du résultat et que les systèmes techniques seuls ne suffisent pas à expliquer les résultats.

## Implication et satisfaction

La satisfaction traduit un état. L'expérience de travail de la personne lui procure de la satisfaction ou de l'insatisfaction. Nous avons vu plus haut que l'implication semblait recouvrir une expérience plus complexe et multiforme que ce seul état de plaisir ou de déplaisir.

À la différence de ces deux notions, l'implication met plutôt l'accent sur la relation qui s'est tissée entre la personne et son travail. On dispose de tests permettant de définir les « motivateurs » d'une personne avant même qu'elle n'ait une expérience de travail (ces « motivateurs » n'étant pas figés dans le temps d'ailleurs), mais on ne peut pas repérer si elle sera impliquée ou pas. Quoi que puissent écrire les journalistes sur le travail des jeunes, ceux-ci sont capables d'autant d'implication que les autres, mais seule une expérience de travail peut y conduire ; ils ont des « motivateurs » mais ils n'ont pas, comme tout le monde, de prédisposition à être ou non impliqués. Leur implication ne viendra que de l'expérience.

L'implication n'exclut pas la motivation ni la satisfaction, mais elle révèle des aspects différents : la personne est impliquée parce qu'elle a trouvé quelque chose dans son travail. Elle l'a interprété d'une façon telle qu'elle est fière de son expérience, qu'elle en tire un certain plaisir, etc. Mais tout cela n'est que le résultat d'une relation, d'une expérience, d'un apprentissage, plus qu'un seul sentiment de satisfaction, plus qu'un déterminant personnel à l'action.

Toutefois on a souvent abordé l'implication comme on l'avait fait dans le passé pour la motivation ou la satisfaction au travail, c'est-à-dire en en cherchant les antécédents et les conséquences. Les travaux de Porter, Mowday et Steers[12] sont très révélateurs de ce courant.

Les causes sont souvent contraintes par l'obligation de mesure et l'on cherche le plus souvent à trouver des liens entre l'âge, le sexe, l'ancienneté, le niveau de qualification et l'implication. On cherche aussi quelles caractéristiques de la situation de travail (mode d'organisation, métier, taille) peuvent l'expliquer. Aujourd'hui de nombreux travaux tentent de trouver des liens entre les formes d'emploi (selon leur niveau de précarité) et l'implication[13], le temps partiel[14] ou les modalités d'intéressement des salariés[15].

Avec les mêmes contraintes de mesure, on regarde si l'implication crée de la performance et du résultat que l'on mesure le plus souvent par l'absentéisme et le *turn-over* dans la bonne tradition des études de comportement organisationnel. L'atteinte des objectifs et les résultats de qualité sont plus rarement

---

12. Mowday R.T., Porter R.M. et Steers L.W., *Employee Commitment, Turnover and Absenteism*. New York Academic, 1982.
13. Charles-Pauwers B., *Implication organisationnelle et relation d'emploi flexible*, Thèse de doctorat, université de Nantes, 1996.
Peyrat D., *Participation et implication des salariés : le projet d'entreprise, approche comparative*, Thèse de doctorat, université de Poitiers, 1993.
Commeiras N., La mesure de l'implication organisationnelle : existe-t-il un outil adéquat ? *Annales du management*, XXIIe journées des IAE, 1994.
14. Dumas M., *op. cit.*
15. Le Roux A., *L'intéressement des salariés : contribution à l'identification des conditions de succès*. Thèse de doctorat. Université de Paris I – Sorbonne, 1999.

abordés. On commence d'ailleurs à voir apparaître dans ces travaux que l'implication ne serait pas toujours de façon évidente un déterminant de la performance[16] : des travaux récents en France ont par exemple tenté d'établir des liens entre l'implication et la décision de départ chez le cadre[17].

Ces recherches sont caractéristiques de la recherche en gestion. Elles cherchent les déterminants et les conséquences d'un phénomène. Toutefois elles sont toutes plus ou moins basées sur l'hypothèse implicite que l'implication est désirable pour l'entreprise, qu'elle est un facteur de performance.

## Les composantes de l'implication

Une littérature fournie s'attache à définir les composantes de l'implication, plus souvent qu'à la définir. C'est sans doute Buchanan[18], dans un travail déjà ancien, qui en a défini le plus clairement l'aspect composite déjà mis en évidence plus haut dans la variété des sentiments exprimés par les « impliqués ». Ces travaux concernent l'implication dans l'organisation et non pas dans le travail en général et mettent en évidence trois composantes :

– L'identification qui fait référence à une congruence des buts et des valeurs de l'organisation et de ceux de la personne. La congruence en psychologie ne signifie pas identité de buts et de valeurs mais plutôt une compatibilité, une adéquation. Mowday, Porter et Steers reprendront un peu cette idée en parlant d'adhésion aux buts et valeurs. Cette composante met l'accent sur l'existence d'un cadre de références compatibles pour l'individu et son travail ou, ici, l'organisation. Buts, objectifs, valeurs, sont autant d'éléments qui influencent partiellement les comportements.

---

16. Voir *infra*, chapitre 7.
17. Neveu J.P., *L'intention de départ volontaire chez le cadre*. Thèse de doctorat. Université de Toulouse I, 1993. Méthodologie de l'implication. *Actes du 2ᵉ congrès de l'AGRH*, 1991.
18. Buchanan B. « Building organizational commitment : the socialization of managers in work organizations » *Administrative Science Quarterly*, vol. 19, 1974.

– L'engagement, pour Buchanan, concerne l'investissement psychologique dans les activités requises par le travail. Il traduit ce mouvement de la personne, cette projection personnelle dans le travail. On peut rapprocher cette notion, chez Mowday et *al.*, de la volonté d'agir dans le sens de ces buts et valeurs. Ainsi, cette composante rajoute un aspect dynamique à une première dimension qui est plus un constat.

– La loyauté traduirait un attachement affectif. Cette dimension renvoie à une sorte de produit de l'implication ; l'attachement est un résultat, la conséquence d'une relation entre la personne et son travail. L'utilisation de l'adjectif affectif complète la notion d'identification de la première dimension puisqu'elle évoque la totalité de la personne, avec son affectivité. Mowday et *al.* voulaient peut-être utiliser la même dimension, de manière plus concrète, en évoquant comme composante le désir de rester dans la situation, de poursuivre la relation.

| Buchanan (1974) | Mowday, Porter et Steers (1979) |
|---|---|
| Identification | Adhésion aux buts et valeurs |
| Engagement | Volonté d'agir dans le sens de ces buts et valeurs |
| Loyauté | Désir de rester |

## L'implication et ses dispositifs

Plus récemment, les travaux les plus importants ont été menés par Allen et Meyer[19] qui ont fait un travail énorme et intéressant de clarification de ces composantes. Pour eux, deux dimensions sont importantes : l'une est *instrumentale,* rationnelle, cognitive. La personne impliquée apprécie sa situation et il est rationnel pour elle de s'impliquer. Par exemple, c'est la personne avec une forte ancienneté, qui n'a donc jamais décidé de quitter son travail pour aller voir ailleurs : être impliqué pour la personne est une justification *a posteriori* de ce choix de ne pas avoir quitté. Dans cette approche, la personne calcule son

---

19. Allen N.J. et Meyer J.P. « The measurement and antecedents of affective continuance and normative commitment to the organization », *Journal of Occupational Psychology*, n° 63, 1990.

lien avec l'organisation et l'implication est le résultat de ce que la personne appréhende de son expérience, de ses choix. L'implication est aussi *affective* parce qu'elle traduit l'attachement affectif et émotionnel envers l'organisation. La personne prend du plaisir, il y a une cohérence entre la personne et le cadre de références que constitue sa situation de travail.

La plupart des recherches actuelles reprennent ces deux dimensions, les confrontent, les opposent. Le désir de rester, présent dans la définition de Mowday, Porter et Steers, disparaît parce qu'elle semblait trop redondante avec la dimension affective. Certains disent même que ces deux formes de l'implication sont d'un ordre différent, que l'une serait plus profonde que l'autre, etc.

Cette différence faite entre les deux approches se retrouve dans de nombreuses recherches : elles appellent à des visions différentes de la réalité de la personne dans sa situation de travail. Elles révèlent également que l'implication peut procéder de deux dispositifs différents qui expliquent son développement comme l'exprime le tableau suivant :

| Instrumental | Affectif |
| --- | --- |
| Je veux | Je dois |
| Soumission aux résultats de l'échange avec l'organisation (contributions/rétributions) | Identification, désir d'affiliation |
| Comportemental : ce qui permet à la personne de lier son comportement aux actes passés | Attitudinal : état d'esprit qui caractérise la relation à l'organisation |
| Superficiel | Profond |
| Raison | Émotion |
| Extériorisation | Intériorisation |
| Calculé | Moral |
| Économie | Psychologie |
| Investissements antérieurs | Congruence |

On peut appeler ces deux dimensions des dispositifs parce qu'en présentant l'implication de cette manière, on met en évidence deux logiques différentes de l'émergence de l'implication. L'implication instrumentale procède de la démarche cognitive consistant à recréer de la consistance et de l'ordre dans l'ensemble des comportements de la personne. Forte de ses investissements, la personne s'implique de façon à rendre sa situation consistante : l'implication est un moyen de solder les comptes, de rendre cohérents et acceptables ses comportements passés.

L'identification renvoie plutôt au mécanisme psychologique de constitution d'une identité personnelle. L'individu se construit cette identité dans la confrontation au monde et le travail fait partie de cette expérience. L'identification est aussi liée à la socialisation puisque l'environnement et le monde sont sociaux. Elle se produit par ce contact au monde qui est intellectuel mais aussi affectif et émotionnel. L'expérience de travail, comme toute autre, est vécue sur tous ces plans, peut-être est-ce là la grande constatation par tous les auteurs du harcèlement et de la souffrance au travail. En montrant comment la personne peut être touchée profondément dans son expérience de travail, elles laissent la porte ouverte à des expériences aussi intenses mais plus positives quant à ses effets.

## L'implication, relation entre la personne et son travail

Les théories continuent de présenter cette vision duale de l'implication, qui ne facilite pas sa compréhension ni sa mesure. Les questionnaires reprennent ces deux dimensions et perpétuent, par leur construction même, l'affirmation de ces deux dispositifs. Les deux approches, cognitive et affective, sont-elles incompatibles ? Rien n'est moins sûr. Elles procèdent toutes deux de ce travail d'interaction au monde, d'apprentissage, d'interprétation et de construction de son univers personnel qu'effectue la personne. Les échelles de mesure des calculs sont affectives et les affections parfois bien calculées.

En essayant de chercher ce qui est commun à ces approches de l'implication, plusieurs traits se distinguent qui permettent de mieux comprendre la notion en la définissant partiellement et en la situant par rapport aux autres images de la relation de la personne à son travail :
– l'implication traduit *le lien* entre la personne et son travail ;
– l'implication est de l'*engagement* ;
– l'implication est de l'*identification*.

## Le lien

Plus qu'à la personne ou aux caractéristiques de la situation de travail, l'implication s'intéresse à la relation tissée, tricotée, entre les deux. Des personnes se révèlent dans une activité professionnelle (comme dans d'autres situations, non professionnelles), d'autres s'éteignent totalement et ne produisent pas les fruits que laissait imaginer leur potentiel, si soigneusement repéré dans des démarches d'« *assessment* » de plus en plus sophistiquées ! Ni la formation, ni la personnalité, ni l'âge, le sexe ou le secteur d'activité et le type d'emploi ne permettent de dire que la personne peut ou ne peut pas s'impliquer.

En effet, l'implication n'est pas une caractéristique personnelle, un trait mesurable en faisant abstraction du contexte. Elle résulte de la relation entre la personne et son contexte, peut se renforcer ou au contraire se réduire. Personne ne peut avoir une expérience sans que se produisent des échanges entre elle et le contexte, sans qu'elle perçoive et réagisse à la situation, sans qu'elle n'influence son environnement. L'implication traduit cet échange qui se produit de toute manière. Certains ont l'illusion de se croire totalement déconnectés de leur travail, non engagés ; ils vous disent vivre en apnée totale quand ils sont à leur travail, totalement détachés : ce n'est pas vrai, ils ont tout simplement évité soigneusement de s'interroger sur ce qu'ils vivaient en en refusant la compréhension et la conscience. L'être d'émotions que nous sommes ne peut pas s'extraire « émotionnellement » des situations et des expériences : il ne peut que refuser de le reconnaître et accroître ainsi son inadaptation à sa situation vécue. Cela arrive dans le travail mais aussi dans bien d'autres situations de la vie courante.

La notion de relation n'est pas suffisante. Dans cette relation, la personne continue de se construire, de créer son monde, cet habitacle dans lequel elle vit. Toutes les expériences humaines sont vécues, travaillées par la personne qui leur donne du sens, qui en tire des ressources, des aides pour participer à ce travail permanent de conciliation de l'idéal de soi avec la réalité. Autrement dit, cette relation n'est pas qu'un simple échange, mais elle participe comme d'autres expériences humaines à ce travail permanent que la personne effectue pour constituer le cadre d'ordre qui lui permet d'exister.

Cette relation est plus ou moins centrale pour la personne. L'œuvre de construction personnelle, le cheminement que mène chacun dans son environnement qui est social par nature, peut s'effectuer de manière plus intense dans les activités familiales, associatives, voire l'expression artistique. Mais le travail reste une expérience humaine où la personne est confrontée aux éléments, aux autres, aux exigences de la production.

## L'engagement

L'implication comprend de l'engagement, ce mouvement qui part de la personne, lié à l'exercice de sa liberté. Différent de la motivation qui donne les raisons de l'agir, l'engagement traduit la projection de la personne. Buchanan parle d'investissement psychologique, traduisant la concentration, l'enfouissement dans des activités. Mais cet engagement se traduit également par des actions, par du temps, de l'énergie consacrés à la tâche et au travail.

## L'identification

L'identification a de multiples significations. Elle est un mode d'autodéfinition : en m'identifiant à quelque chose je considère que cela contribue à me définir, à exprimer ce que je suis. L'identification c'est aussi ce en quoi je me reconnais, là où je me retrouve. En psychologie, le processus de construction de l'identité traduit l'effort de développement qu'effectue la personne qui progressivement a capacité à se définir et à se différencier des autres. La personne y retrouve l'idéal de soi, ou du moins une partie de celui-ci. L'identification a également la fonction de réconfort, de clarification du monde vécu.

# 2

# La grande illusion
# de l'implication

L'implication au travail existe donc. Et dans toutes les formes d'organisations, des responsables s'évertuent à l'espérer, à tenter de la créer, la développer, la renforcer. Chaque année il se dépense des centaines de millions de francs pour essayer d'impliquer les personnes dans leur travail. On fait de la formation, en utilisant certes toujours les mêmes théories mais surtout des moyens pédagogiques de plus en plus originaux et surprenants. On fait de la communication puisqu'elle a acquis cette valeur rédemptrice dans toutes les théories du management. On accompagne le changement. Mais malgré ces dépenses le besoin est toujours là.

Il n'existe pas un ouvrage sur le changement, voire sur l'efficacité dans l'entreprise qui ne montre la nécessité de cet engagement des personnes dans le travail. Tous les dirigeants en sont convaincus, ils ont tout lu sur le sujet, tout tenté mais les résultats ne viennent pas – ou ne durent pas. Le passage obligé par le besoin d'implication prend diverses formes.

Pour certains, l'implication est un simple rappel pour mémoire après avoir développé le processus rationnel à étapes d'une démarche de changement : on complète la description du nouveau système d'information intégré par la référence à l'implication des personnes. Les difficultés de mise en œuvre et le coût seront tels que l'appendice humain de la démarche se réduira à sa plus simple expression, négligemment confié au service des ressources humaines ?

On peut aussi aborder le problème en s'aventurant dans les solutions. La principale est la règle du « 2KC3KF », assez largement utilisée dans toutes les organisations depuis l'entreprise jusqu'au gouvernement ; certains proposent même aux familles d'adopter cette méthode. « 2KC3KF » signifie : deux kilos de communication et trois kilos de formation. Il suffirait de former et de communiquer pour que les personnes s'impliquent parce qu'elles ne peuvent qu'être convaincues de s'engager par la force des arguments rationnels et la pertinence des analyses des autres... Voilà une belle illusion dont chacun est témoin dans sa vie personnelle, on voit difficilement pourquoi cela marcherait dans les organisations.

Tout responsable connaît la difficulté de développer l'implication des personnes. C'est même une des insatisfactions les plus grandes pour les managers que de ne pas obtenir de leurs collègues ou collaborateurs l'engagement qu'ils désirent : cette insatisfaction est d'autant plus forte qu'ils croient travailler et espérer non pour eux-mêmes mais pour l'entreprise et le bien de tous. De retour à la réalité, les autres ne répondent jamais totalement à leurs attentes.

En essayant de gagner l'implication des autres, les managers ont généralement les meilleures intentions. Certes les tenants de la dénonciation et du harcèlement trouveront comme dans toute activité humaine des traces d'une volonté perverse d'engager les personnes dans ses propres intérêts ; cela existe évidemment comme dans tout milieu social. Mais on rencontre aussi, plus souvent qu'on ne le croit, des personnes qui ont les meilleures intentions pour susciter l'engagement des autres dans leur travail, tentant leur possible pour transformer les autres. Là encore, ces efforts ne sont que rarement – ou provisoirement – couronnés de succès.

Nous avons également tous rencontré des personnes étonnantes, fortement impliquées dans leur travail, avec un attachement assez incompréhensible de l'extérieur. Bien malin qui pourrait en tirer des lois générales de contingence de leur implication. Il est difficile de séparer ces deux images d'un manager qui s'évertue à impliquer les autres et de ces personnes qui s'engagent dans leur travail sans que celui-ci, son statut, la paie qui lui est attachée, les conditions de travail, les opportunités de carrière, les responsables *nous* paraissent devoir le justifier. C'est cette illusion que ce chapitre veut évoquer : l'implication existe, pas forcément là où les managers, les politiques de personnel ou les pratiques de changement s'évertuent à l'obtenir. Elle n'existe pas toujours là où on pense la trouver mais surgit là où on ne l'attend pas. Elle est présente chez telle ou telle personne sans que ses collègues immédiats ne soient eux-mêmes impliqués. Elle fait ainsi un beau pied-de-nez à toutes les méthodes de management censées la susciter.

Il existe une sorte de pensée unique sur ce qu'est un travail intéressant dans lequel il serait normal de s'impliquer : c'est un travail utile, pas un « petit boulot », dans lequel il y a de l'autonomie, une variété des tâches, une reconnaissance sociale, l'expression d'un véritable métier, sans même parler des conditions de carrière et de rémunération qui y sont associées. Chacun connaît pourtant des personnes qui sont dans ces conditions sans être impliquées. Dans ce chapitre, nous illustrerons plutôt la face cachée de cette illusion pour montrer que l'implication n'est plus ce que l'on croit.

D'une part, nous écouterons des personnes qui ne sont pas dans ces emplois idéaux et sont pourtant impliquées. D'autre part, nous décrirons des situations de travail où l'implication n'est pas celle que l'on attendrait.

# 1 – L'implication s'inscrit dans une histoire personnelle

Les personnes impliquées, quand elles parlent de leur travail, révèlent l'originalité d'une histoire personnelle. Elles aiment certains aspects de leur travail, mais y trouvent aussi des satis-factions, un épanouissement, un sens qui sont tout d'abord les leurs, aussi étrange que cela puisse paraître aux opinions plu-tôt convenues qui circulent sur le travail. L'implication dans le travail s'inscrit avant tout dans une histoire et un chemine-ment personnel. Nous illustrerons cela à partir d'une soixan-taine d'entretiens semi-directifs réalisés auprès de personnes considérées comme impliquées dans leur travail dans les sec-teurs d'activité et emplois les plus variés*.

Lors d'une étude dans une banque parisienne il y a une ving-taine d'années, je rencontrai Cyrille, jeune recrue de la banque affecté aux « chèques Paris ». À cette époque la banque recru-tait des jeunes sans qualification qui prenaient les emplois les plus simples avant de se former au sein des écoles de forma-tion de la profession bancaire pour progresser lentement dans la hiérarchie. Le premier poste confié au nouveau sans qua-lification est les « chèques Paris » : cela consiste à prendre les chèques remis à l'encaissement par les clients de la banque pour post-marquer la bande magnétique du montant du chèque afin qu'il puisse être traité en chambre de compensation. Le travail consiste à faire ce geste de post-marquage pendant des heures. Quelle ne fut pas ma surprise d'entendre Cyrille décrire son intérêt à chercher les formes et allures de chèques les plus originales, à repérer les banques peu connues. Sans doute n'aurait-il pas fait ce travail toute sa vie et il savait que c'était pour lui une étape – plus ou moins longue –, mais il y trouvait un intérêt qui lui était propre. On peut trouver dans le travail des sources d'intérêt et de satisfaction que les au-tres ne soupçonnent pas, encore faut-il l'écoute, la patience et le respect pour s'en rendre compte.

---

* Voir note page 33.

Un petit aperçu de ce que l'on peut aimer dans son travail :
- le côté artistique du travail de coiffeuse
- faire plaisir aux gens
- avoir le contact avec les autres
- résoudre des problèmes
- savoir ce qu'il y a de nouveau dans la technique (monteur ascensoriste)
- j'aime les fleurs
- j'aime les gens (hôtesse dans un restaurant)
- j'aime servir (pâtissier-serveur dans l'hôtellerie)
- j'aime bien faire quelque chose que j'aime bien
- j'aime la relation avec les élèves (institutrice)
- j'aime travailler avec les journalistes (*researcher* dans une chaîne de télévision)
- j'aime les choses bien faites, j'aime les gens (gardienne d'immeuble)
- j'aime quand on me dit que c'est bon (cuisinier)
- j'aime l'esprit d'équipe, la communication (agent de sécurité)
- j'aime faire plaisir aux gens (coiffeuse)
- j'aime travailler sur un produit final plutôt que sur un procédé (technicienne de recherche)
- j'aime les avions (steward)
- j'aime mon travail parce que c'est dans mon domaine, celui de ma formation (technicien de maintenance)
- j'ai toujours eu envie de travailler dans les bibliothèques, j'aime les livres (bibliothécaire à la grande bibliothèque de France)
- j'aime le contact avec les auteurs (magasinier chez un éditeur)
- j'aime bien avoir rempli ma journée, avoir aidé tout le monde (femme de ménage)
- j'aime pouvoir me dire que j'ai réussi à mener à bien quelque chose toute seule (agent de bureau, handicapée moteur)
- je ne suis pas technicienne, ce que j'aime c'est l'accompagnement (infirmière en maternité)
- j'aime quand on a besoin de moi (gardienne d'immeuble)
- c'est apprendre le droit dans le concret parce que si j'avais fait des études je n'aurais pas aimé (secrétaire)

Les personnes impliquées n'ont pas forcément choisi leur travail, rien ne les y prédisposait dans certains cas. Mais elles se reconnaissent, elles se retrouvent dans cette expérience de travail. Cette reconnaissance personnelle prend deux formes dont nous allons voir ensuite quelques illustrations :

- la manière de vivre cette expérience de travail ne se comprend qu'en référence à des éléments de l'histoire personnelle, des événements extérieurs à la vie de travail ;

- le travail permet à la personne de mieux faire coller la réalité à l'image idéale qu'elle a d'elle-même, il participe d'un projet personnel, parfois peu construit, dans lequel la personne élabore ce qu'elle aimerait être et devenir.

### Catherine : L'amour des fleurs après la philosophie

❑ Catherine est fleuriste dans une grande ville du nord de la France. Elle a maintenant 25 ans et se trouve toujours dans la boutique qui l'a accueillie après un CAP de fleuriste et un DEUG de philosophie. Peut-être cette formation initiale lui permet-elle de formaliser ce qu'est pour elle le travail :

« Le travail c'est pour me réaliser pleinement, pour être heureuse ; tout au long de mes études, j'avais vraiment envie de travailler, non pas pour travailler mais pour être heureuse, pour faire quelque chose que j'aime. J'aurais pu trouver un travail administratif, un métier sûr avec des horaires acceptables mais le travail aurait alors été une obligation, pour gagner de l'argent, pour payer l'appartement ; je ne voulais pas de cela, le travail doit t'ouvrir sur une vie sociale, sur un contact avec d'autres gens... Je ne pourrais pas faire un travail égoïste, pour moi c'est important d'être utile à la société... Le commerce, cela te permet de rendre service à la société... La fleur, c'est quelque chose qui va rendre les gens plus humains, plus heureux, c'est le poumon de la ville, c'est un moyen de respirer... S'il n'y avait pas de verdure, pas de boutiques de fleurs, les individus vivraient moins bien. »

Cette vision du travail n'est pas générale, elle s'est élaborée progressivement pour Catherine :

« Il fallait que je fasse quelque chose avec mes mains, avec mon corps, ne pas tout intellectualiser... Il y a peu de métiers qui me ressemblent autant... la fleur est un métier qui regroupe un peu tout ce que j'aime. [...] La fleur c'est du luxe, du rêve, on fait rêver les gens avec de l'inutile complet. Dans cette boutique, je peux m'adonner à la créativité, j'avais envie de côtoyer plus pleinement ce luxe ; j'aime bien cette clientèle aisée qui me permet de créer. »

Cette vision du travail est l'aboutissement d'un parcours personnel :

« Après mon bac, j'avais envie de faire de la philo, cela m'a plu énormément, j'ai donc fait aussi une deuxième année car j'étais passionnée et d'ailleurs je suis toujours intéressée par la philo... Je l'ai fait parce que j'étais passionnée, je sentais que c'était utile pour moi mais ce choix était très personnel, j'en ai profité, j'ai pris le risque de profiter des études, pas forcément pour le travail. Quand j'ai fait mon DEUG ce n'était pas pour avoir un métier mais pour me cultiver, pour faire quelque chose que j'aimais. »

Mais les études ne la satisfont pas complètement :

« Je me suis aperçue que ma vie n'était pas du tout équilibrée parce que j'intellectualisais tout, je ne pouvais rien faire avec mes mains et cela me gênait, j'avais envie de créer et j'ai voulu me mettre à travailler... »

« Il se trouve que mon ami est passionné de fleurs, il m'a fait découvrir ce milieu que je ne connaissais pas et qui ne m'inté- ressait pas spécialement : il m'a fait découvrir ce monde du rêve de la fleur... Pendant les vacances, nous avons visité un lieu où les gens créent eux-mêmes un jardin avec différents thèmes... j'étais étonnée de voir les gens qui se précipitaient pour visiter ces jardins... les gens, à partir de quelques fleurs, ils avaient exprimé leur être le plus profond, leur caractère, leur façon de vivre les choses, de ressentir la vie... J'étais emballée et j'ai laissé tomber la philo pour faire un métier dans les fleurs : un jour que je voulais offrir des fleurs à mon ami je suis rentré dans une boutique, le gars était sympa, nous avons discuté, il m'a dit qu'il cherchait une vendeuse et deux jours plus tard je commençais. »

Bien entendu la reconstruction *a posteriori* emprunte toujours des raccourcis mais en regardant le chemin parcouru, Catherine affirme avoir trouvé « le travail le plus adéquat avec ma personnalité, avec ce que je suis capable de donner ».

Le commerce est un métier exigeant : de très longues heures de travail, le client qui arrive au moment de la fermeture pour choisir le bouquet destiné à ses hôtes après de longues hésitations, les rémunérations que les pourboires ne suffisent pas toujours à compléter. Dans la vision de son avenir, Catherine dira que ce métier a de belles évolutions devant lui en s'ouvrant sur la décoration mais bien entendu, il lui faudra partir, développer d'autres expériences, trouver d'autres pratiques professionnelles, se trouver aussi des moyens de mieux équilibrer vie personnelle et travail dans l'espoir de créer une famille. Implication ne veut pas dire soumission, ni acceptation béate du sort qui vous est fait. Catherine ne veut pas changer de métier mais elle veut en changeant continuer de « se réaliser », continuer d'avoir l'initiative dans sa carrière ou, plus simplement, son existence.

**La gardienne sans vocation mais avec le sens du service**

❑ Jacqueline a 38 ans, elle est gardienne d'immeuble, fait le ménage dans l'escalier, encaisse des loyers, sort les poubelles, vérifie les parties communes pour lancer d'éventuels travaux et petites réparations. L'implication ne résulte pas de l'accomplissement d'une vocation précoce. Après avoir élevé ses enfants, Jacqueline voulait retravailler et elle a fait de nombreuses missions d'intérim dans le secrétariat avant qu'il lui soit demandé de remplacer la gardienne de son immeuble qui partait en vacances. Ainsi commence sa carrière car elle s'est aperçue que c'était un excellent moyen de rester à la maison avec ses enfants tout en travaillant. Ce nouveau travail lui permet d'éviter le stress des journées surchargées quand il faut partir du matin au soir dans l'angoisse de ne jamais être à l'heure pour la rentrée ou la sortie des enfants à l'école.

Jacqueline ne se voit pas faire quelque chose qu'elle n'aime pas, elle se souvient avec horreur de la monotonie et de la répétitivité de son ancien travail de secrétaire. Son travail, dit-elle, lui apporte de la liberté ; elle n'a pas toujours quelqu'un sur le dos pour lui donner des ordres et la contrôler. Plus encore, elle trouve son métier utile parce que les gardiens rendent un service de proximité, de plus en plus nécessaire dans nos villes :

« Quand il y a un gardien, les gens peuvent parler à quelqu'un, demander des petits services ; parfois ils ne se rendent même pas compte qu'on leur rend des services, ils trouvent cela normal... Je ne suis pas découragée, je suis optimiste, mon mari dit qu'il y a quelque chose qui ne va pas chez moi mais c'est dans mon caractère, je n'aime pas être triste. Il y a des gens qui se complaisent à être tristes mais moi, c'est le contraire. »

Le gardiennage n'est pas une tâche facile, il faut être diplomate, mettre du liant et de la diplomatie à aider la résolution de tous les problèmes de voisinage et faire face à la pénibilité physique du ménage mais Jacqueline a trouvé dans ce travail « le moyen de surmonter ma timidité : ici ce sont des gens que vous voyez tout le temps, que vous revoyez systématiquement, vous êtes obligé de leur dire bonjour, au revoir, ça va, etc. C'est des banalités mais cela vous donne de l'assurance, cela vous aide en vous permettant de comprendre et de voir qu'il y a des gens plus malheureux que vous ».

Un travail que l'on aime, qui lui permet de bien s'occuper de ses enfants, de peindre tout en ayant une vie de relations avec les autres ; comme le dit Jacqueline :

« Mon choix est dû au fait que ma mère ne m'a pas toujours élevée, ça a été assez compliqué dans mon enfance : mon choix était de partir très vite de chez moi et pour partir très vite, il fallait que je travaille... »

Jacqueline compte prendre des responsabilités qui iront bien avec le moindre besoin de s'occuper des enfants. Elle pense qu'il y a des choses à faire pour les gardiens et pour l'évolution de cette profession, d'ailleurs elle a « horreur de l'injustice », c'est ce qui l'a conduite à prendre des responsabilités syndicales. Elle est attachée à ce travail, pas à la société qui l'emploie :

« Ce n'est que la société qui me verse l'argent à la fin du mois »...

L'avenir, ce sont toutes les opportunités d'améliorer tant la vie des locataires, des immeubles que des gardiens et toujours continuer de faire ce que l'on aime au fur et à mesure que l'existence et la maturité vous laisse entrevoir d'autres besoins.

### Viviane, ou l'art de bien se sentir dans son travail

❑ Viviane est gardienne d'une résidence pour étudiants. À 28 ans, vous la trouvez le matin dans le petit bureau au rez-de-chaussée de cet immeuble, à écouter les messages sur le répondeur avant de faire un tour des locaux, de la cafétéria pour vérifier que tout est en ordre. Ensuite elle trie et distribue le courrier sans attendre de façon à ce que chacun ait ses lettres le plus tôt possible :

« les gens attendent parfois des documents ou des nouvelles importantes... »

Le moins amusant, c'est quand les locataires partent, il faut faire l'état des lieux, remplir les papiers, c'est l'aspect le plus fastidieux du travail. Surveiller les petits travaux, suivre les demandes d'intervention, tout cela prend aussi du temps parce que, dit-elle, on ne peut jamais être sûr que les choses se font et que vous pouvez totalement faire confiance aux artisans et entrepreneurs qui doivent faire leur travail. Enfin, elle s'occupe d'organiser quelques activités sociales et culturelles dans la résidence, c'est le plus intéressant.

Elle veut en effet que les étudiants aient le maximum d'activités et de possibilités dans la résidence, que ce soit vraiment chez eux, qu'ils s'y sentent et y vivent bien, qu'ils n'aient pas à prendre les transports en commun pour avoir des cours de danse ou de yoga par exemple. Pour cela elle a pris elle-même diverses initiatives vis-à-vis de la mairie :

« Dans une résidence, on se donne toujours à fond, on fait tout pour que ce soit impeccable, pour que les gens soient contents, pour qu'ils s'y sentent un peu à l'abri, protégés, donc tout le monde s'attache à la résidence. »

Qu'est-ce qui peut bien pousser une jeune femme de 28 ans à s'investir autant dans son travail de gardienne ?

« Moi j'aime les choses bien faites, et j'aime aussi être aussi bien que ceux qui peuvent être autour de moi. Quand je reçois quelqu'un chez moi, je vais faire en sorte qu'il y trouve ce qu'il aime ; dans le travail c'est la même chose, je suis exigeante vis-à-vis des gens comme je le suis avec moi-même... j'aime les gens, j'aime tout, j'aime la vie. »

Le travail ?

« La liberté, voilà ce que j'apprécie, je suis très indépendante, je supporte mal les directives ; je sais me remettre en question mais je n'aime pas que l'on me dirige. »

Mais ce travail est bien particulier et Viviane y met beaucoup d'elle-même :

« Je m'inquiète pour les locataires, je ne suis pas leur mère mais je dois veiller au grain... Il y en a beaucoup qui ont besoin que l'on soit derrière eux, il faut tout leur expliquer, leur dire le B A BA des choses de la vie... il faut savoir pallier le manque d'environnement familial. »

« Ce qui compte pour moi, c'est que les locataires se sentent bien, qu'il y ait un échange affectif, voilà ce dont je suis le plus fière dans mon travail... Dans ce travail le côté positif c'est de voir sourire les étudiants quand ils rentrent... c'est vrai que je ne souhaite qu'une chose, c'est que les gens qui auront vécu ici et avec qui j'ai eu des liens étroits se souviennent dans dix ans de cette résidence en se rappelant qu'ils ont été loin de leurs parents, mais qu'il y avait quelqu'un qui a fait que l'ambiance était bonne et qu'on s'est bien plu : dans ce métier j'aime bien les étudiants mais j'ai du retour. » Comme elle le dit : « J'ai toujours été maternelle avec mes amis et là cela trouve sa place, j'accorde du temps aux gens parce que je trouve que c'est important. »

Viviane n'a pas toujours été gardienne de résidence, elle a fait une formation de commerce international et a travaillé dans ce secteur avec des patrons qui, dit-elle, ont toujours été des pères pour elle ; ensuite elle est passée dans une banque où elle s'est ennuyée car elle ne pouvait y prendre aucune initiative. Alors elle a fait de l'intérim :

« J'ai toujours eu la chance de tomber sur des gens qui me faisaient confiance, qui me donnaient les clés de tout ; alors cela me plaisait beaucoup, il y avait une bonne ambiance et ça c'est important dans le travail. C'était la bonne ambiance d'un côté et des patrons qui étaient des gens bien ; à chaque poste d'intérim, on me proposait de me garder... j'ai ensuite travaillé dans l'immobilier, mais le milieu était assez pourri... De ce côté c'est plus agréable dans la résidence parce que le but est, disons, un peu moins étriqué, le travail que je fais là je ne considère pas que c'est de l'immobilier, cela n'a rien à voir. »

**La steward, amateur d'avions résigné**

❏ Être steward comme Jean-Pierre, même sur vol long-courrier, c'est surtout servir les passagers, passer les plateaux. D'ailleurs le passager ne voit que ce côté commercial et non les aspects de sécurité qui font partie de la définition de fonction des personnels de bord. Il y a aussi cette succession de petites tâches comme pointer, s'adapter aux types d'appareils, d'escales, vérifier l'approvisionnement de l'appareil, les repas à régimes spéciaux, toute cette partie immergée de l'iceberg qui ne cadre pas toujours avec l'image du poste. Et puis sur les long-courriers, les avions sont souvent de gros porteurs et sur un nombre important de passagers il y a toujours un problème...

Jean-Pierre n'en finit pas de décrire la longue succession de tâches, de procédures, de vérifications, d'incidents qui constituent le poste de steward mais son histoire ne s'arrête pas là :

« Avant d'être dans la compagnie, j'étais dans l'armée de l'air, élève navigateur. J'allais de sélection en sélection mais cela s'est assez mal terminé parce que j'ai raté l'avant-dernier examen ; je voulais à tout prix rester dans les avions parce que c'est une passion. Je serais bien allé en aéro-club mais c'est très difficile, long et coûteux de passer toutes ses qualifications et ils ne recrutaient pas à l'époque ; alors je me suis mis à passer les concours de steward de façon à gagner un peu d'argent et poursuivre avec mes qualifications ; comme cela je reste dans le domaine aéronautique. J'aurais bien aimé être instructeur steward, mais en fait ils volent très peu et ne font que contrôler les autres. »

Si Jean-Pierre est passionné d'aviation, comment vit-il sa passion en étant steward ?

« C'est vrai que le métier de steward n'est pas très gratifiant, tu files des plateaux à longueur de journée, t'es serveur, c'est pas terrible. Par contre ce qui est bien, c'est que tu voyages, tu vois des pays, des cultures différentes, tu as le travail en équipe aussi, qui est bien, tu ne travailles quasiment jamais avec les mêmes personnes. Tu rencontres de tout dans une compagnie comme celle-là, des gens qui n'ont pas le bac et des bac + 10, c'est super, tu as des passionnés de photo, des musiciens, des as de la plongée, des chanteurs. Ce qu'il y a de bien aussi, c'est que cela te permet de garder les pieds sur terre, ça remet les choses à leur juste valeur parce que quand tu voles dans des pays pauvres comme l'Inde ou autre, tu vois des gamins qui crèvent la faim, qui ne savent pas où dormir le soir. Tu te dis que tu n'es pas si mal loti que cela. Le fait de voyager, de voir les différentes cultures, de voir la pauvreté et la misère, ça te permet de faire attention aux choses vraiment importantes. »

« Si le travail n'est pas gratifiant, par contre les à-côtés, tu ne les trouves pas forcément dans tous les métiers... quand je dis que le travail n'est pas gratifiant, attention, c'est la partie distribution des plateaux mais par contre, à bord, tu fais des connaissances avec des passagers, ça c'est enrichissant. Sur le plan social... ça t'apporte beaucoup de choses. Tu as un passager qui va rentrer furieux à bord et à la fin du vol, il va te dire merci, tout cela parce que tu auras réussi à renverser la situation. C'est plein de petites choses comme cela et c'est aussi un aspect du métier. Autrement dit, te débrouiller pour que tout le monde soit satisfait de manière à ce qu'ils reviennent dans la compagnie, qu'ils revolent avec toi. Et ça c'est être commercial. Si tu veux, moi, ça ne me dérangerait pas de faire tout le vol comme ça, à faire du commerce et laisser le service de côté. »

### La banquière : Lise ou la maîtrise de tout

❑ À 35 ans, Lise est responsable administrative d'une agence bancaire dans la région parisienne. Elle est à l'aise dans son travail :

« J'aime tellement ce que je fais et je me donne à fond, j'essaie
de donner le meilleur de moi-même donc automatiquement je me
sens très à l'aise. »

Pourtant elle n'occupe pas de fonction commerciale et quand elle
doit convoquer des clients c'est qu'ils ont des problèmes, qu'il faut
bloquer leur compte ou retirer leur chéquier.

« Le commercial, il a le beau rôle tandis que moi, mon travail est
plus difficile... enfin pour moi, c'est un bon rôle parce que j'apprécie ce que je fais, mais vis-à-vis du client j'ai le mauvais rôle. »

Toutefois :

« Je peux avoir le bon rôle si par exemple j'évite des contentieux,
donc éventuellement les clients sont très contents : si le client n'a
pas répondu ou s'il s'en fout complètement alors là je suis intrans-
igeante et je tranche ; mais vous avez l'autre cas où je vais tout
faire, je vais recevoir la personne, je vais analyser, je vais essayer
de voir le pourquoi du comment, on va refaire la gestion du foyer,
du budget et là, je suis gentille... »

De la même manière qu'elle utilise son libre arbitre vis-à-vis des
clients elle l'exerce vis-à-vis des collègues :

« Si je vois que quelqu'un est à la bourre, je vais le remplacer à
son poste, il y a un esprit d'équipe dans cette agence. »

À l'entendre elle contrôle tout, vérifie que tout est en place aussi
bien l'argent à disposition dans l'agence que les signatures sur les
documents de prêt, sur les chéquiers, les cartes, etc. Quand elle
raconte sa carrière, Lise montre qu'elle a toujours tout décidé : elle
voulait être sage-femme ou employée de banque et un jour en
déposant de l'argent sur son compte, elle a décidé qu'elle postu-
lerait dans les banques. On lui a proposé deux postes en agence
et aux ressources humaines mais c'est en agence qu'elle voulait
travailler, c'était « son rêve ».

« Le directeur du personnel a vu que j'étais tellement butée et il m'a dit qu'il n'avait jamais vu quelqu'un ayant du culot autant que moi... très vite j'ai touché à tout, j'étais polyvalente. »

Sa carrière est une succession de décisions :

« Le directeur d'agence était tellement nul que j'ai décidé de faire un deuxième bébé et ensuite j'ai demandé mon changement dans une autre agence et là c'était super, l'ambiance était excellente donc j'ai beaucoup travaillé, j'ai fait mes preuves et j'ai été nommée responsable administrative. »

Ce qu'elle aime dans le travail ?

« La gestion des débiteurs, la gestion des comptes... j'ai une bonne maîtrise du risque bancaire, j'évite les grosses catastrophes ! Dès que je sens quelque chose de pas très net, on en parle avec les commerciaux et puis on tranche, c'est moi qui tranche. »

« Je suis fière de mon travail en général, tout simplement. De la bonne organisation de l'agence parce que si vous voulez si le contrôle n'est pas fait régulièrement, parce que moi les contrôles je les fais toutes les semaines même si je n'y suis pas obligée... moi je dis que l'administratif c'est le pilier de l'agence, si vous le supprimez il y a des problèmes. »

Le futur de sa carrière ? Elle aimerait devenir inspecteur mais cela sera difficile parce que le passage de responsable administrative à cette fonction est assez rare. Il reste aussi le plan personnel : maintenant vient le temps de l'achat d'une grande maison, de l'éducation des enfants en espérant qu'ils auront un bon métier :

« Je leur dis qu'il faut apprendre, beaucoup de lecture le soir et pas de télé, il faut s'accrocher pour réussir, avoir du culot, moi je sais que même si c'est bloqué, je vais tout faire pour démonter le mur, j'ai un tempérament comme cela, si j'ai une idée en tête il faut que je réussisse absolument, donc je vais tout faire, c'est rare que je n'y parvienne pas. »

## Marc ou le sentiment du développement accompli

❑ Depuis 20 ans, Marc est arrivé de La Réunion et travaille comme magasinier chez un éditeur parisien. Il s'occupe de la vérification, de l'enregistrement des commandes. C'est pour lui un métier de contact :

« Parce que vous avez quand même des gens importants, des auteurs... »

Être magasinier aujourd'hui, c'est faire de l'informatique depuis quelques années mais :

« Vous savez dans le magasin, vous avez mille trucs, vous avez mille choses à faire, qu'il ne faut pas oublier... c'est physique, intellectuel, c'est pas toujours évident, il ne faut rien oublier parce qu'après, si vous avez un écart, il faut vous justifier, ce n'est pas évident. »

Petit à petit, Marc a gagné son autonomie :

« Personne ne me donne des ordres, je dirige mon travail moi-même, personne ne me dit que j'ai telle ou telle chose à faire, on me fait confiance, c'est pas mal. »

Progressivement le poste de Marc s'est étendu :

« Je m'occupe aussi du Salon du livre, c'est un très gros travail sur deux mois, c'est une des plus grosses tâches que j'ai à faire ; c'est une question de confiance, je prépare tout, dans le magasin et sur le stand, j'amène les livres, etc. C'est un travail très intéressant mais très exigeant aussi, c'est énorme, pour une semaine de salon, il y a trois semaines de préparation ; la journée je suis sur le stand et le soir je suis ici au magasin. La rentrée littéraire, c'est aussi un grand moment, l'époque des prix, c'est un peu stressant parce que l'on a tout au dernier moment, il faut tout préparer. »

C'est un hasard si Marc a fait ce travail, il fallait bien trouver un travail à l'arrivée à Paris. Sans être lecteur, il a progressivement développé un poste aux larges responsabilités qui traduisent pour lui les capacités qu'il a su développer au fil des ans.

### Pierre ou la tradition familiale

❑ Depuis des générations la famille de Pierre est installée dans cette vallée de l'est de la France. Son père travaillait déjà dans cette même usine même si les produits et les machines ont bien évolué depuis cinquante ans. À 38 ans, il a gravi les échelons qui l'ont conduit au poste de régleur sur une machine à commande numérique, après seize ans d'expérience dans cette seule entreprise qu'il a toujours connue depuis son enfance. Pour lui être régleur, c'est ne plus être ouvrier :

« Je ne suis pas opérateur, l'opérateur, il ne peut pas se sauver ; les régleurs, on est plus cool, on peut quand même se balader un petit peu, on n'est pas censé rester en permanence à côté de notre machine. »

C'est vrai qu'à rester trop longtemps sur une même machine, on en a un peu assez mais, il vient de changer il y a un an :

« Je suis maintenant sur une nouvelle machine, il y a d'autres techniques à connaître, il y a d'autres astuces, c'est ce qui fait le piment du boulot... pour moi le piment c'est de travailler sur une machine plus grosse, plus complexe, j'avance dans ma carrière, je connais pas mal de choses, j'ai plus de choses à connaître... j'ai cinq gros classeurs devant moi sur mon bureau et si j'ai un problème je suis censé potasser dedans pour trouver la solution... il faut plus d'attention, plus de sérieux, plus de métier aussi. »

Depuis seize ans, Pierre connaît tout le monde dans l'usine et même s'il est sur une seule machine, qui se suffit à elle-même, il ne conçoit pas le travail en solitaire ; le quotidien ce sont les relations avec les autres régleurs, en priorité, avec les opérateurs et les contremaîtres aussi :

« Ce qui me plaît c'est le boulot lui-même, le fait de venir travailler, tout le monde n'a pas la chance d'avoir un boulot. Je ne me vois pas arriver pas content ou déprimé ; le travail ce n'est pas une contrainte, ce n'est pas difficile, cela fait partie de la vie. Cela fait seize ans que je travaille ici, je dirais même que je suis content de la boîte, je suis bien ici, moi, sinon à une certaine époque quand il n'y avait plus de boulot, j'aurais pu partir ; non je me sens bien ici. En plus notre boîte, elle a quand même une bonne aura ; elle est connue dans le monde entier donc c'est bien... Ce qui me plaît c'est de venir, de voir les camarades. »

Cet attachement au travail cache quand même des attentes pour le futur :

« Si cela ne tenait qu'à moi, je ne serais plus régleur, je peux passer chef, monter en grade, passer technicien, contremaître, un truc comme ça... »

Il y a d'ailleurs eu une époque...

« Moi je n'ai pas eu de chance, il fut un temps où j'étais chef de groupe et puis un problème de restructuration dans l'usine, à un moment donné cela marchait moins bien, je suis redescendu régleur, mais j'ai été chef de groupe pendant quatre ou cinq ans ; chef de groupe c'est au-dessus de régleur, j'avais 3 ou 4 régleurs, le boulot était plus intéressant... c'était dans les années 80, c'est une refonte de l'usine, une réorganisation de ce qu'ils appellent le managing de l'usine... c'était beaucoup plus gratifiant, 4 ou 5 régleurs plus une trentaine d'opératrices, je participais à des réunions sur la ligne, sur les produits, chose que je ne fais plus maintenant en tant que régleur. »

Pierre préfère être chef plutôt que responsable d'une machine plus complexe et réclamant plus de technicité et il espère bien continuer de progresser dans la ligne hiérarchique plutôt que technicienne. Il ne s'en doutait probablement pas en entrant il y a seize ans dans cette usine parce qu'après le service militaire, c'est le premier employeur qui a répondu à ses lettres et son père lui avait conseillé de choisir cette entreprise parce qu'elle semblait bonne. Il a travaillé sur à peu près toutes les lignes, et connaît tout le monde, comme il est connu de tout le monde tellement il s'est engagé dans toutes les activités de l'usine. Il est né dans ce village, son père travaillait dans l'usine où il y a fait toute sa carrière en terminant contremaître. Dans cette famille nombreuse, tous les enfants sauf lui ont quitté le village pour faire de belles carrières comme employée de banque, technicien, œnologue, employée de bureau :

« Dans la famille on a tous de bonnes places, enfin sauf moi... »

Un père contremaître et des frères et sœurs qui « ont réussi », le désir de Pierre, c'est :

« Ne pas rester ouvrier, évoluer, être contremaître,... j'aime bien apprendre, je me sens à un âge où je suis capable de faire quelque chose... dans la boîte parce que de toute manière je ne compte pas quitter l'usine... ce n'est pas forcément technique, je pourrais m'occuper du personnel ou d'autres tâches, enfin changer... »

Enfin :

« Travailler c'est gagner son pain, ce n'est pas une contrainte, je m'y intéresse parce que je veux évoluer... »

## Malika ou le travail choisi

❏ Malika est née au Maroc et elle a rejoint son mari en France après son mariage. Ses cinq enfants l'ont gardée bien occupée pendant plusieurs années mais quand ils furent tous à l'école elle décide de travailler :

« Même si je n'en avais pas besoin parce que mon mari avait une bonne situation comme ouvrier dans cette entreprise de bâtiment dont il connaissait bien le patron... »

Elle trouve un emploi à la cuisine d'une clinique en banlieue parisienne pour cuisiner mais aussi faire le service, la plonge et le nettoyage, enfin, tout ce qui se présente dans une cuisine qui n'a pas encore été sous-traitée à une société spécialisée...

« C'est mon premier emploi ; avant je préférais élever mes enfants. Comme j'habite à côté d'ici, un jour je suis passée devant la clinique et je me suis présentée. Je n'avais pas vraiment besoin de travailler, à la maison j'étais très bien... et j'ai rencontré la directrice, je voulais être agent de service mais il n'y avait pas de poste libre, il y en avait juste un de libre à la cuisine pour trois jours et depuis, je suis toujours là. [...] Quand elle m'a proposé cette place à la cuisine, je n'ai pas hésité, vous savez, chez nous les femmes d'Afrique du Nord, la cuisine, on n'a pas besoin de regarder dans les livres... je remplace même le chef quand il n'est pas là. »

Malika a l'impression qu'elle fait toujours le même travail depuis seize ans, c'est toujours la même chose ; la seule chose qui change c'est la tendance à ne pas remplacer les gens qui partent. Elle aime son travail :

« J'aime bien faire la cuisine, j'aime bien manger donc j'aime bien faire la cuisine…quand je fais quelque chose j'aime bien le faire correctement et tout le monde le sait d'ailleurs : quand je suis là ils savent qu'ils vont bien manger, que c'est fait proprement, comme il faut …Même les malades, bien qu'ils ne me voient pas, ils savent que c'est moi qui suis à la cuisine. »

Malika ne se trouve pas là par hasard. Certes, la clinique est à côté de chez elle mais elle aime l'ambiance de la maternité, de ce lieu de joie ; elle ne supporterait pas d'aller dans ces étages où se trouvent les maladies graves ; de plus elle a trouvé sa place ; on la fait venir pour faire l'interprète quand il y a des patients d'Afrique du Nord qui ne parlent pas le français. La grande menace pour Malika, c'est la reprise des services de cuisine par une société extérieure parce que ce ne sera plus les mêmes rapports entre les personnes. Pour le moment son patron c'est le directeur de la clinique et les médecins et elle s'entend bien avec eux depuis seize ans ; le chef de cuisine, elle le remplace même quand il part en vacances : le monde de la clinique c'est une sorte de famille qui lui rappelle son milieu, la famille qu'elle a quittée au Maroc mais aussi les différentes entreprises qu'a connues son mari en France, où la relation de confiance avec le patron et la durée étaient les deux caractéristiques principales. Mais la restauration va probablement bientôt être confiée à une société externe. Avec cette société le chef ne sera plus sur place. Il faudra aussi faire du surgelé, des plats tout préparés qui arriveront le matin et qu'il suffira de faire réchauffer : pour elle ce n'est pas de la cuisine, ce n'est pas du travail. Si les choses se passent comme elle le craint… elle arrêtera de travailler.

### Lydie, l'art et la coiffure

❑ Lydie est employée dans un salon de coiffure parisien. À 27 ans, elle est célibataire, elle veut devenir coiffeuse depuis qu'elle est toute petite :

« Il n'y a pas de coiffeur dans ma famille mais j'ai toujours aimé ça : le contact avec les gens, le côté artistique. »

Qu'est-ce qu'elle aime dans son travail ?

« J'aime le contact avec les gens, le côté relationnel, le travail en équipe... Ce que j'aime aussi c'est de rendre les gens plus beaux qu'ils ne le sont, les transformer... J'aime bien les cheveux, le côté artistique... Je sais aussi quand je viens le matin que je vais retrouver une équipe sympa... »

Aimer son métier, Lydie en a une vision très concrète :

« Moi, quand je vois des gens dans la rue, la première chose que je regarde c'est leur coupe de cheveux. Moi je crois que la coupe c'est la base de tout... Il y a vraiment des jours où je suis particulièrement en forme et c'est vrai que je fais des trucs pas mal, je suis fière de moi, surtout quand je fais des transformations... l'autre jour j'ai fait une transformation à une dame et ça l'a complètement changée : depuis ce jour elle est très bien dans sa peau donc quand on arrive à faire cela, c'est vrai que c'est sympa, on se dit "quel beau métier nous faisons !" »

## Corinne, l'ambiance malgré les clients

❑ Corinne est hôtesse dans un restaurant des Grands Boulevards, l'un de ces restaurants qui appartiennent à des chaînes internationales. Quand vous y entrez vous êtes frappé par la qualité de l'accueil : attention, sourire, efficacité. Corinne a 22 ans ; avec son ami ils rêvent de s'implanter aux États-Unis et cherchent à gagner assez d'argent pour développer là-bas une activité artistique. Corinne est passionnée de photographie artistique, ce qui est une activité assez coûteuse quand vous voulez vous procurer le matériel nécessaire. Après un emploi assez décevant dans une chaîne de distributeurs de produits photographiques, elle décide de chercher un emploi en attendant d'accumuler avec son ami assez d'argent pour partir en Amérique. Près de chez elle, elle entre un jour dans un restaurant qui cherche des hôtesses ; elle est embauchée immédiatement.

Son travail c'est accueillir les clients, les faire patienter en attendant une table et s'occuper d'eux jusqu'à ce qu'ils soient pris en charge par un serveur ou un maître d'hôtel. Ce n'est pas le travail qu'elle veut faire toute sa vie parce qu'elle n'y utilise pas assez ses méninges mais cela lui plaît pour l'instant :

« Cela m'a ouvert les yeux, on est en contact avec plein de gens, des gens que l'on ne voit pas forcément tous les jours quand on est dans sa petite vie avec ses amis et ses proches ; j'ai côtoyé des gens complètement différents et cela ouvre les yeux parce que l'on se dit que cela ne doit pas exister quelqu'un comme cela... ces gens différents, cela m'étonne toujours... il y a des gens d'une gentillesse incroyable... tellement gentils alors qu'ils ne m'ont jamais vue et qu'ils ne me reverront jamais et puis des gens particulièrement odieux, des machos, des dragueurs... »

Corinne est parfaite dans son travail, elle a l'amabilité qui rend le service agréable pour le client et facilite le travail de l'ensemble de l'équipe. Comment peut-on être toujours aimable ?

« La plupart du temps les gens qui viennent au restaurant sont plutôt détendus ; quand on ouvre la porte à des gens qui sourient, il n'y a vraiment aucune difficulté à leur sourire et puis maintenant, c'est un boulot, essayer de détendre le client, de le faire sourire pour qu'il soit à l'aise. C'est vrai que je n'ai pas un mauvais contact avec les gens : avant, j'étais très timide mais je le suis beaucoup moins... J'aime bien les gens donc parfois je me retrouve à discuter même si c'est une ou deux minutes, si c'est quelqu'un de sympa, c'est toujours cela de pris, c'est un boulot agréable. »

Hommes et femmes, secteurs traditionnels ou nouveaux services, ces quelques exemples n'ont aucune vertu de représentativité du monde du travail d'aujourd'hui – puisqu'il est impossible d'en donner une image fidèle. Mais forts de leur histoire personnelle, ils vivent et construisent leur expérience de travail à l'aune de leurs désirs et de leur histoire. Ils renversent les idées reçues, mais n'exigent rien si ce n'est la réalisation et l'accomplissement de ce projet personnel qui transparaît derrière leur discours.

# 2 – De nouvelles formes de travail : l'implication là où on ne l'attend pas

Souvent l'implication dans le travail semble rappeler des formes anciennes de travail, quand le travail prenait toute l'existence, quand, rétrospectivement, on croit qu'il était possible de donner du sens à l'expérience professionnelle. La nouvelle économie aurait fait disparaître tout cela, les magazines dégagent des tendances – souvent hebdomadaires ou mensuelles – selon lesquelles le travail serait terminé, ou du moins abordé comme une simple activité dans laquelle des mercenaires s'investissent provisoirement. Des formes nouvelles d'exercice de l'activité professionnelle remettraient profondément en cause les anciennes représentations du travail.

Donnons trois exemples de ces évolutions qui semblent remettre en cause les conditions traditionnelles de l'implication :

- La sortie des secteurs traditionnels : il est commun, dans le discours ambiant de faire implicitement référence à des secteurs de travail qui seraient acceptables, nobles par rapport à d'autres qui le seraient moins. Si la sagesse des proverbes nous a appris qu'il n'existe pas de sots métiers mais seulement de sottes gens, notre époque a conçu avec un certain mépris le concept de « petits boulots ». Ceux-ci ne font pas seulement référence au statut précaire, ils renvoient également à un secteur d'activité. Le monde du travail a ses secteurs nobles traditionnels, ce sont les grandes industries et l'administration, secteurs organisés, bien représentés, bien codifiés. Et puis il y a tous les autres que la comptabilité nationale ne parvient pas totalement à ranger dans la catégorie du tertiaire. Ainsi le secteur de la distribution s'est développé en France dans les années 60 en dehors de tous les parcours traditionnels de formation, et de carrière : il a fallu attendre plusieurs décennies, la présence des créateurs de la grande distribution parmi les premières fortunes françaises, l'enrichissement de nombreux salariés de ce secteur grâce aux actions accumulées depuis des années, pour commencer à respecter cette activité. Que dire des secteurs de la restauration rapide, des services à domicile, des centres d'appel, etc. Dans les injonctions parentales le « tu termineras à l'usine » s'est transformé en « supermarché, restauration rapide, etc. ». Il faut pourtant bien reconnaître que ces secteurs représentent de très nombreux emplois.

– La sortie des entreprises traditionnelles : plus personne ne voudrait travailler dans les entreprises auxquelles on ne fait plus confiance, voire qui représentent des formes de travail en commun dépassées, plus du tout adaptées aux besoins d'autonomie, de variété et d'épanouissement personnel. À l'époque de la croyance illusoire dans l'entreprise comme solution de tous les problèmes des années 80, a succédé la perte de confiance dans des institutions qui licenciaient même les salariés performants dans les années 90. Cela a permis le développement et le succès de la littérature de dénonciation sur les perversions, harcèlements, souffrances dans le travail... Voici maintenant le temps venu de l'indifférence : le futur ne serait plus dans l'entreprise, il ne serait plus dans le combat contre elle mais dans l'entrepreneuriat.

– La sortie des formes traditionnelles de travail : mieux encore les formes traditionnelles de travail dans le cadre d'organisations, de conventions collectives, de définitions de fonction, de catégories d'emploi, voire de filières ou de familles professionnelles semblent bien révolues. Il est difficile d'imaginer aujourd'hui une carrière dans une même filière d'emplois. De la même manière l'atelier, l'équipe, le groupe soudé de collègues qui travaillent ensemble sur une longue période avec tous les liens tissés, semble une image d'antan faisant place à l'urgence et au primat du projet dans des groupes provisoires, transversaux, multifonctionnels et polyvalents.

L'implication personnelle est-elle remise en cause dans ces évolutions ? Y a-t-il une implication possible hors de l'entreprise traditionnelle où le temps de l'apprentissage et de la relation permet l'approfondissement des intérêts et de l'identification ?

# De nouveaux secteurs d'activité

## La livraison de pizzas

❏ **Des milliers de foyers ont découvert cette activité à l'occasion de la Coupe du Monde de football en 1998. Tranquillement installé dans**

votre fauteuil devant un poste de télévision vous pouviez comman-
der une pizza à la maison et profiter du match... Dans la nouvelle
génération des services, la livraison de pizzas est un peu emblématique ; venu des États-Unis ce nouveau business s'est assez largement développé. Il requiert un nombre significatif d'implantations,
d'unités de production qui reçoivent les commandes, préparent la
pizza et la livrent à domicile. Généralement une de ces entités est
composée d'un responsable avec son assistant qui font tourner l'affaire et sont capables de tout faire : la gestion des stocks et l'approvisionnement, la préparation, la vente sur place, le standard et le
traitement des commandes, voire les livraisons. À différents moments
de la journée l'un ou l'autre est épaulé par un standardiste, des pré-
parateurs de pizzas et un nombre variable de livreurs à cyclomoteurs.
Le service est généralement offert à partir de 11 heures le matin jusqu'à minuit ou une heure du matin avec les pointes pendant le déjeuner et en soirée ; bien entendu, un bon service doit être offert sept
jours par semaine, quelle que soit la période de l'année.

En 1998, l'entreprise notait une augmentation inquiétante du *turn-
over* parmi les responsables et assistants de magasins. Pour mieux
comprendre le phénomène, il fut décidé de mener une enquête
par questionnaire postal auprès de responsables ou assistants
ayant quitté l'entreprise ces trois dernières années. L'opération
était risquée : pourquoi ces jeunes, dans ce secteur souvent accusé
de n'offrir que de « petits boulots », répondraient à une enquête
alors qu'ils ont quitté l'entreprise, ne lui doivent plus rien et ne
comptent pas y revenir un jour ? En fait, le taux de réponse au
questionnaire fut de 40 % ! Comment dire que ces jeunes ne sentaient pas d'attachement pour leur ancienne entreprise quand on
obtient un taux de réponse qui ferait pâlir d'envie nombre d'organisateurs d'enquête d'opinion interne ?

Que répondaient les partants ? Comme on pouvait le supposer, ils
étaient surtout partis du fait des horaires de travail difficilement
compatibles avec une vie personnelle et familiale. Mais leur expérience dans cette entreprise avait pour eux été très forte : la qualité des relations avec les collègues, la première expérience de
management réelle, la stimulation de faire tourner seuls une petite
affaire avec tous les stress mais aussi les plaisirs, l'ambiance au
sein des équipes et la qualité de la formation reçue.

Même dans des secteurs considérés parfois avec mépris comme des lieux où l'on ne fait pas un « vrai » travail, le niveau d'implication peut être très fort, y compris parmi des populations que l'on taxe parfois d'être des « mercenaires » et des salariés incapables d'engagement : il faut voir là un discours traditionnel de « vieux » sur les jeunes plutôt qu'une réalité.

## De nouvelles formes d'entreprises

Dans l'esprit de beaucoup, il existe un moyen d'échapper aux contraintes, lourdeurs et défauts de la vie dans des grandes organisations, c'est de devenir travailleur indépendant. Voilà un mode de vie rêvé par tous ceux qui imaginent pouvoir retrouver une unité personnelle en travaillant en fonction de leurs propres décisions et principes, en réalisant de meilleurs arbitrages entre vie personnelle et vie professionnelle. Travailler en indépendant c'est trouver un sentiment de maîtrise que la vie en collectivité rend difficile. C'est sortir des expériences professionnelles en organisation, c'est se concentrer sur le seul engagement dans le métier, dans la pratique de son expertise. Mieux encore, Internet, le téléphone portable et toutes les nouvelles technologies de la communication laissent imaginer que l'on s'est définitivement débarrassé des contraintes et caractéristiques collectives du travail. L'exemple suivant montre que le désir de mener sa vie professionnelle seul en dehors des contraintes organisationnelles est parfois une illusion ; il se produit aussi dans ces contextes d'indépendants organisés des phénomènes d'engagement personnel qui génèrent aussi leurs difficultés.

### Le cabinet d'avocats

❑ C'est sans doute cette sorte de rêve qui réunit à la fin des années 70 deux étudiants en droit, un Français et un Allemand, Pierre et Michael, qui se retrouvent sur un campus de la côte est des États-Unis. Ils savent bien que l'avenir est au droit et que l'Europe devrait vivre le même mouvement de judiciarisation que les États-Unis. L'avenir est aussi à une perspective internationale dans les affaires. Ils savent aussi qu'ils ont besoin d'un apprentissage dans un grand cabinet bien structuré où ils pourront acquérir les méthodes de travail, référentiels et connaissances qui leur donneront de la crédibilité sur le marché.

De retour dans leurs pays respectifs, c'est ce qu'ils font bien sagement non sans continuer d'échanger sur leurs carrières respectives et sur leur insatisfaction à travailler autant dans des structures qui ne sont pas les leurs. Les deux ont le même projet : étudier le droit et devenir avocat c'est s'investir totalement et personnellement dans des affaires qui sont les leurs : dans la structure hiérarchique des cabinets internationaux, ce n'est pas ce qu'ils trouvent.

Par hasard ils se trouvent simultanément dans la situation de changer de cabinet. Forts de leurs projets d'étudiants, du rêve de l'indépendance et de l'épanouissement dans le mode choisi d'exercice de leur métier, forts également des compétences acquises, ils décident de franchir le pas et de poser leur plaque de cuivre dans le quartier des affaires à Paris.

Pierre a patiemment constitué un réseau de relations professionnelles de bonne qualité dans la bonne tradition de l'avocat français ; très intégré dans de nombreux réseaux d'affaires et très pertinent dans son approche du droit des affaires pour les entreprises françaises petites et moyennes qui abordent de nouvelles phases de choix stratégiques dans les années 80, il commence à développer une clientèle propre et fidèle qui ne demande qu'à s'étoffer. Quant à Michael, il a eu différents postes dans des grands cabinets, mais ce mode de travail ne correspond définitivement pas à sa conception de l'existence et il rêve de vivre à Paris sa propre aventure de juriste spécialisé dans les relations d'affaires entre la France et l'Allemagne. Il pense que sa connaissance du français, de la culture et du business dans ce pays suffiront à lui faire développer une clientèle.

Pierre et Michael décident donc de monter ce cabinet avec tous les espoirs qui étaient les leurs en Amérique quand ils refaisaient le monde : ils s'unissent pour mieux faire ce dont chacun rêve ; ils s'entendent suffisamment et partagent assez ce projet d'un cabinet original pour fonder une association qui partagera à égalité les profits du cabinet. Mais avec les années, chacun mène sa barque, trouve ses propres clients et s'il est bon de partager les frais il apparaît bien vite que les synergies ne sont pas aussi nombreuses : Pierre a une clientèle de plus en plus fournie mais assez traditionnelle dans sa composition et dans ses demandes, l'internationalisation n'est pas au rendez-vous ; quant à Michael, il exerce avec talent son sens des relations publiques et son originalité d'avocat allemand installé à Paris, mais les affaires ne se trouvent pas si facilement. Il s'investit dans l'organisation du cabinet mais le différentiel de facturation ne tarde pas à devenir un problème quand il s'agit de faire les comptes à la fin de l'année et, *in fine*, de distribuer à parts égales, les bénéfices.

La structure idéale où les deux étudiants feraient coïncider leurs rêves d'un travail intéressant, rémunérateur, tout en laissant développer leurs propres intérêts personnels, de façon cohérente avec ceux des autres, s'avère assez difficile à réaliser. Le différentiel de facturation devient un problème et, comme souvent dans ces cas-là, un troisième avocat est associé. Sa spécialité est différente des deux autres mais Gérard aime aussi rejoindre cette petite structure parce qu'il a souffert de la vie dans un grand cabinet où, dit-il, la politique prend le pas sur le travail technique. Ce qu'il attend de la petite structure, c'est fonctionner différemment : faire du technique dans sa spécialité, travailler sur des bases contractuelles simples, claires, intangibles, qui rend vos associés complètement prédictibles.

L'embellie est de courte durée : la réunion annuelle de discussion des comptes ne s'avère pas plus facile à trois qu'elle ne l'était à deux. Chacun reconnaît l'égalité des droits à bénéfices, mais Pierre considère qu'il est en train de travailler pour les autres et que l'association avec ses principes le désavantage ; Gérard trouve que c'est la règle du jeu et qu'il faut la respecter puisque c'est la règle ou, sinon, la changer : pour son cas personnel, il estime être en plein développement et son travail d'indépendant met assez logiquement un peu de temps avant de donner pleinement. Quant à Michael, il trouve que le temps consacré à l'informatisation et au réaménagement des bureaux est du temps utile à la collectivité qui devrait être mieux pris en compte ; de plus, son talent de relations publiques ne peut pas donner des résultats immédiats et serait sans doute plus efficace s'il avait une équipe avec lui plutôt que d'avoir des associés obnubilés par leur facturation personnelle sans souci de la création d'une image et d'un portefeuille collectif.

Au-delà de ces débats importants sur la répartition des bénéfices qui ne se soldent jamais puisque les discussions traînent pendant des mois sans aucune solution satisfaisante pour chacun, de nombreux problèmes surgissent : certains associés travaillent avec des juniors et des seniors qu'ils ont tendance assez logiquement à s'approprier parce qu'ils ont des compétences dans leur domaine et généralement aussi des affinités : des clans se créent, des disputes aussi.

Finalement les trois associés s'aperçoivent que leur projet d'étudiant d'une structure très personnelle où ils pourraient retrouver le plaisir de l'amitié, l'efficacité du travail qui leur plaît sans les contraintes de la vie en collectivité, tout cela est bien un rêve. Arrivant à une quarantaine bien avancée, leur vision n'est plus la même : ils raisonnent en se comparant aux confrères, en pensant au capital qu'ils ont ou n'ont pas constitué, aux contrats ou affaires qu'ils auraient aimé traiter. Ils mesurent la force et la dureté des sentiments qui les tenaillent ; ils s'étonnent d'être autant impliqués dans cette structure qu'ils voulaient justement éviter ; ils aimeraient ne pas ressentir cette déception, cette animosité, cette souffrance épidermique à se croiser dans les couloirs sans se parler. Ils constatent avec impuissance que la confiance disparaît.

Quels enseignements tirer de cet exemple assez répandu, en particulier dans toutes les associations d'indépendants ? Ce genre de structures, présentées comme une solution alternative aux grandes organisations contraignantes, présente plusieurs caractéristiques :

- Ce sont souvent des projets de jeunesse, ou, plutôt, des projets correspondant à ce que l'on pense et croit à une certaine époque de son existence. Mais les personnes évoluent et leurs projets quinze ans plus tard ne sont pas les mêmes : leur situation familiale, leur position dans les divers réseaux sociaux, leurs ambitions sont différentes tout comme leurs buts dans l'existence. Ils ne renient pas le passé, mais ont simplement créé leur propre expérience et élaboré d'autres buts qui peuvent s'avérer non totalement compatibles avec l'idée initiale de l'association.

– La présence d'individualités qui ont justement choisi ce genre de structure par souci d'indépendance et d'autonomie doivent, paradoxalement, travailler avec d'autres. Elles ont cru pendant un certain temps qu'une affinité et un projet commun suffiraient, mais le quotidien de la vie en commun révèle bien des surprises. Ainsi ils doivent assumer la vie à plusieurs : quand celle-ci n'est pas très réglementée par un corps de procédures, les relations interpersonnelles, l'affection et les émotions qui vont avec prennent le dessus et la surcharge émotionnelle du quotidien est parfois difficile à supporter.

– Enfin, et surtout, l'engagement personnel, l'implication dans la nouvelle structure, se produit même s'il n'est pas voulu. Il est parfois trop tard quand on s'en aperçoit. On dit que les couples parviennent, parfois, à rester ensemble pour les enfants ; ici, les enfants sont remplacés par la notoriété du cabinet, la clientèle, la mise à disposition de moyens et aussi... le souci de perpétuer le choix effectué quelques années auparavant pour ne pas avouer s'être trompé.

Pourtant ce dernier problème est bien le principal. Les professionnels en question sont très engagés dans leurs dossiers, vis-à-vis de leurs clients. Mais cet engagement dans leur travail est insuffisant : s'ils veulent continuer de faire réussir leur entreprise collective – qui est aussi la leur sur un plan personnel –, ils doivent retravailler leur engagement dans la collectivité et son projet commun. Ils peuvent ainsi dépasser l'illusion de n'être qu'une collection d'individualités. Pour ne pas pouvoir l'admettre ou réussir à le créer, des centaines d'associations de ce type disparaissent chaque année, mais le plus souvent, des centaines d'associés vivent en silence la torture de la cohabitation avec des personnes que l'on n'apprécie plus, la souffrance des préjugés, des procès d'intention, de l'espionnage et de la défiance mutuels, ce poison qui tue lentement la confiance dans les autres et en soi-même.

# De nouvelles formes de travail : les « hot groups »

Les groupes et les équipes sont aujourd'hui considérés comme la structure de base de nos organisations. On reconnaît généralement à ces petites entités une forte cohésion interne, un sentiment fusionnel, une intensité de rapports humains. Leavitt et Lipman-Blumen nuancent sérieusement ce tableau idéal en décrivant les *hot groups,* c'est-à-dire ces groupes de travail dont les membres sont totalement dédiés à la tâche parce qu'ils trouvent dans la participation à ce groupe un lieu de fort développement et épanouissement personnel : les auteurs parlent même d'« anoblissement ».

On retrouve ce type de groupes dans les situations de projets, de *task force*. Les membres du groupe mettent du sens dans ce qu'ils font mais un sens qui leur est propre. Ces groupes sont faits d'individualités : ils ont souvent entre eux des relations personnelles difficiles et ne collent absolument pas au modèle des groupes fusionnels. C'est d'ailleurs une des missions principales du leader de ces groupes que d'essayer de faire bien fonctionner les relations personnelles de façon à ce qu'elles ne dégénèrent pas en batailles trop pénalisantes pour l'efficacité. Le groupe a vocation à se défaire après la réalisation de la tâche, chacun ayant acquis dans l'expérience une satisfaction personnelle.

Ces groupes, très efficaces s'ils sont bien gérés, détonnent quelque peu de l'image unanimiste habituellement associée aux groupes dans les organisations. Ce n'est pas l'intensité de la communication, l'écoute et l'ouverture entre les membres qui semble faire leur efficacité, mais l'engagement personnel total dans une tâche, grâce à un leadership discret qui est plus centré sur le processus social entre les personnes que sur la réalisation d'une tâche.

Ces groupes sont peut-être à l'image de l'engagement dans les missions communes, dans l'entreprise par exemple, où il s'agit moins de consensus entre des acteurs que de compatibilité entre des engagements multiformes qu'il s'agit de faciliter. Mais là encore dans des formes d'organisation relativement peu cohérentes avec les canons habituels du management, nous retrouvons de l'engagement sous des formes non soupçonnées et pour des raisons qui ne sont pas celles généralement attendues.

## Conclusion

Les personnes sont impliquées quand on ne s'y attend pas. Même dans les secteurs « non nobles » on en trouve ; les avocats nous montrent que de l'engagement fort se crée même dans des structures qui veulent justement éviter les formes collectives traditionnelles d'organisation et quant aux groupes, vus comme des moyens universels d'implication, il en est où les membres sont fortement et personnellement engagés sans esprit collectif. C'est la grande illusion de l'implication de ne pas toujours être où on l'attend, mais de se développer dans les situations personnelles les plus originales. Il s'agit maintenant de voir quelles en sont les formes.

# Partie II

# Le défi
# de l'implication
# pour l'entreprise

# 3

# Les 5 facettes
# de l'implication

Les personnes s'engagent dans leur travail, s'y reconnaissent. Leur implication appartient à leur histoire personnelle et prend les formes les plus diverses. En fait leur expérience professionnelle recouvre des réalités multiples : pour le jeune consultant qui fait des semaines de 70 heures et la femme de ménage qui part à la retraite dans quelques mois après plus de 40 ans de travail, le travail est un lieu d'engagement fort, mais il ne recouvre pas du tout les mêmes aspects. La vie au travail est multiforme : si elle ne tient qu'à un contrat et à des comportements attendus pour l'entreprise, elle représente beaucoup plus pour la personne un lieu d'identification, de réalisation d'un projet, qui s'éclaire à la lumière de l'histoire personnelle.

Ainsi quelques recherches[1] se sont intéressées aux différents aspects du travail qui constituent la cause, au sens juridique du terme, de l'implication. Quels sont les aspects de cette expérience dans lesquels s'investit la personne ?

Cinq aspects du travail constituent les causes majeures de l'implication du travail :

– la valeur-travail : le travail comme activité humaine est une valeur, quel que soit le contenu de l'emploi ou l'organisation ; c'est ce que certains ont appelé l'« éthique de travail » ; on y associe des valeurs telles que la réalisation, la compétition, l'effort ;

– l'environnement immédiat de travail : il concerne le lieu, l'entourage, le contexte proche de travail dans lequel se reconnaît la personne : lieu, équipe, etc ;

– le produit ou l'activité : la cause de l'implication est alors liée au produit que fabrique l'entreprise ou son activité essentielle ; on trouve cette cause quand le produit ou l'activité ont un certain statut social dans la société ;

– le métier : c'est ici l'expertise, l'appartenance à un milieu professionnel qui compte ;

– l'entreprise enfin et il s'agit là d'adhésion à des buts et à des valeurs, et de volonté d'agir dans le sens de ces buts et de ces valeurs.

## La valeur-travail

La valeur-travail comme cause de l'implication, c'est quand les personnes s'impliquent parce qu'elles valorisent le travail, au même titre que d'autres activités humaines. C'est un lieu d'investissement de temps, une activité sociale parmi d'autres comme les loisirs, la famille, la vie dans la cité. Au travail sont associées des valeurs comme la compétition, le sens de

---

1. Morrow P.C., « Concept redundancy in organizational research : the case of work commitment », *Academy of Management Review*, n° 8, 1983.

la réalisation, la reconnaissance sociale que procure cette activité et les rôles qui lui sont associés. Il est important pour la personne de *faire*, de *réaliser*, d'*être utile*. La notion de devoir y est importante. Mieux encore, on retrouve une grande difficulté à séparer le travail du reste de l'existence : le travail n'est pas cloisonné, on fait dans le travail comme on fait dans la vie courante.

Écoutons ce que les personnes disent de leur travail, de ce qu'elles y trouvent :

❑ Élisabeth est secrétaire administrative dans une petite entreprise. Elle s'occupe des chargés d'affaires et des commerciaux, organise leurs voyages, tape leur courrier éventuel, s'occupe de leurs agendas. Élisabeth est en contrat à durée déterminée et aimerait bien pérenniser sa situation. Mais elle s'est fait un point d'honneur à se construire son poste pour l'organiser comme cela lui paraissait le plus adapté.

« J'ai un planning, je me suis fait un planning... le matin j'ai décidé de ne pas décrocher le téléphone pour que l'on ne me dérange pas et que je puisse bien faire toutes les modifications tarifaires, c'est l'essentiel de mon travail parce que cela ne doit pas *me* générer des demandes d'avoirs par la suite... Ensuite je reprends le téléphone et je réponds à toutes les questions des clients, ou des commerciaux qui ont des problèmes et qui veulent que je leur édite des statistiques, l'après-midi c'est le temps de la communication... »

Élisabeth s'est totalement approprié le travail, son contenu, son organisation. Tout son discours sur le travail est à la première personne du singulier, c'est elle qui a tout décidé, organisé, fait accepter. Ce qu'elle n'aime pas, c'est ce qu'elle n'a pas organisé elle-même. Elle n'aimait pas la période où elle travaillait avec sa collègue parce que les gens s'adressaient à elle plutôt qu'à Élisabeth :

« Moi, on ne me voyait pas. »

Ce qu'elle considère être le travail c'est :

« On sert à quelque chose, on n'est pas là juste pour faire de l'informatique, je me sens intégrée... je fais mon maximum, que je sois en CDD ou en CDI je m'investis à fond sans réfléchir trop à ce qui va se passer par la suite. »

C'est bien d'une conception du travail qu'il s'agit ici ; Élisabeth ne se sent pas secrétaire, elle refuse cette dénomination, elle refuse l'idée de faire de l'administration, sa relation au travail ne se situe pas à ce niveau :

« Oui, pour moi, je me sens plus forte, comment dire je me sens plus adulte depuis que je suis entrée dans le monde du travail. »

Le travail et ce qui s'y vit devient central dans l'existence :

« [En travaillant] on arrive mieux à gérer certains problèmes dans la vie personnelle, à faire des projets, dans le couple ça change, passer de la vie étudiante à la vie active, ça change, sur le plan financier, sur le plan du caractère aussi : je suis plus sûre de moi qu'avant. Est-ce que c'est l'âge ou le travail ? Moi, je pense que c'est le travail parce que l'on est obligé de prendre des décisions... et cela se répercute personnellement, je me sens plus sûre, on ne me considère plus comme une petite fille... on me prend plus au sérieux... je vois les choses autrement depuis que je travaille. »

Élisabeth dira aussi : « Au travail, on apprend, c'est concret... »

Pour elle le travail n'existe pas pour ce qu'il est, pour le poste occupé, le métier exercé voire l'entreprise dans laquelle elle le pratique. C'est le fait d'avoir une activité, qu'elle compare naturellement à sa vie personnelle, à son couple, non pour établir une hiérarchie entre eux mais simplement parce que c'est une partie de la vie, comme le sont la famille ou la vie associative, voire les loisirs. Elle attend du travail quelque chose de personnel comme nous l'avons vu au chapitre précédent mais c'est lié à cette activité humaine.

**Marie**

❑ Marie est officiellement agent de service dans un hôpital de la région parisienne. Elle est chargée du ménage dans les couloirs, dans les chambres, dans les salles de consultation. Dans quelques semaines, elle va devoir partir en retraite après plus de quarante années de travail comme ouvrière agricole, gérante de station-service sur une route nationale puis agent de service dans les écoles. C'est un déchirement pour elle de devoir arrêter de travailler et elle a apparemment du mal à le supporter : elle ne laissera personne dire que l'âge de la retraite est le plus bel âge de la vie de travail...

Écoutons-la parler de son travail :

« On commence normalement à 9 h 30. Cela vous permet de faire toutes les chambres tranquillement. Cela permet aussi, s'il y a des blocs, de les aider à coucher le malade parce que pour cela plus nombreux vous êtes, plus cela va vite. Si l'infirmière a besoin d'un coup de main, eh bien on l'aide. On n'est pas là pour faire ce genre de boulot puisque l'on est agent de service mais enfin on aide ; moi j'aide pas mal... »

« À midi, je fais la vaisselle, je suis une des seules, je débarrasse, je fais toute ma vaisselle... je re-prépare les chariots pour le soir... et ensuite je monte au deuxième, je vais aider les autres... moi je vais toujours aider, même si je ne suis pas de l'étage... Moi j'estime qu'il faut aider les autres... »

Marie aime le travail :

« Je ne mange pas à midi, je ne m'interromps pas, je travaille tout le temps... Il faut que je m'occupe, je ne sais pas rester comme cela... je ne peux rester à rien faire quand les autres ont plein de travail. »

« Du moment que j'ai rempli ma journée, je suis contente, j'ai aidé tout le monde... »

« Quand je travaillais dans les écoles, j'ai dit que j'allais faire mon travail et pas prendre le café et discuter avec les copines... alors je peux vous dire que j'ai tout de suite été mise de côté. Après j'ai quitté. »

« Je peux faire douze heures d'affilée, j'aide tout le monde, je suis contente... même si j'avais 70 ans, je ferais la même chose, tant que je peux remuer, je remue. »

Concrètement Marie raconte que le dimanche, comme il y a moins de malades, elle en profite, si elle a le temps, pour faire les chambres à fond ou nettoyer les rideaux, ce que peu font ni ne demandent :

« Les gens, ils aiment quand ils rentrent et que tout est propre... quand cela me prend, j'essaie de faire tous les rideaux... pour le malade c'est agréable et important de vivre dans la propreté. »

Qu'est-ce que Marie aime dans son travail ?

« Moi j'aime tout... C'est un métier où vous faites de tout, c'est cela qui est bien... vous pouvez toujours aider, vous êtes toujours disponible... c'est cela qui me plaisait à la station-service, on côtoyait des gens, on pouvait leur rendre service... »

« Dans un métier comme cela moi je dis que vous êtes utile dans la vie... il y a tellement à faire dans un métier comme cela... si vous voulez vous dépenser à fond, vous pouvez y aller, il y a de quoi faire... »

Travail, vie et valeurs personnelles sont très liées :

« Moi je dis que je suis propre... alors si je suis propre chez moi, je suis bien forcée de l'être ici aussi.

« Quand j'ai commencé dans l'agriculture, c'était des voisins qui m'ont pris avec eux alors j'ai fait ce métier-là. »

« (Dans les écoles), j'ai dit aux autres, on ne va pas faire comme cela, je vais faire le ménage comme je le fais chez moi. »

En donnant tellement d'importance à l'aide apportée, Marie associe le travail à des valeurs qui sont importantes pour elle. Elle l'évoque pour son métier de femme de ménage quand elle raconte qu'elle vient réconforter les personnes dans les chambres, leur parler, spécialement à celles qui sont seules, sans famille :

« Peut-être que quand je vieillirai je serai pire qu'eux... Certains vieux me disent de laisser la porte de leur chambre ouverte parce qu'ils peuvent voir les familles qui rendent visite aux chambres voisines », dit-elle avec des sanglots dans la voix. Ce dont elle est le plus fière dans son travail, c'est « d'avoir rendu service aux gens, à tous ceux qui ont besoin de quelque chose ».

Ainsi, derrière la notion de valeur-travail on trouve plusieurs causes de l'implication :

– le travail est une valeur : on peut rapprocher cela des théories sur l'éthique protestante du travail qui fait du travail une valeur, mais aussi qui trouve dans le travail des valeurs qui lui sont consubstantielles comme la réalisation, la compétition, l'effort, le devoir ;

– le travail se rapproche, se compare, se met au même niveau (parfois plus) que d'autres activités humaines comme la famille, les loisirs, la vie associative, l'engagement politique, etc. ;

– le travail se décrit comme une activité, en dehors du contexte professionnel, du métier, de l'entourage, de l'organisation ;

– cette activité humaine apporte comme toutes les causes de l'implication, une occasion de réalisation de soi, de progresser, de rapprocher l'expérience vécue et interprétée à l'idéal de soi.

# 2 – L'environnement immédiat

Un autre aspect de l'expérience de travail peut être cause de l'implication dans le travail, c'est l'environnement immédiat, c'est-à-dire l'environnement proche de l'exercice de l'activité, son contexte. Cela comprend l'équipe, les collègues, mais aussi le lieu, le cadre de travail. Ainsi Corinne, au chapitre précédent, est fortement impliquée dans son travail qu'elle fait avec beaucoup d'efficacité ; mais ce ne sont ni les clients ni la nourriture servie qui l'attachent à ce travail : ce sont plutôt l'ambiance, les relations avec les collègues, dans la salle ou dans la cuisine, la qualité de leurs rapports.

**Anne**

❑ **Anne offre aussi un très bon exemple des multiples facettes de l'environnement immédiat. Elle vend du fromage à la coupe dans un hypermarché : en fait, elle s'occupe de beaucoup de choses** comme les commandes, la préparation du rayon, le contrôle des stocks et des livraisons, les demandes d'avoirs aux fournisseurs et, bien entendu, la vente aux clients. Elle fait ce travail depuis douze ans et apprécie d'en connaître maintenant toutes les ficelles.

Pourtant elle a eu d'autres emplois dans le passé ; elle a travaillé en usine puis dans divers emplois qui ont toujours eu comme caractéristique commune d'être liés à des relations, des connaissances, des environnements connus et appréciés :

« On était deux dans un grand atelier, on s'occupait d'une machine, c'était tranquille. Ensuite j'ai travaillé pour un magasin, je faisais les livraisons : la dame avait confiance en moi, c'était à côté de chez moi, je connaissais tout le monde parce que c'est là que je suis née, que je suis allée à l'école. J'aimais bien, c'était agréable et puis je voyais ma sœur, mon frère, mon père... Partout où j'ai travaillé avant, je connaissais tout le monde. Quand j'ai travaillé comme standardiste, c'était un remplacement, c'est une dame qui me connaissait et en plus c'était à côté de chez moi... après ils m'ont redemandé de venir travailler mais comme je n'étais pas très copine avec le patron, je n'ai pas voulu y retourner. »

Un jour elle a dû partir en région parisienne pour suivre son mari. Elle s'est reconstitué un environnement dans lequel elle travaille depuis douze ans. Qu'est-ce qu'elle y trouve ?

« Je suis satisfaite quand le client me dit que le fromage était parfait, que le plateau était bien. »

« Je n'irais pas vendre des choses que je n'achèterais pas moi-même... Je goûte tout ce que je vends. »

*À contrario*

« Il y a des gens qui croient que si on est derrière un comptoir, si on fait vendeuse dans un supermarché, c'est que l'on n'a pas d'éducation ou qu'on est des moins-que-rien, des gens qui ne sont pas allés à l'école... cela m'est arrivé de pleurer avec des clients difficiles... ils ne se rendent pas compte du mal qu'ils font. »

Envisage-t-elle de changer ?

« Cela me plaît bien et puis, je suis ancrée là, j'ai toutes mes copines. »

« Cela me plaît ici, pourquoi je changerais de boulot ? J'ai pris un rythme de travail, c'est vrai que l'on a l'habitude de nos gens, enfin de nos clients... Non, moi je me sens bien où je suis... »

La seule tentation serait de retourner dans la région d'origine, là où vivent encore sa famille et celle de son mari à trois kilomètres de distance. Cette vie en famille avec ses racines régionales est un référentiel de base. Les frères et sœurs sont mariés localement, à des amis d'école le plus souvent ; elle est la seule à avoir bougé pour se marier... à trois kilomètres.

Pour compléter le tableau Anne parle de ses goûts, des lectures qu'elle apprécie : elle aime lire des choses sur la vie quotidienne des gens...

Anne est « locale » par opposition aux « cosmopolitains » de la théorie de Gouldner[2]. Elle est ancrée dans sa région, aime les gens, a besoin de les connaître ; pour avancer dans la vie, elle a besoin de la stabilité et de la connaissance en profondeur de son environnement. Famille, région, communauté de travail sont les groupes d'appartenance forts qui constituent son univers. En matière de travail elle a fait les jobs les plus divers mais avec toujours le même critère d'appréciation : connaître les gens et avoir de bonnes relations, être dans un environnement stable en connexion avec ses groupes de référence traditionnels. Obligée de quitter sa région pour partir en région parisienne, elle se retrouve dans un secteur nouveau, la grande distribution, mais elle s'est reconstitué, après douze ans, un nouvel univers stable avec ses clients, ses commandes, ses fromages qu'elle goûte pour vérifier qu'elle va bien les vendre... Elle n'envisage pas de repartir mais si c'était le cas, ce serait pour sa région d'origine. Ici, on ne parle pas de besoin de variété des tâches, ni du besoin de travailler : le travail n'est qu'un moyen de se retrouver dans un univers, un environnement nécessaire pour vivre.

---

2. Gouldner W., « Cosmopolitans and locals », *Administrative Science Quarterly*, n° 2, 1957.

## Mamadou

❑ Mamadou est venu d'Afrique noire pour faire ses études supérieures en France en statistiques. Après quelques mois en France, il lui a fallu trouver un emploi pour financer ses études et la vie à Paris qu'il découvrait. Il travaille maintenant depuis trois ans dans ce restaurant à thème du centre de Paris à un poste bien particulier qui consiste à vérifier les plats préparés en cuisine avant leur départ en salle. Vérifier les plats, c'est regarder si tous les ingrédients qui composent le plat sont bien mis, présentés comme ils doivent l'être. C'est un travail où il faut beaucoup d'habileté, d'adresse et de rapidité aux heures de pointe. Il faut également de la diplomatie et de la maîtrise de soi parce qu'en quelques heures se fait la plus grosse partie du chiffre d'affaires de la journée. L'excitation des cuisiniers et des serveurs se reporte souvent sur cet intermédiaire dont le rôle est de contrôler, de faire circuler l'information et de servir de tampon entre salle et cuisine.

« Dans les coups de feu, il faut être capable de calmer les choses. »

Quand Mamadou est arrivé, il ne pensait pas rester. En fait, aujourd'hui, il travaille à plein temps même s'il espère reprendre un jour ses études. Ce n'est pas vraiment le métier ni le contenu du poste, ni la valeur-travail qui l'attire dans le restaurant :

« Au départ je ne connaissais rien à la restauration, c'était juste pour pouvoir financer mes études et compte tenu de l'ambiance qu'il y avait dans la maison et du poste que l'on m'avait confié je suis resté.... Je passais devant le restaurant, je suis entré, j'ai vu qu'il y avait une ambiance assez chaleureuse à l'accueil et là j'ai déposé une candidature, quelques semaines après on m'a appelé. »

Mamadou dit qu'en trois ans il a toujours fait la même chose même s'il sait maintenant comment fonctionnent les autres postes puisqu'il lui arrive de remplacer un absent. Quand il a été embauché il a été formé sur le tas, il a appris les compositions de chaque plat et les codes de la chaîne de restaurants. Là encore, pas de revendication habituelle pour la variété des tâches, c'est un autre discours qu'il tient sur le travail :

« Ce que j'aime dans ce travail c'est le contact humain, les personnes avec qui je travaille, et puis la rapidité du service. »

« Je collabore avec tout le monde... je n'ai pas vraiment de chef même si formellement c'est le chef de cuisine. »

« Ici, il n'y a pas vraiment de contrainte, on laisse les gens s'exprimer, les gens sont admis tels qu'ils sont, les initiatives sont les bienvenues, un garçon qui souhaite faire carrière ici, on l'accepte bien volontiers... »

« On est très dépendants des autres dans ce travail mais pour moi, il n'y a pas de problème, c'est que cela se passe bien... l'essentiel de ce poste c'est de bien s'organiser, travailler assez rapidement avec tout ce qu'il faut de disponibilité pour le service. »

« [Les souvenirs marquants] c'est surtout les collègues, les personnes avec qui on travaille ; quand quelqu'un s'en va on garde le contact, certains nous écrivent en nous disant que l'environnement d'ici leur manque, il y en a qui s'en vont et qui reviennent travailler ici. »

« [Ce que l'on trouve ici] c'est surtout la chaleur du personnel, c'est très important, c'est la diversité des nationalités que l'on rencontre ici... ce sont les relations avec le personnel qui marquent... »

Son travail, c'est aussi un jeu :

« Ce travail, c'est comme un jeu finalement ... »

« Ça va très vite, à 300 à l'heure. »

« On est comme un enfant en train de jouer devant son ordinateur. Il y a des jours où cela va tellement vite en cuisine que cela devient un jeu, on se rend compte que le temps passe, qu'il y a du monde qui rentre... »

Mamadou rêve de reprendre un jour ses études et de rentrer en Afrique avec son diplôme en poche. Il parle avec émotion de ses 8 frères et sœurs, de ses parents commerçants qui leur ont toujours donné de petites tâches à faire depuis leur plus jeune âge. C'est là qu'il a appris à toujours faire quelque chose, à ne pouvoir rester seul, sans rien faire. Il est calme, il peut aussi bien travailler avec les gens de la cuisine ou de la salle, il a de bonnes relations avec les autres.

En parlant de l'environnement immédiat de travail, on trouve les causes suivantes d'implication :

– les relations avec l'équipe, les collègues, la communauté humaine d'appartenance de base ;

– le lieu de travail, ce qu'il comporte d'environnement stable : c'est une région géographique ;

– c'est un atelier, un rayon dans un hypermarché avec tous les acteurs qui s'y rapportent (clients, fournisseurs, collègues et supérieurs).

L'importance des relations interpersonnelles dans l'environnement immédiat doit être soulignée. Non seulement elles sont importantes dans le développement d'une personnalité et d'une identité mais elles sont aussi nombreuses et intenses quand on est jeune. L'exemple de Corinne[3] et de Mamadou montre bien que c'est un élément capital pour eux deux, comme il l'est pour les managers et assistants d'unités de livraison de pizzas[4]. C'est un élément à prendre en compte pour imaginer l'implication des jeunes dont on dit trop rapidement qu'ils sont « mercenaires » et pas capables d'implication dans le travail[5].

Selon l'INSEE[6], le nombre d'interlocuteurs d'une personne culminerait entre 25 et 35 ans à une dizaine par semaine et le nombre de conversations diminuerait depuis l'âge de 18 ans, serait à peu près stable entre 25 et 35 ans (entre 25 et 30 conversations hebdomadaires) avant de décliner régulièrement par la suite. Cette enquête montre bien, toutes populations confondues, que c'est une caractéristique de la jeunesse que d'être en relation. Sans doute ce facteur doit-il être pris en compte quand on s'interroge sur leur relation au travail.

---

3. Voir *supra*.
4. Voir *supra*.
5. Thevenet M., « Communication aux Journées de printemps de l'IAS », Hammamet, 1999.
6. INSEE – Données sociales – La société française, enquête Relations de la vie quotidienne et isolement, EPCV, mai 1997, p. 348.

# 3 – Le produit/l'activité

Les personnes peuvent aussi se sentir impliquées du fait de l'activité de l'entreprise, des produits ou services qu'elle vend. Il y a une quinzaine d'années, j'avais été frappé lors d'une enquête auprès de personnels d'un constructeur automobile de l'amour pour le produit exprimé par la plupart des répondants : beaucoup collectionnaient des modèles réduits de véhicules, ils disposaient tous d'une information circonstanciée sur les modèles et leurs évolutions, les murs des bureaux étaient couverts de posters d'automobiles. En fait, ils aimaient les voitures, souvent depuis leur plus jeune âge et cela avait indéniablement joué dans leur choix de travail. Ils se tenaient au courant de ce qui se faisait chez les concurrents, avaient leur opinion très tranchée sur tel ou tel modèle même si certains étaient rarement en contact avec les véhicules dans le cadre de leur travail.

Jean-Pierre par exemple évoquait dans le chapitre précédent son amour des avions qu'il n'avait pu vivre en dehors du poste de steward dans une compagnie aérienne. C'est aussi le cas d'une enseignante qui parle de son métier comme de la relation aux enfants : c'est moins l'éducation pour elle que l'accompagnement permanent des enfants qui lui rappelle sa propre enfance : elle dit rêver que les enfants se souviendront d'elle comme elle se souvient encore des enseignants qui ont marqué sa vie.

## Édith

❏ Édith est bibliothécaire. Originaire de Cholet, elle a passé les concours administratifs pour enfin occuper ces fonctions et elle se retrouve à la Grande Bibliothèque de France peu avant son ouverture officielle. Son travail est une alternance de postes au service du public, au magasin, au chargement et au déchargement des nacelles qui apportent les livres en salle. Édith préfère être en salle, avoir le contact avec les lecteurs et elle comprend difficilement que certains de ses collègues en arrivent à fuir le public. Il est vrai que les lecteurs ne sont pas toujours faciles, il y a par exemple les habitués qui ne tolèrent pas que leurs livres mettent trop de temps à arriver !

Avant les concours, Édith avait fait des études de lettres mais depuis toute petite, elle avait envie de travailler dans une bibliothèque :

« Ça date de l'adolescence, j'aime le contact avec les livres et avec les lecteurs, c'est pour cela que moi ici, je suis contente de voir les lecteurs... il y a qu'un truc qui m'intéresse, c'est les livres. »

L'avenir, c'est encore une bibliothèque où la conduira le cours normal d'une carrière administrative, mais elle rêve d'autres contacts de livres et de lecteurs :

« Une bibliothèque municipale, c'est des lecteurs plus variés, parce que maintenant les étudiants ça va, mais qu'est-ce que cela sera dans vingt ans quand j'aurai l'âge d'être leurs parents... »

L'amour du livre vient de loin ; c'est une passion peu explicite, probablement temporaire parce qu'elle dit bien qu'à manipuler des livres toute la journée on ne gagne ni le temps ni la connaissance de leur contenu : mais comme cela la choque de voir des collègues qui n'aiment plus le livre et son lecteur.

**Myriem**

❑ Myriem est secrétaire médicale dans les écoles. C'est un emploi un peu particulier puisqu'elle intervient dans plusieurs écoles pour, comme elle dit,

« faire de la prévention médicale avec le médecin scolaire, faire divers dépistages dans les classes maternelles, parler d'hygiène aux enfants, présenter des films sur l'alimentation avec les institutrices ».

Pour décrire son travail Myriem indique qu'elle est en relation avec les médecins, les institutrices, l'assistante sociale : tout n'est que relation pour travailler au soin, au service des enfants qui constitue sa référence. Myriem est secrétaire... mais en fait elle ne l'est pas :

« C'est du secrétariat dans l'organisation des visites médicales, il faut donner des convocations, constituer les dossiers ; il faut taper les signalements avec l'assistante sociale, on s'occupe des fournitures, mais ce n'est qu'une petite partie du travail... on est amené à rencontrer les instituteurs, à parler beaucoup, à écouter les enfants, c'est un travail qui est plus dans la relation, dans ce que l'on apporte... parce qu'il y a des écoles où cela se passe bien avec les équipes, ils comprennent bien ce que l'on va faire et puis il y a des écoles où ça ne passe pas du tout... »

« Ce qui est intéressant pour moi, ce sont les enfants... quand on réussit à établir un contact, un bon contact... Le dépistage visuel par exemple, je peux le faire toute seule, il suffit de faire lire les enfants... et ils sont contents, ils nous demandent parfois quand on va revenir. »

Myriem est secrétaire, elle voit son travail à un autre niveau, elle est là pour aider, pour faire quelque chose de concret qui serve les enfants et les gens en général. Elle revendique cela et n'arrête pas de déplorer le manque de moyens pour encore mieux le faire. Ainsi elle voudrait pouvoir toucher non seulement les enfants, mais aussi les familles pour qu'elles participent plus à cet effort de soin.

Si l'on remonte dans le temps, Myriem a occupé d'autres emplois. Elle a travaillé dans un hôpital psychiatrique comme secrétaire là encore mais...

« Je faisais de l'accueil, j'appréciais l'accueil parce que je ne peux pas travailler sans contact avec les gens... »

Mais le secrétariat traditionnel était encore trop important dans cet emploi.

« [Avant l'hôpital psychiatrique] je travaillais dans un hôpital de jour pour toxicomanes, les patients venaient seulement l'après-midi pour se soigner... là je suis restée douze ans... c'est là que j'ai passé le plus de temps, j'avais vraiment un travail, je faisais du secrétariat le matin mais l'après-midi je ne faisais que de l'accueil, c'était très bien, je participais aux réunions de synthèse de l'équipe, c'était un travail complet, un travail de lien avec toute l'équipe, ça c'est très satisfaisant. »

« J'ai aussi travaillé en médiation familiale, ça m'a beaucoup intéressée parce que la médiation familiale, c'est un service qui s'occupe des gens qui divorcent, qui se séparent... pour qui c'est conflictuel et qui ont besoin de médiateurs... on recevait les parents qui avaient un droit de visite hors de leur domicile, donc qui venaient voir leurs enfants dans ce lieu ; c'était très dur... mais très intéressant... »

Comme elle dit,

« il faut mettre un peu de jouissance dans son travail quotidien ».

Et ce n'est pas toujours facile parce que les collègues n'ont pas tous la même conception du travail qui valorise l'accueil et le service plutôt que l'administratif, comme cela apparaît dans l'incident suivant :

« Je me suis dit que ce serait bien d'avoir un bon système de documentation parce que quand les écoles sont ouvertes on peut être vite débordé. C'est vrai que nous devons tenir une permanence même quand les écoles sont fermées et les enfants en vacances, donc j'ai proposé de faire cette documentation pendant que l'on a le temps en période de vacances scolaires, ce serait un bon outil pour tout le monde. J'en ai parlé, ça a été un tollé : comment peux-tu nous proposer cela, on a déjà trop de travail, on peut pas nous demander de faire cela en plus... Ils étaient complètement contre alors qu'en fait, c'est pour nous. »

« J'ai également demandé à suivre des cours d'arabe ou de dialectes africains, mais on m'a dit non : alors que la ville donne des cours d'anglais, allemand ou espagnol qui ne nous servent à rien : il y a rarement des familles qui ne parlent que ces langues... »

Le parcours de Myriem avant qu'elle ne commence à travailler :

« J'ai fait des études jusqu'en première et je suis partie en voyage pendant six ans... j'ai rencontré beaucoup de personnes qui avaient des problèmes psychiatriques. J'avais tout quitté à dix-sept ans, ma famille n'a pas bien réagi à l'époque... j'étais d'une famille de filles qui se sont toutes mariées... mes sœurs sont toutes dans le médical, infirmière, sage-femme. »

Myriem raconte encore qu'elle est née en France d'une famille venant d'Afrique du Nord, une de ses sœurs est d'ailleurs repartie se marier au Maroc. Dans cette famille traditionnelle, l'avenir d'une jeune fille était de se marier et non de travailler et de mener une carrière : « C'était l'intégration par le mariage. » Maintenant Myriem a 45 ans, elle est mariée et a un enfant.

Il est intéressant de remonter le fil du temps avec Myriem. Elle est secrétaire dans un secteur lié au soin, à l'assistance, à l'aide aux autres. Les écoles l'intéressent maintenant qu'elle a un enfant, comme la médiation familiale alors qu'elle venait d'avoir cette expérience personnelle douloureuse. C'est cela qui est important pour elle, et elle ne peut supporter le secrétariat que s'il lui laisse la possibilité d'intervenir directement dans l'aide aux autres. Comment pouvoir alors supporter que, dans le travail, d'autres n'aient pas la même conception et se contentent de faire le minimum sans chercher à toujours améliorer l'aide apportée ? Le grand moment a été de s'occuper des toxicomanes. Là elle intervenait directement dans le processus de traitement, elle participait aux réunions d'équipe, elle faisait l'accueil et se trouvait en contact direct avec les gens. D'ailleurs les toxicomanes sont une population qu'elle a, semble-t-il, rencontrée lors de ses six ans de voyage et de rupture familiale. Et la relation à son travail prend alors une tout autre dimension, maintenant qu'elle se retrouve, comme ses sœurs, dans une profession paramédicale.

### Karine

❑ Karine est « researcher » pour une chaîne de télévision, c'est-à-dire qu'elle fait des préenquêtes pour des journalistes qui préparent une émission. Il s'agit de trouver de la documentation mais aussi des pistes de contact pour transformer des idées données par la rédaction en vrais sujets.

« On cherche dans toutes sortes de documents des personnes que l'on contacte au téléphone pour voir si elles accepteraient de participer, d'être filmées... par exemple, on veut suivre des personnes pendant leurs vacances, il faut les convaincre d'être filmées... d'ailleurs je crois que je refuserais ! »

C'est un métier difficile, souvent stressant parce qu'il faut trouver, supporter les défections de dernière minute. Mais :

« Il y a une bonne entente dans l'équipe, les supérieurs sont très accessibles, on peut les voir à tout moment. »

Pourquoi Karine s'implique-t-elle dans son travail ?

« C'est moi qui me suis proposée pour ce poste et on me l'a donné. J'aime bien le travail de recherche, j'aime bien convaincre les gens de passer devant la caméra... »

Mais d'autres raisons semblent encore plus importantes :

« J'espère devenir journaliste-reporter. Je débute dans le métier mais c'est mon objectif depuis le lycée... Je suis serviable même si parfois ils en profitent un peu... Je suis dynamique, un peu naïve parfois... Je suis quelqu'un qui persévère... J'essaie de faire mon travail le plus consciencieusement possible, de tout faire pour que mes supérieurs soient satisfaits de moi... je veux tout faire pour atteindre les objectifs que l'on m'a fixés. »

Karine veut être journaliste, elle aime cette activité. L'important pour elle est d'être avec d'autres journalistes, participer directement à ce qu'ils font, se faire reconnaître, avoir un apport réel dans le montage des sujets et des émissions. C'est moins le contenu de ce qu'elle fait que l'activité à laquelle elle participe qui est importante.

---

Qu'est-ce qui se joue dans le produit/activité comme cause de l'implication ?

– Le produit ou l'activité sont comme ces rêves d'enfant que l'on réalise enfin en travaillant dans l'automobile, dans le soin, dans l'aviation, dans les médias ; c'est une fois de plus le lien entre ce que l'on fait et son histoire personnelle.

– Ces produits/activités peuvent aussi être à fort statut social : travailler dans les médias, par exemple, quoi que l'on y fasse, donne du statut dans une société qui valorise ce mode de communication ; on eut retrouvé la même chose chez ceux qui côtoient le pouvoir ou sont engagés dans des secteurs considérés comme importants dans la société ; c'est donc ici un lien avec l'image que vous renvoie la société et l'environnement sur l'activité que vous faites.

# 4 – Le métier

L'implication dans le métier, c'est l'attachement à une profession, à un milieu professionnel, à des tâches. La figure emblématique de l'implication dans le métier, c'est l'informaticien dans une entreprise. Il supporte avec résignation l'incompétence de tous ces utilisateurs qui lui posent les problèmes les plus saugrenus sans comprendre les enjeux profonds des évolutions du secteur et des matériels ; il aimerait travailler tranquillement à l'élaboration du système parfait s'il n'était sans cesse dérangé par des pannes et questions stupides dont le non-intérêt n'a d'égal que la mauvaise humeur des utilisateurs. Pourtant ces utilisateurs ont tout, on leur a donné toute l'information dans les manuels d'utilisation de 1 254 pages qui vous disent tout sur le matériel ! Heureusement, une fois par mois, il y a les réunions de clubs-constructeurs que ces derniers ont organisées pour leurs clients : on se retrouve là entre gens sérieux, normaux, autres informaticiens qui peuvent échanger sur leurs propres métiers, les innovations techniques, leurs découvertes et leurs problèmes. Voilà ce qu'est le métier : ces informaticiens ne sont pas impliqués dans leur entreprise mais dans leur métier ; leur groupe d'appartenance, ce sont les autres informaticiens, la profession comme l'appellent aujourd'hui certains courants sociologiques.

Nous avions montré au début des années 90[7] la lente évolution de l'implication des banquiers dans l'entreprise vers une implication dans le métier, à l'époque des difficultés sur le marché du travail des cadres, quand chacun considère que son patrimoine, sa valeur sur le marché du travail est plus liée à son expérience et ses compétences qu'à l'appartenance à tel environnement, à telle entreprise.

Il est donc très important aujourd'hui de suivre l'évolution de cette forme d'implication[8] qui correspond bien aux évolutions vers l'employabilité, la professionnalisation, etc. Mais elle ne

---

7. Thévenet M., *Impliquer les personnes dans l'entreprise*, Éditions Liaisons, 1992.
8. Voir *infra* ch. 4 et 7.

se limite pas aux figures emblématiques de l'informaticien ou du financier. C'est par exemple le cas d'Antoine ce jeune consultant de 28 ans qui travaille de très longues heures dans ce cabinet auquel il n'est pas du tout attaché, mais c'est la course contre la montre, il vole d'un contrat à l'autre, d'un client à l'autre pour apprendre toujours plus : sa carte de visite, c'est un patrimoine de compétences acquises chez les autres, grâce aux autres. Il connaît peu ses collègues, ne s'imagine pas rester longtemps à cette place mais son travail le passionne, non pour le client, mais pour l'expertise lentement et durement acquise.

## Bernard

❑ Il ne savait pas trop ce qu'il voulait faire et n'avait pas de vocation particulière, étant enfant, autre que celle, bien traditionnelle, de devenir pompier ou pilote d'avion. L'implication dans le métier ne découle pas toujours d'une vocation précoce :

« C'était pendant les vacances, j'étais avec mon cousin qui me parlait du travail, des filières intéressantes qui marchent très bien et on en est venu à parler de la boulangerie, je n'avais jamais pensé à cela. Il m'a dit que la boulangerie est un domaine qui marche, qu'il y a de l'argent à faire et m'a encouragé à me lancer dans cette voie. Je suis allé dans des centres d'information. J'étais alors dans la maintenance industrielle, ce qui ne m'intéressait pas du tout. Alors j'ai tenté la boulangerie, je suis allé en apprentissage, j'ai passé le CAP puis j'ai été immédiatement engagé dans une boulangerie... et je me suis rendu compte que je ne me débrouillais pas si mal... au fur et à mesure j'ai découvert que c'est une bonne branche. »

Qu'est-ce que travailler comme boulanger ?

« C'est un travail qui demande de la concentration, la moindre erreur peut vous faire perdre beaucoup de temps, la clientèle est très irrégulière et les baguettes doivent être prêtes au moment où vous avez le plus de clients avant midi. Moi j'aime bien que le travail soit bien fait... j'ai besoin d'être à cent pour cent, même si la paie n'est pas toujours en conséquence, il faut que le travail soit bien fait, il ne faut pas bâcler... »

« Je suis content de sortir du bon pain. Le pain c'est quelque chose que l'on trouve dans tous les foyers de France ; le midi ou le soir il y a de la bonne baguette et moi ça me rend heureux. »

« Il faut pouvoir assurer, je me suis dit qu'hier les apprentis n'avaient pas assuré, je vais donc essayer de sortir les baguettes de qualité et à l'heure ; je sais que la vendeuse sera contente. »

L'amour du métier est quelque chose qui se découvre. La boulangerie, c'est pour Bernard un ensemble de tâches complexes dans lesquelles il se « débrouille » bien, c'est l'amour du pain, c'est la satisfaction de réaliser quelque chose qui a un sens pour lui quand il apporte à sa famille et ses amis de bonnes baguettes et de bons croissants. C'est une position bien claire avec les vendeuses, les apprentis qu'il forme, les supérieurs, c'est un capital personnel qui va lui permettre de progresser, de monter sa propre affaire.

### Josette

❑ C'est un cadre infirmier qui seconde le directeur d'un institut de formation, ce que l'on appelait autrefois une école d'infirmières. Elle se retrouve à 47 ans après une longue carrière où elle a démarré comme agent hospitalier à faire le ménage dans les chambres. Puis elle a passé les concours pour devenir aide-soignante, infirmière, surveillante, cadre infirmier et elle se retrouve maintenant hors de l'hôpital, dans une école. Ce qui l'a décidée à changer de voie c'est qu'un jour, alors qu'elle travaillait en cancérologie, on lui parle de l'arrivée d'une personne en très mauvais état avec un cancer trop avancé : elle découvrira en entrant dans la chambre que c'était quelqu'un de sa famille. Le métier prenait alors une tout autre dimension qu'elle n'a pu supporter.

Dans cette école d'infirmières, Josette organise des formations, elle travaille avec les enseignants, suit des stages, organise des plannings, évalue des formations. Mais le plus important est qu'elle s'ennuie :

« Je m'ennuie, j'ai appris des tas de choses durant ces deux ans mais le rythme est complètement différent de l'hôpital, on n'est jamais dans l'urgence. À l'hôpital, en hémato il fallait réagir très vite parce qu'il en allait de la vie des malades alors quand j'entends ici un collègue paniquer parce que l'intervenant n'est pas arrivé, je trouve cela dingue...je trouve que l'atmosphère ici est trop confinée, j'ai besoin de me retrouver à l'hôpital... j'essaie bien de rester surtout avec les étudiants qui sont eux sur le terrain parce qu'avec mes collègues enseignants c'est trop triste... elles sont très scolaires... L'hôpital me manque... Je ne pensais jamais que l'atmosphère me pèserait autant... Je perds mes couleurs comme le clown dans la publicité... l'ambiance me pèse. »

Son métier c'est d'être infirmière, c'est cela qu'elle regrette, c'est cela qui lui correspond. Suivons son parcours :

« Je voulais être infirmière et j'ai tenté le concours d'entrée à l'école que j'ai raté. Une personne avait conseillé à ma mère que je commence comme agent hospitalier, disant que si je passais ce cap, je pourrais continuer et c'est vrai... La première année j'ai vieilli de dix ans : les gens ne vous font pas de cadeaux, on vit des situations humiliantes... mais une fois passé par là on peut tout faire. Après avoir été titularisée, j'ai préparé le concours d'aide-soignante, puis d'infirmière. Plus tard je suis devenue surveillante. »

Parcours parfait mais qu'est-ce que cela lui apportait qui lui fait si fortement ressentir sa situation actuelle à l'école ?

« Dans mon dernier service en hémato je me sentais indispensable ; il y avait des moments douloureux avec des infirmières qui pleuraient, qui craquaient, mais on parlait beaucoup, les filles avaient besoin de moi mais en contrepartie je pouvais compter sur elles, j'aime bien fonctionner comme cela c'est un partage... Ici (à l'école) elles sont très individuelles, chacun travaille dans son coin, il y en a qui ne se parlent pas de la journée, moi ce n'est pas mon truc... j'ai besoin que ça vive : j'ai travaillé en chirurgie, pourtant dieu sait si les chirurgiens sont caractériels, mais je n'ai jamais eu de soucis, même s'il y avait des "coups de gueule" de temps en temps mais c'était toujours dans le même but : soigner le patient. »

De l'extérieur on a l'impression que le métier d'infirmière suscite par nature ce type d'engagement mais il n'en est rien. L'implication dans le métier d'infirmière n'est pas aussi évidente et uniforme qu'on peut le croire :

« C'était très ancien cette envie de devenir infirmière même si j'étais, paraît-il très "sensible" quand j'étais petite, je ne supportais pas la moindre odeur... Mais j'ai toujours aimé être près des gens, soigner... Tout au début je voulais m'occuper d'enfants, je suis entrée à l'hôpital pour être infirmière et puéricultrice, je voyais l'enfant à la crèche, bien portant mais finalement l'enfant il est malade, il meurt et cela, je ne le supportais pas. Ensuite j'ai travaillé en réanimation, j'ai appris plein de choses mais je n'ai pas tenu. Heureusement dans notre profession, on a toutes nos préférences, il y en a qui ne veulent surtout pas travailler en ORL, moi cela ne me dérangeait pas. Même si on dit que l'infirmière est polyvalente, il y a des préférences. Moi j'aime bien la chirurgie, retirer les fils, faire les pansements, et ça me plaît toujours. »

**Fred**

❑ Fred fait un peu tout ce qui se présente sur un chantier, il sait tout faire mais son vrai métier c'est peintre. Il a un CAP de peinture ; il est arrivé là un peu par hasard, comme il dit, il n'était pas très bon à l'école alors on lui a fait choisir un CAP à la fin de la troisième : la peinture lui plaisait sans qu'il ne sache vraiment pourquoi, il ne l'avait jamais pratiquée.

Fred est peintre et il sait très clairement ce qu'est son métier et ce qu'il aime :

« Moi je préfère faire les enduits. C'est ce qui est le plus important dans le boulot. Si l'enduit est bien fait, la peinture sera parfaite...

Le métier c'est une compétence personnelle qui vous distingue des autres :

« Pour les enduits, il faut bien travailler, il faut connaître son travail. Si on n'y connaît rien, il faut tout refaire derrière. Vous pouvez demander au patron, il ne met pas n'importe qui aux enduits... parfois on arrive sur des chantiers, c'est sale partout et on est obligé de refaire tous les enduits parce que les autres ouvriers ont mal travaillé... »

« Les autres de l'équipe, ils ne sont pas tous peintres. Certains n'ont même pas le CAP et ils travaillent n'importe comment, ils font cela pour gagner de l'argent et puis après ils s'en vont... »

« Le chef d'équipe, lui c'est un vrai peintre et il connaît bien son travail... rien qu'en comptant les bidons de peinture, il sait si le travail est bien fait.

« Si mon patron a des gros problèmes, je trouverai une autre entreprise, il y en a beaucoup qui recherchent des vrais peintres. »

« On fait des choses intéressantes, on travaille avec des machines et des produits nouveaux, on utilise des produits dingues que les particuliers ne peuvent pas trouver en magasin... »

« Quand je rentre dans un appartement, je vois tout de suite comment cela a été fait, les techniques qu'on a utilisées, je vois si c'est un professionnel qui a fait les travaux. Maintenant je peux même dire le prix du rouleau de papier peint ! Ça se voit tout de suite. »

Le métier, c'est aussi un ensemble de valeurs :

« Je travaille bien, je suis honnête, les gens me font confiance, je leur dis ce qu'il est mieux de faire, s'il faut ou non refaire les enduits et j'achète avec eux ce qui leur faut. »

« C'est important de laisser un chantier propre, après les outils sont foutus et c'est pire quand il faut reprendre. »

« Les outils c'est le plus important, les pinceaux par exemple, s'ils sont bons au départ, on peut les garder longtemps mais pour cela il faut bien les nettoyer, faire attention. »

« Si on n'est pas organisé, faut pas faire peintre. »

Fred veut économiser suffisamment pour se mettre à son compte même s'il sait que c'est difficile, qu'il faut savoir compter, faire des devis, surveiller le travail des autres. Il ne pense pas trop au temps libre parce que le temps est déjà trop court pour mettre au point son projet. Il sait qu'il doit être sérieux dans la vie comme il l'est dans le travail, il ne « s'emballe plus avec les filles » après quelques expériences malheureuses, de la même manière qu'il gère étroitement ses finances pour rembourser sa voiture qu'il a cassée peu de temps après l'avoir acquise.

Ce qu'il veut c'est réussir en créant quelque chose, en se faisant reconnaître par son travail. Enfant de la DDASS, il a été élevé dans un centre. Il est bien retourné, déjà adulte, chez sa mère :

« Dans une super maison d'une ville très chic, mais ma mère m'a dit qu'elle n'avait pas eu de fils, qu'elle était mariée et qu'il ne fallait pas inventer des histoires. Elle m'a mis à la porte. Moi je me dis que si je travaille et que je gagne de l'argent, je ne veux pas être pourri comme ça... je me suis dit après plusieurs tentatives de rencontre qu'après tout j'étais arrivé là sans elle et que je pourrai continuer. Je préfère galérer qu'avoir besoin d'elle... moi je préfère encore être comme je suis, au moins ce que j'ai c'est grâce à mon travail, c'est moi qui le gagne. »

---

L'implication dans le métier, c'est :

- la valorisation des tâches, de l'expertise, des compétences personnelles ;

- la valorisation de l'appartenance à un milieu, à une profession, à des groupes de référence qui se situent au-delà du lieu et de l'organisation où se trouve l'emploi ;

- l'appartenance à des réseaux d'expertises, de professionnels, dans lesquels il s'agit de prendre sa place.

---

# 5 – L'entreprise

L'entreprise est le dernier lieu d'implication. C'est se reconnaître dans l'institution dans laquelle on vit, dans ce corps social qui est plus que le produit fabriqué, plus que l'environnement immédiat des collègues et des lieux, plus que le métier. Quand on parle d'identification à l'entreprise, on évoque une certaine proximité à des buts, à des valeurs. Se reconnaître concrètement dans une entreprise c'est bien s'y trouver. Il ne s'agit pas là de satisfaction pour la cantine ou le travail réalisé, c'est plus un sentiment que l'appartenance à cette organisation contribue bien à vous définir. On y retrouve donc aussi de la fierté d'appartenance qui peut être liée à la marque : il s'agit moins ici du statut de l'activité que de la notoriété de la marque.

❑ Noël est chef de rayon dans un grand hypermarché de l'enseigne X. Il passe ses journées à servir les clients, à les approvisionner, à passer les commandes, gérer les stocks, contrôler les prix, préparer les promotions, acheter les futurs produits qui seront sur les rayons. Noël trouve que finalement X est :

« Un sorte de grande famille où, par principe, du haut en bas de l'échelle, du directeur à la personne qui s'occupe de l'entretien, tout le monde se tutoie : c'est un mot d'ordre qui permet de travailler tous ensemble dans une ambiance plus décontractée, l'entente est donc bonne. »

Bien entendu, Noël n'avait pas particulièrement choisi de travailler chez X. Il préférait travailler dans un hypermarché parce que c'était dynamique, parce que le métier, contrairement aux apparences, change beaucoup selon les saisons, la concurrence. Il s'est retrouvé chez X parce que c'était proche de chez lui. Mais X lui a permis d'évoluer pendant ces sept ans d'expérience, il a pu changer de rayon donc de produits : ce changement permanent fait que l'on doit perpétuellement se renouveler et il est fier d'avoir réussi ces adaptations :

« Je suis ravi de cette entreprise, je ne pense donc pas en changer, c'est une société dynamique ; en plus ma carrière prend une belle tournure, je vais partir à l'international pour faire de la formation dans les nouveaux magasins que X vient d'implanter. »

L'attachement à l'entreprise pour Noël, ce n'est pas seulement de la reconnaissance pour ce qu'il a acquis de cette carrière satisfaisante, c'est aussi une certaine adhésion à des valeurs : Noël dit aimer dans son travail

« le client, le besoin du client qui fait que chaque jour il faut être vigilant et évoluer avec... on regarde ce que recherche le client, en même temps, on regarde ce qui se passe chez le concurrent. »

❑ À 26 ans, Nicolas est technicien de maintenance chez Y, un grand opérateur dans les télécommunications. En parlant de son travail,

Nicolas va vous décrire la complexité technique de ce qui apparaît maintenant si simple aux utilisateurs de téléphones mobiles. Cette complexité l'intéresse, il se sent fier de pouvoir un peu la maîtriser. Mais ce qui le satisfait le plus, c'est de travailler pour Y :

« C'est une société qui est jeune, on a de bonnes relations, on rigole bien ensemble et puis, après ma formation, trouver une place chez Y c'est le summum... »

« Je suis fier de travailler chez Y parce que c'est très reconnu, c'est une entreprise qui a une marque prestigieuse. »

Quand Nicolas parle de son travail, il ne parle pas que de maintenance mais de l'impact de ce qu'il fait, le risque pour les clients de la moindre erreur, le souci de rendre le service au client, le souci de développer des parts de marché contre les autres opérateurs.

---

L'implication dans l'entreprise, c'est donc :

– une adhésion à des buts et à des valeurs ;

– la reconnaissance de soi dans la marque que constitue l'enseigne ou le nom de l'entreprise ;

– la reconnaissance dans ce que vous apporte ce corps social qu'est l'entreprise.

---

**Conclusion**

Ces cinq grandes causes n'épuisent pas la complexité de l'identification de la personne à son travail mais elle couvre les aspects les plus fréquemment rencontrés auprès des personnes impliquées. Toute personne impliquée n'est évidemment pas uniquement impliquée dans l'un ou l'autre des cinq domaines. L'implication peut heureusement être multiforme. Pour Nicolas, l'implication dans l'entreprise et le métier sont importantes, pour Myriem, il existe autant d'implication dans la valeur-travail que dans l'activité elle-même.

Cependant cette diversité montre bien que la diversité dans le travail d'aujourd'hui n'est pas uniquement liée aux conditions légales, économiques, organisationnelles qui sont faites à cette activité ; elle tient aussi à la diversité des histoires personnelles qui donne de l'importance à tel ou tel aspect de l'expérience vécue de travail. Le travail a été une des étapes mais aussi un lieu de construction de son expérience personnelle à l'ombre des personnalité, de l'histoire, des désirs, du cheminement de la personne.

Le retour du travail comme problématique de la gestion et de la compréhension des comportements, c'est donc aussi la nécessité de consacrer autant de modestie que de patience pour repérer l'originalité et la particularité des expériences individuelles dans la mesure où elles déterminent profondément les attitudes et comportements dans le travail.

Dans la diversité de ces expériences, il existe tout de même certaines constantes à souligner :

– quelle que soit la cause de l'implication, le domaine saillant de l'expérience professionnelle sur lequel elle s'imprime, on retrouve la même importance de l'histoire personnelle déjà notée dans le chapitre précédent comme pour Myriem ou Fred par exemple ;

– l'implication a pour chacun été un processus d'apprentissage de leur expérience et du travail : il n'y a pas de prédisposition apparente ;

– il s'exprime souvent le souci de ne pas être cantonné dans le rôle officiel qui leur est donné : leur travail est bien au-delà du rôle et de ce que l'organisation ou l'extérieur les nomme ;

– ils se sont tous tellement appropriés leur expérience de travail qu'ils ne font qu'un avec elle : on retrouve la non-séparation entre le travail et des éléments profonds de leur vie comme une expérience de vie personnelle, un ensemble de valeurs, des préoccupations quotidiennes.

# 4

# Les besoins d'implication pour l'entreprise

Beaucoup s'impliquent dans leur travail. L'écoute des personnes révèle des histoires personnelles, des cheminements qui permettent de comprendre cette relation que chacun tisse avec son expérience professionnelle. Ce chapitre s'écarte maintenant des histoires personnelles pour aller voir du côté de l'entreprise : les entreprises ont-elles besoin d'implication dans le travail ? La question peut paraître superflue parce qu'il est évidemment préférable d'avoir un personnel impliqué plutôt que non impliqué, de la même manière qu'il vaut mieux être beau, riche et intelligent que laid, pauvre et sot. Mais cela ne démontre pas que l'efficacité du travail en commun nécessite de l'implication dans le travail. L'implication du caissier d'hypermarché est-elle indispensable à la réussite du magasin, le niveau d'implication entraîne-t-il une augmentation des résultats économiques ? L'implication de l'ouvrier à la chaîne, de nombreux employés administratifs est-elle déterminante de l'efficacité ? Certes ma conception du travail – ce que certains appellent éthique – peut me faire préférer des salariés impliqués dans leur travail, quel que soit leur poste, mais il est difficile de prouver que l'efficacité en dépend toujours. On connaît des personnes peu impliquées qui sont pourtant très efficaces.

Nombreuses sont les entreprises qui rêvent de salariés impliqués. Certains en font même l'objectif principal des politiques de personnel[1]. Des salariés impliqués seraient performants, efficaces, en se comportant comme l'entreprise – ou leurs supérieurs – le rêverait. Il y a plusieurs manières de comprendre ce désir ou cet objectif.

D'une part, c'est le désir permanent dans toutes les activités de management de pouvoir influencer les comportements individuels puisque le résultat économique ne dépend pas uniquement de la qualité des outils, des machines ou des systèmes techniques. Motivation, satisfaction, implication, engagement ne font qu'illustrer la quête du concept ou de la caractéristique individuelle déterminante de l'efficacité des comportements individuels.

D'autre part, on y retrouve la constante des relations humaines dans lesquelles chacun développe un désir sur l'autre, une image idéale de ce que devrait être le comportement de l'autre. Un chef de service ou un responsable se fait une idée de ce que devraient faire ses collaborateurs, tout comme un entraîneur sportif, un parent ou un responsable d'association imagine des comportements idéaux. Il n'y a rien d'anormal à se forger cet idéal : l'anormal commence quand je ne peux tolérer de distorsion entre la réalité et l'idéal, quand je m'évertue à changer les comportements de l'autre. La littérature ne fait rien d'autre que relater l'histoire des héros qui cherchent à influencer le comportement des autres.

Si l'on peut admettre cette attente d'implication, il faut se demander de quelle forme d'implication il s'agit. Parmi les

---

1. Pfeffer J., *The Human Equation*, Harvard Business School Press, 1999.

cinq grandes catégories d'implication décrites dans le chapitre précédent, quelle est celle que doit particulièrement rechercher l'entreprise ? Toutes les formes se valent-elles ? Toutes les formes s'expliquent par l'histoire personnelle des individus mais, de leur côté, les entreprises en ont-elles besoin ?

Ainsi il est préférable de rechercher dans quelles situations spécifiques cette implication est réellement indispensable. Ces situations sont au nombre de quatre et toute entreprise n'y est pas forcément confrontée :

1 - Le service, c'est-à-dire toutes ces activités dans lesquelles la qualité de la relation entre un agent en contact et un client détermine la performance. Dans ces situations les entreprises sont encore plus dépendantes de la personne, de l'exercice de leur liberté. Le service concerne de plus en plus d'entreprises, même parmi celles que la comptabilité nationale considère comme de l'industrie.

2 - Les nouvelles formes organisationnelles qui privilégient l'initiative et la prise de responsabilité des salariés pour être pleinement efficaces. Les organisations n'existent pas, on ne connaît que les personnes avec leurs comportements et leur liberté : il semble bien que les organisations nouvelles comptent encore plus, pour fonctionner efficacement, sur l'engagement des personnes.

3 - Les situations de crise qui ne peuvent être dépassées par le fonctionnement normal et les comportements habituels, mais par un changement profond des actions de chacun. La qualité des business-plans ne suffit pas pour surmonter les crises, l'implication du personnel, sa prise de conscience et sa confiance sont déterminantes dans le dépassement des habitudes pour pouvoir sortir de la crise.

4 - Les sorties de crise quand, une fois les difficultés dépassées, chacun doit faire prévaloir une logique collective sur la simple satisfaction de ses intérêts personnels. Dès que l'entreprise se remet à espérer dans un avenir, c'est avec la loyauté des personnes qu'elle le peut : celle-ci ne se décrète pas, elle ne s'invente pas ; c'est là que se

récoltent les fruits de politiques de personnel qui n'ont jamais baissé la garde à propos de l'implication de leur personnel.

# 1 – Les activités de service

Les activités de service se sont développées à un point tel que les activités industrielles de production de biens se trouvent reléguées à un stade presque marginal, à peine un quart de la population active dans les pays développés. Certes ces activités de service se définissent souvent par la négative, c'est-à-dire tout ce qui n'entre pas dans les activités primaires et secondaires qui ont longtemps constitué le référentiel de base de l'activité économique, au point que certains éprouvent aujourd'hui le besoin, la « nouvelle économie » aidant, de distinguer un secteur quaternaire.

Mais nous nous intéressons ici à toutes les activités dans lesquelles ce qui est acheté est évalué partiellement dans la relation entre le client et le personnel dit « en contact[2] ». Le client de l'hôtel, du guichet de banque ou du restaurant apprécie effectivement la propreté et le calme de la chambre, les conseils du banquier ou la qualité du repas, mais sa perception de la qualité du service acheté ne s'y limite pas. Bien entendu le développement d'un service de qualité passe par une bonne définition du concept par le marketing : on imagine mal pouvoir vendre très cher des chambres d'un hôtel situé au cœur d'un nœud autoroutier, sans salle de bains et sans confort... Mais de nombreux établissements ont vu que des chambres calmes, propres, au prix de marché, ne suffisaient pas à prendre une grande part de marché.

Dans un ouvrage récent, Pine et Gilmore[3] montrent qu'au-delà du service, les entreprises peuvent créer de la valeur en vendant aux consommateurs une véritable expérience personnelle.

---

2. On se retrouve dans la notion de l'« esprit-service » développée par le MEDEF, ou la « *soul of service* » que l'on retrouve dans la littérature américaine.
3. Pine B.J., Gilmore J.H., *The Experience Economy*, Boston, Harvard Business School Press, 1999.

L'expérience vécue par le client est personnelle, mémorable. Elle est offerte à un invité plutôt qu'à un client. Evidemment le meilleur exemple en est ce qu'expérimentent les acheteurs d'un ticket d'entrée à un parc de loisirs. Mais il est évident aussi que le commerce, la restauration, les activités liées au tourisme, le voyage aérien – et pourquoi pas la formation – tentent de créer plus de valeur en faisant en sorte que le client n'achète plus que le service de mise à disposition de nourriture ou d'un abri mais un véritable événement qui les touche.

Dans ces activités ce qui crée l'« expérience », c'est ce qui se vit dans la relation aux salariés de l'entreprise. Il se pose donc un problème d'organisation des opérations : comment s'assurer que ces collaborateurs vont effectivement agir de façon à créer pour le consommateur cette expérience, comment s'assurer que l'agent en contact se comporte conformément aux buts, aux valeurs de l'entreprise ? Certes, les définitions de poste sont précises, les formations efficaces, le management attentif, mais l'agent se trouve toujours dans une situation qui a trois caractéristiques essentielles :

– il a toujours la liberté d'agir ; ses comportements résultent de sa perception de la situation mais aussi de sa capacité à dépasser ses problèmes personnels du moment, ses difficultés personnelles pour répondre à la situation commerciale ;

– son action ne peut être recommencée. Dans la production de biens, on peut toujours mettre le produit défectueux au rebut et le recommencer mais dans la relation de service c'est impossible ;

– il a une relation avec le client ; il existe donc obligatoirement une composante affective, émotionnelle, puisqu'il y a interaction physique entre deux personnes.

Ce que l'on attend de l'agent en contact c'est qu'il apprécie la situation et qu'il imagine la réponse appropriée, c'est qu'il utilise sa liberté à bon escient. Comment peut-il le faire sans cette double compétence qui caractérise l'implication :

– L'engagement personnel dans l'activité parce que ses compétences techniques seules ne sont pas engagées dans l'interaction : il y a aussi son amabilité, sa gentillesse, son écoute, sa pertinence et son authenticité dans la relation à l'autre. Plutôt que de s'identifier aux agents, il est bon de se souvenir des moments importants vécus comme client : quand avez-vous apprécié la qualité d'un service, une véritable aide, satisfaisante, à la hauteur de ce que vous aviez payé ?

– Le dépassement par la personne de ses inclinations personnelles, humeurs, joies ou colères pour agir comme représentant incarné des valeurs et des buts de l'entreprise. Ceci paraît bien théorique quand on n'a pas été confronté, comme agent d'accueil non gréviste aux passagers en colère d'une compagnie aérienne en grève, comme steward ou hôtesse aux exigences et comportements parfois farfelus d'un voyageur, comme vendeur au mépris d'un client, etc. Dans ces situations, il ne s'agit pas seulement d'agir comme l'attend l'entreprise, mais aussi de surmonter les réactions personnelles assez légitimes de celui qui se trouve insulté ou menacé...

C'est sans doute pour reconnaître la complexité de ces situations de travail que la notion d'émotion vient de rentrer en force dans la description du travail ou les pratiques du management[4]. En reconnaissant que dans les activités de service, les émotions de la personne étaient engagées, voire nécessaires, on met en évidence que c'est la totalité de la personne qui est engagée et que la distanciation personnelle par rapport à l'activité n'est pas réellement possible. Les entreprises cherchent donc à intégrer cette dimension tant dans la description des tâches que dans la formation, dans les tentatives de contrôle des comportements[5]. Quelle que soit la qualité de la formation dispensée dans l'apprentissage des réactions aux

4. Thévenet M., « Le travail : que d'émotions ! » *Revue Française de Gestion*, n° 126, décembre 1999.
5. Leidner R., « Rethinking questions of control : lessons from McDonald's », *in* Sirianni C and C, *Working in the service society*, Temple Universty Press, Philiadelphia, 1996.

situations par exemple, l'opérateur se retrouve dans ce secteur face à des situations imprévues dans lesquelles il doit décider comment agir, avec toujours le même objectif de faire ce qui est bon pour l'entreprise.

En faisant cela, les organisations essaient comme toujours de formaliser, maîtriser cet aspect de l'activité qui paraît important. Mais il ne faudrait pas croire que les difficultés de « gestion » des émotions enlèvent à la notion toute importance : plus que les possibilités éventuelles de gestion des émotions, il s'agit d'abord de reconnaître cette réalité assez simple selon laquelle dans toute situation où vous avez une relation interpersonnelle, les émotions surviennent et déterminent partiellement ce qui se produit. Les spécialistes du marketing et de la publicité l'ont compris depuis longtemps, quel dommage que ce soit si lent pour les gens des ressources humaines ou du management !

L'approche des activités de service a été longtemps mal comprise du fait de l'emprise des théories (idéologies ?) de la satisfaction du client. En 1986, l'ouvrage *Service Compris*[6] sensibilisait les entreprises aux perceptions du client des services et à son souci d'obtenir un service de qualité. De manière très pédagogique, l'ouvrage commençait dans un taxi parisien rejoignant la capitale depuis l'aéroport... Beaucoup d'entreprises se sont lancées ensuite dans des démarches de *customer satisfaction* pour persuader leurs employés de la nécessité d'offrir aux clients une qualité de service qui ferait le succès de l'entreprise dans le futur. Ces démarches ont sans doute eu l'effet positif de sensibiliser aux réactions et aux perceptions du client, mais elles ont aussi conduit à de nombreuses méprises. Dans une entreprise de transport, le message a été si bien perçu que des vendeurs passaient des journées à arranger des voyages totalement adaptés aux attentes des clients au point de créer des prestations si spécifiques et particulières qu'elles rendaient impossible toute rentabilité. Bien vite il a fallu revenir en arrière et réinsérer dans les

---

6. Bloch P., Hababou R., Xardel D., *Service Compris*, J.-C. Lattès, 1986.

démarches commerciales un plus juste équilibre entre la satisfaction du client et la rentabilité de la prestation. Ainsi on dit aujourd'hui qu'il faut rendre un service « facturable »...

C'est pour aborder le sujet de la satisfaction du client de manière plus réaliste que sont apparus les travaux sur le contrôle des opérations dans les activités de service, avec la notion complexe du triangle du contrôle[7] : il s'agit pour la restauration rapide par exemple de contrôler tout autant les employés que les clients. Dans l'exemple cité de McDonald's, l'organisation du restaurant est telle que le client va effectuer sa commande rapidement, qu'il sera dirigé vers des tables et même incité à débarrasser son plateau après avoir mangé ; dans la grande distribution, le principe même de cette forme de vente crée à la caisse la tension suffisante pour que les clients, poussés par les suivants, soient incités d'une part à ne pas discuter trop longtemps avec la caissière mais aussi à ranger leurs achats et payer le plus rapidement possible...parce que la qualité du service dépend aussi et surtout de l'attente aux caisses, et pas seulement du sourire de la caissière.

La satisfaction du client ne peut en effet être un objectif unique. Certes la fidélisation en dépend mais cette satisfaction est limitée par les caractéristiques du contrat, formel et implicite qui se noue entre un client et le prestataire. Le client veut tout pour rien, le prestataire veut vendre peu très cher... C'est donc à l'opérateur de savoir comment optimiser cette satisfaction du client au mieux des intérêts de l'entreprise et du respect de ses valeurs[8]. Ainsi, la satisfaction du client est autre chose que la réponse à ses demandes, ce sont aussi des anticipations voire des transferts de ses désirs futurs. Un steward d'une compagnie aérienne racontait son plaisir à voir sortir satisfait et souriant de l'avion un client qui y était entré furieux pour toutes les raisons que les passagers connaissent bien : retard, bousculades à l'embarquement, confort de la place attribuée, manque de place pour ranger ses affaires. Quel

---

7. Voir supra Leidner.
8. Thévenet M., « Les dimensions cachées de la relation au client », *Éducation Permanente*, n° 137, 1998.

que soit le service rendu, le client risque de ne pas être plus satisfait à l'arrivée qu'au départ, mais l'expérience du voyage et le service rendu à bord lui ont permis de dépasser ces désagréments objectifs, de les relativiser, de les compenser, de les relire à la lumière des autres prestations reçues. Le bon steward est celui qui a su comprendre cette situation, faire quelques gestes forts vis-à-vis du client... sans forcément, comme c'est souvent le cas, abonder dans son sens quand il dénigre la compagnie...

Cette problématique du service au client ne concerne pas seulement le secteur dit du service. Aujourd'hui, des entreprises industrielles vendent à leurs clients un service, comme ce fabricant de matériel de contrôle qui vend la maintenance d'installation plutôt que des appareils de mesure, cet industriel du pneu qui offre le service d'entretien permanent des pneumatiques d'une flotte de camions. C'est une tendance aujourd'hui pour beaucoup d'entreprises d'*outsourcer* ce que de meilleurs professionnels peuvent faire apparemment mieux. Nous ne discuterons pas ici de la pertinence à long terme de telles décisions mais il est certain qu'il arrivera un jour où l'entreprise se reposera le problème de réinternalisation de ces services : les entreprises prestataires auront dû développer un très fort esprit de service pour contrer ce mouvement et garder leurs marchés...

Dans ces situations, on voit les limites de la formation, on se rend compte du besoin pour les opérateurs de prendre sur eux pour aborder le client et les réponses à ses attentes pour servir la compagnie. L'opérateur doit imaginer des comportements dans le cadre de ce qui est nécessaire et utile pour l'entreprise et pas seulement pour se sortir d'une situation dans laquelle il se trouve pris. Ce n'est pas d'argumentaires tout prêts dont il a besoin mais d'un cadre de références solide qui l'aide à repérer, interpréter et relativiser les situations, qui le guide dans la maîtrise de ses émotions.

Nous sommes tous, dans notre vie quotidienne, sollicités par nos émotions : nous réagissons aux malheurs et aux joies, nous parvenons plus ou moins à dépasser les désagréments.

Ces émotions ne sont pas que des avatars à contrôler, c'est aussi un mode d'interprétation des situations, un déterminant partiel des comportements. Ce cadre de références, c'est le sens que l'on parvient à donner à notre responsabilité, à l'action attendue dans telle ou telle situation. L'exemple des médecins est sans doute le plus parlant : face à une situation d'urgence, ils ont le référentiel, les connaissances et les compétences pour dépasser leurs émotions premières et réagir dans le sens de ce qui est attendu d'eux, même si leur serment d'Hippocrate a été bien général et distant de la multiplicité et de la complexité des situations qu'ils rencontrent durant leur carrière.

Chaque métier aurait-il son référentiel d'Hippocrate, c'est peut-être ce que nous disent confusément les gourous qui parlent d'éthique dans le travail...

## 2 – Les nouvelles formes d'organisation

Les sociétés humaines se sont toujours posé la question de leur mode d'organisation. Depuis l'aube des temps, on a cherché le meilleur moyen d'organiser, de répartir, de contrôler, de diriger les actions collectives. L'étude des armées, des églises, des nations révèle une large palette d'organisations qui frappent autant par leur diversité que par la permanence des problèmes à résoudre : comment l'organisation des actions collectives suscite-t-elle de la performance, comment contrôler au mieux les activités individuelles, comment s'assurer que les relations entre les personnes servent l'obtention d'un résultat et ne l'empêchent pas ?

Il est donc bien normal que l'on ait perpétuellement cherché la forme idéale des organisations. Les structures hiérarchiques traditionnelles ont ainsi progressivement distingué des entités opérationnelles et fonctionnelles, des structures matricielles, « multidivisionnelles », etc. Il semble même que les théories aient lentement évolué vers des formes de plus en plus sophistiquées d'organisation qui rendaient l'enseignement assez simple.

122

Cependant, pour diverses raisons, des bouleversements importants sont intervenus dans les structures des organisations et leur fonctionnement sous la pression de deux facteurs :

– le souci de faire des économies sur le fonctionnement des structures existantes du fait d'une compétition acharnée a conduit à remettre en cause le coût des structures existantes et leur productivité directe ;

– la remise en cause profonde des processus opérationnels dans le cadre du développement de processus d'amélioration continue de la qualité, mais aussi le *reengineering* généralisé des différentes structures pour vérifier qu'elles apportaient bien le résultat et le service attendus.

Ces évolutions se sont traduites par quelques innovations qui ont profondément transformé le fonctionnement des entreprises :

## L'aplatissement des structures

Jusqu'aux années 80, de grandes entreprises comme Chrysler avaient développé jusqu'à 13 niveaux hiérarchiques. Il a paru nécessaire de diminuer le nombre de ces niveaux afin d'obtenir des structures plus plates. Même si les nouvelles technologies de l'information et de la communication rendent possible cette évolution, cela remet en cause les échelons fonctionnels des entreprises, c'est-à-dire tous les services dont le rôle était essentiellement de traiter de l'information. L'aplatissement des structures se traduit par une diminution des effectifs et comme les tâches n'ont pas diminué, c'est bien au personnel restant, organisé différemment, de prendre en charge tout ce qui était fait auparavant par plus de monde.

On ne dispose pas vraiment d'étude sur les conséquences de ces aplatissements de structure et, surtout, on ne peut connaître, tant les conditions de comparaison sont difficiles, toutes les difficultés et toutes les opportunités qui ont été manquées du fait de ces réorganisations. Tous les postes supprimés constituaient une sorte de « cartilage » organisationnel, c'est-à-dire qu'ils facilitaient les relations, permettaient la confrontation des options, laissaient le temps de la réflexion et de l'approfondissement : certes le contrôleur de gestion retenait leur coût et leur manque de valeur ajoutée. De la même manière on a supprimé les personnels dans les gares et dans les stations de métro... et l'on s'est progressivement aperçu, peut-être trop tard, qu'ils avaient un rôle important à jouer dans la sécurisation et l'« humanisation » des lieux... ce qui ne se chiffre pas.

Mais l'aplatissement des structures a aussi des conséquences sur ceux qui restent puisqu'ils doivent dorénavant être plus proches du terrain, se fixer des objectifs très opérationnels et les tenir. En matière de management se développent alors de multiples méthodes destinées à mesurer la contribution de chacun, sa part d'objectif à atteindre. Les systèmes de fixation d'objectifs et de mesure des performances peuvent se simplifier puisque chacun, proche du terrain, doit pouvoir absorber son objectif et trouver les moyens de l'atteindre, sans que d'ailleurs sa tutelle puisse mieux lui dire comment faire.

Ce mouvement s'est encore exagéré dans le développement des *business units*. À l'intersection d'une démarche stratégique et organisationnelle, les BU sont considérées comme des mini-entreprises avec leur propre produit-marché. Elles sont dirigées par un véritable chef d'entreprise qui dispose de ses moyens financiers et humains. Il discute annuellement ses objectifs de part de marché, de volume ou de rentabilité avec l'entreprise puis travaille de manière relativement autonome pour les atteindre.

Les entreprises qui passent d'une structure classique (avec des divisions-produits par exemple) à cette structure réussissent généralement dans les premières années parce que le passage aux *business units* a permis de réduire l'effectif et de concentrer les énergies sur quelques objectifs-clés. De plus une certaine émulation entre les BU s'est installée. Mais après quelques années, des besoins apparaissent, comme dans cette grande entreprise chimique qui a effectué sa mue vers des *business units* dessinées avec beaucoup de pertinence stratégique. Toutefois après quelques années, la direction générale trouve que les forces centrifuges dans ce genre d'organisations sont plus fortes que les forces centripètes, l'unité dans l'entreprise se perd comme le souci d'objectifs communs au-delà des objectifs spécifiques : le symptôme, dans ce cas précis, est exprimé en termes de besoin d'une « culture commune ». Cela signifie fondamentalement qu'au-delà des bons résultats de chaque entité, l'entreprise, pour se développer, a besoin d'un lien social, d'une capacité à travailler ensemble sur des problèmes communs.

Effectivement, il n'est pas suffisant d'avoir une collection d'individus qui travaillent avec efficacité sur leurs objectifs personnels, encore faut-il qu'ils le fassent dans le cadre d'une approche commune. La lourdeur des activités fonctionnelles coûtait très cher mais elle assurait parfois ce liant que des organisations plus efficientes ont progressivement perdu.

## Les structures matricielles

Elles se sont aussi largement répandues dans les entreprises. Le principe n'en est pas simple parce qu'il contrevient aux bonnes règles de la verticalité des hiérarchies et de l'unicité du chef. Ainsi, une organisation peut être constituée de colonnes (les différentes fonctions comme la production, le commercial ou la finance) mais aussi de lignes comme des lignes de produits, ou des activités. On trouve alors des responsables de fonctions mais aussi des responsables de lignes qui cherchent à coordonner les activités des fonctions au mieux des résultats de leur ligne de produit. L'originalité de cette forme de structure, c'est de laisser à la négociation entre des acteurs sans autorité hiérarchique les uns sur les autres, le soin de parvenir à un résultat.

Au fil du temps, cette forme matricielle s'est complexifiée. Dans cette entreprise informatique, un responsable commercial français était le patron de ses différents commerciaux régionaux sous la direction d'un directeur France. Mais il était aussi sous l'autorité d'un vice-président Marketing situé aux États-Unis tout en coordonnant lui-même un projet international avec une dizaine de personnes situées en Europe, Amérique et Asie. Bien entendu chacun de ces liens structurels est assez compréhensible, mais on peut imaginer l'émergence de contradictions ou d'incohérences entre ces quatre rôles et, bien entendu, c'est au manager qu'il revient d'imaginer les moyens de les surmonter.

Quand les organisations par grands comptes entrent en conflit avec les organisations géographiques, on rencontre ces mêmes contradictions et plutôt que de les supprimer, les organisations actuelles tendent à les maintenir en chargeant les personnes en place de prendre sur elles pour les dépasser. Il est évident que ces genres de problèmes ne pourraient être résolus par des règles nouvelles, mais ils n'en exigent pas moins une grande maîtrise de soi de la part de tous ceux qui sont au croisement de ces problèmes et conflits.

Quand ces structures complexes réussissent, on a trop tendance à féliciter le consultant dont les superbes transparents horizontaux ont convaincu le comité de direction, mais on ne souligne pas assez que c'est grâce à l'engagement des personnes que les conflits inhérents à la structure ont pu être surmontés, pour autant que ces acteurs aient intégré buts et valeurs de l'organisation qu'il fallait faire vivre.

## Les équipes

Elles sont devenues la solution alors qu'elles sont le problème. Les groupes de projet se sont généralisés. Tout problème conduit à la formation d'une équipe, d'un groupe de travail, d'un comité, d'une *task-force*. Les vraies questions de transversalité qui se posent par exemple dans l'industrie automobile quand il s'agit de faire travailler ensemble *l'engineering,* le marketing, la fabrication se traduisent par la constitution de structures d'équipes transverses. C'est le cas chez Renault[9] qui a énormément investi dans ce type de structures pour grignoter quelques mois et de l'efficacité dans le développement des projets automobiles puisque c'est bien là un des facteurs

---

9. Midler C, Lévy R., *L'auto qui n'existait pas*, Dunod, 1998.

de succès principaux dans cette industrie. On a même développé le concept de structures par équipes[10].

Là encore on voit bien les raisons de ce succès. On est plus efficace à plusieurs que tout seul, les équipes permettent de mettre ensemble des personnes de fonctions différentes qui pourront donc en temps réel faire coexister les préoccupations légitimes et les expertises nécessaires de chacune des fonctions. Cependant les psychologues ont montré qu'il n'existait pas de compétence unique à travailler en équipe, mais que les équipes qui réussissent ont plutôt la caractéristique d'être composées de membres qui savent jouer des rôles complémentaires. Ainsi, le succès vient moins des compétences des personnes que de leur complémentarité[11]. Plus largement, comment peuvent fonctionner les équipes projets, provisoires, si ce n'est parce que les personnes qui les composent le veulent bien.

On a déjà évoqué les *hot groups*, que Leavitt[12] étudie dans un ouvrage récent. Ce sont des groupes très efficaces, totalement concentrés sur la tâche mais dont les membres ont une caractéristique fondamentale : ils donnent du sens à la tâche qu'ils sont en train d'accomplir. L'intérêt de ce concept de groupe est de montrer que quel que soit le *design* de l'équipe et l'analyse de la valeur qui a présidé à sa construction, c'est ce qu'investissent les personnes dans la structure qui en fera le résultat. Là encore si les équipes fonctionnent, c'est parce que leurs membres le veulent bien. Il n'existe pas de magie des groupes, de plaisir inné à y participer, de charisme bizarre qui les rend efficaces par enchantement, il n'y a que des personnes qui savent jouer ensemble les rôles nécessaires à la réalisation de la tâche.

---

10. Albers-Mohrman S., *Designing and leading Team-based Organizations, a workbook for organizational self-design*, San Francisco, Jossey-Bass, 1997.
11. Belbin M., *Management teams : why they succeed or fail ?*, Butterworth-Heinemann, 1996.
12. Lipman-Blumen J., Leavitt H., *Hot Groups*, New York, Oxford University Press, 1999.

## Le développement des concepts

Tout au long de l'histoire du management, on a régulièrement vu apparaître des concepts fédérateurs visant à remettre profondément en cause notre approche des opérations. La productivité après la Seconde Guerre mondiale, la qualité dans les années 80, la satisfaction du client ensuite, la création de valeur de nos jours, le développement durable bientôt. Ces concepts[13] sont d'abord présentés comme des idéaux vagues, supportés par le talent de gourous charismatiques et communiquants et quelques exemples forts qui forcent la conviction : les conventions, séminaires ou autres manifestations diffusent le concept avec succès, non pas, comme on le croit souvent, du fait du talent des promoteurs mais surtout parce que ces concepts font écho aux préoccupations des entreprises. À la suite de la phase de conviction, on commence à mettre en œuvre très concrètement ces concepts en développant les outils, les méthodes, les processus : à ce stade les concepts deviennent très concrets et opérationnels.

Si on prend l'exemple de la qualité[14], on ne dira jamais assez combien ces démarches ont profondément transformé le fonctionnement des entreprises, de la production pour commencer mais de l'ensemble des fonctions par la suite. Et si les procédures, méthodes, techniques ont été utiles, tous les observateurs constatent que quelle que soit leur pertinence, elles ne peuvent être efficaces que si les individus au bout de la chaîne appliquent outils et méthodes avec intelligence, avec une référence aux valeurs et aux buts que ces démarches sont supposées servir.

Concrètement, on admire les démarches de qualité totale mais on devine leurs effets pervers, quand le respect du standard et de la procédure devient l'objectif, quand le respect des processus casse progressivement toute créativité et initiative, quand l'action devient une simple reproduction de ce qui a été déjà fait. Comment dépasser ces effets pervers sans tomber dans

13. Thévenet M., « L'écot de la mode ». *Revue Française de Gestion*, n° 53-54, 1985.
14. Thévenet M., Vachette J.L., *Culture et comportement,* Vuibert, 1992.

le piège de créer des règles supplémentaires pour y parvenir ? Là encore, c'est des individus que dépend la capacité à utiliser les règles et procédures comme des aides et non comme des refuges.

Si l'on extrapole l'exemple plus ancien de la qualité totale, on peut imaginer à quelles aberrations peut conduire la création de valeur si ceux qui l'utilisent ne sont pas focalisés par le sens des buts et des valeurs que ces concepts partiels et provisoires sont censés servir.

# 3 – Le dépassement des crises

Les entreprises sont-elles mortelles ? Voici un sujet de dissertation que peut alimenter l'observation des entreprises hénokiennes, de plus de deux cents ans d'âge mais aussi de ces jeunes start-ups dans les nouvelles technologies dont le destin est souvent l'oubli quand ce n'est pas la revente au bout de deux ans. Le paysage des entreprises est très contrasté mais ce qui l'est moins, ce sont les crises profondes auxquelles elles peuvent être confrontées.

Les périodes économiques troublées que nous vivons (mais en a-t-il jamais été autrement ?) révèlent ces nombreuses situations où l'existence même de l'entreprise est remise en cause. Bien entendu une gestion peu rigoureuse et peu visionnaire peut expliquer la situation critique : une mauvaise interprétation de la situation concurrentielle, des évolutions technologiques, d'une situation sociale. Les remises en cause profondes de nos marchés ont mis des entreprises et des secteurs entiers dans ces situations difficiles : pensons à la sidérurgie du début des années 80, à Renault au milieu des années 80 quand l'entreprise faisait 12 milliards de francs de pertes annuelles !

Mais très souvent ces crises s'imposent à vous par accident ou du seul fait de l'environnement que vous ne pouviez pas forcément anticiper. Il n'était pas facile d'anticiper l'arrivée des calculettes électroniques quand on était fabricant de règles à calcul, d'imaginer le succès de la cocotte-minute quand on fabriquait des cocottes classiques, de la machine à laver quand on vendait des lessiveuses, le développement d'Internet quand on était un grand des ordinateurs, etc. Plus encore, quelques listerias, maintenant repérables, cassent votre outil de production et votre réputation, quelques traces de benzène dans une bouteille lointaine, quelques rumeurs sur la qualité de votre produit se répandent au journal télévisé du soir et les démentis éventuellement diffusés ne pourront jamais les effacer. Je ne parle même pas d'une marée noire ou d'une tempête du millénaire qui détruit votre outil de production.

Les crises sont générées par l'interne ou par l'externe, leur caractère principal n'est pas leur origine ou leur responsable, c'est plutôt leur capacité à mettre en péril l'existence même de l'entreprise. Mais la seconde grande caractéristique de la crise, c'est que l'on ne peut en sortir si l'on continue de faire les choses comme avant. Bien souvent, il devient impossible de sortir de la crise parce qu'il existe mille autres façons d'interpréter ce qui arrive : une baisse de part de marché peut s'interpréter par des évolutions climatiques, une baisse de rentabilité par telle ou telle difficulté passagère sur un marché, le départ de quelques cadres de l'entreprise comme la simple coïncidence de situations personnelles... Il n'y a rien de plus difficile que de prendre conscience d'une situation critique quand on est à l'intérieur du système parce que cela remet en cause votre besoin de stabilité et de sécurité.

Comme nous l'avons développé ailleurs[15], une crise peut être surmontée à deux conditions :

1 - Le corps social a pris conscience de la réalité et de la gravité de la crise. Cette condition est difficile à remplir pour toutes les raisons évoquées plus haut : des difficultés ont tendance à être vues comme passagères, liées à une conjoncture. Les analystes extérieurs peuvent facilement voir (comme le montrent les travaux classiques de Bateson et de l'École de Palo Alto) la gravité d'une

15. Thévenet M., *Culture d'entreprise*, Que Sais-Je ?, PUF, 1993.

situation qui n'est pas perçue quand on se trouve à l'intérieur du système.

2 - Le corps social développe de la confiance dans un projet pour sortir de la crise. Ce processus est encore plus difficile que le précédent. Combien de repreneurs efficaces ont-ils été déçus de s'apercevoir que les salariés de l'entreprise réagissaient très mal à leur plan de sauvetage qui était non seulement très bon techniquement mais pouvait les sauver du licenciement et de la disparition de l'entreprise ! Mais pendant les longues semaines de son élaboration, toute l'attention avait été portée sur les négociations avec les banquiers, les fournisseurs et les clients, l'élaboration de nouveaux produits et services alors que dans les ateliers, les gens attendaient, de plus en plus inquiets de ce silence, de plus en plus tentés d'interpréter ce manque de communication non volontaire.

Ainsi *a contrario,* le seul moyen de sortir de la crise c'est que les personnes prennent sur elles de fonctionner différemment, travailler plus ou mieux, ou autrement, pour revoir les structures, remettre en cause les traditions de travail, les partages de responsabilité, etc. Comment une telle remise en cause est-elle possible ? Comment peut-on revenir sur ses modes de fonctionnement pour se jeter dans l'inconnu d'autres méthodes ? Il faut pouvoir le faire pour atteindre quelque chose de plus, avoir un autre référentiel.

Bertrand Martin[16] décrit avec beaucoup d'humanité le redémarrage de son entreprise alors que le marché des turbines s'effondre. Il y a l'opportunité de ce contrat avec la Chine que va gagner l'entreprise en proposant des délais apparemment irréalistes. Il n'est pas possible de livrer les matériels dans les délais prévus si l'on continue de travailler comme on le faisait, si on applique les règles habituelles de calcul des temps de production. Mais on va y arriver tout de même parce que les opérateurs se sont organisés différemment, parce

---

16. Martin B., Lenhardt, Jarrosson B., *Oser la confiance*, INSEP Éditions, 1996.

que chacun a décidé de travailler mieux, plus, autrement pour gagner ce challenge. Pourquoi les personnes l'ont-elles fait ? On ne le sait pas, mais ce qui est certain c'est que le sauvetage de l'entreprise et la prise de conscience de sa responsabilité personnelle dans celui-ci ont été un référentiel majeur.

# 4 - Le retour de la croissance

Vivons-nous aujourd'hui la fin de la crise ? Personne ne peut répondre à cette question. La notion de crise est elle-même une construction intellectuelle utilisée à un moment donné pour décrire la réalité. Les historiens n'auront pas forcément le même avis quand ils observeront notre époque. Mais le terme de crise traduit bien l'état d'insécurité, d'anxiété, d'interrogation que l'on vit quand les choses ne sont plus totalement ce que nous pensions qu'elles étaient. Et puis, étant le centre du monde, chacun a l'impression de vivre des moments importants que nos prédécesseurs n'ont pas vécus, que nos successeurs ne connaîtront pas. Avec un peu d'humilité, le lecteur de littérature classique s'apercevra que ces réactions sur l'actualité ont été partagées par toutes les générations antérieures.

Toutefois, à l'échelle de notre courte expérience, certains changements profonds ont eu lieu qui concernent notre perception du fonctionnement des entreprises. Durant une vingtaine d'années, les restructurations ont profondément touché les grandes entités industrielles nées à la fin du siècle dernier. Des licenciements massifs ont eu lieu, des secteurs entiers ont été découpés, restructurés. Même des institutions que chacun trouvait inébranlables ont disparu : dans les années 70, ITT était le symbole même du pouvoir des multinationales qui remettaient en cause la géopolitique de la planète ! À part General Electric et les pétroliers après fusion, quelles sont les entreprises qui sont restées dans les dix premières depuis trente ans ! Au-delà des institutions, ces mouvements profonds ont modifié notre façon de voir le travail et le lien aux institutions. Un ouvrage récent[17] décrit bien ce changement dans la conception

---

17. Ilgen D.R., Pulakos E.D., *The changing nature of performance*, San Francisco, Jossey-Bass, 1999.

du travail. On avait l'impression de pouvoir faire sa carrière dans une seule entreprise qui donc paraissait immortelle, on démarrait sa carrière dans une profession, un domaine d'expertise qui ne pouvait que se perpétuer et dans lequel on ne pourrait que progresser. Les compétences acquises ne pouvaient qu'être augmentées : il n'y avait pas d'obsolescence, ce que j'ai appris hier me servirait demain. La qualification conduisait à l'emploi et le manque d'emploi ne pouvait s'expliquer que par le manque de qualification.

Dès l'automne de 1999 en France, mais plus tôt aux États-Unis, un autre discours apparaît, celui de la reprise, celui de la croissance. Les chiffres du chômage sont à la baisse et la tendance régulière sur plusieurs mois ne peut plus être expliquée seulement par des jeux statistiques. On parle du besoin de compétences dans certains secteurs, de la difficulté d'obtenir les compétences désirées. Le marché du travail se tend sur certaines catégories de personnels, les discours sur la fidélisation, la loyauté dans l'entreprise, le *turn over* reprennent du poil de la bête alors qu'on les avait oubliés dans la littérature depuis les années 70. On passe en quelques mois du discours sur l'« employabilité » (perçue parfois comme : développez des compétences pour aller voir ailleurs !) à une ode à la fidélité ! Certains s'étonnent même qu'il soit si difficile d'employer des gens, comme dans les stations de sports d'hiver en cette saison 1999-2000 !

Le plus impressionnant dans ce mouvement, c'est qu'il change radicalement des discours développés à peine une année plus tôt quand tout le monde s'accordait encore sur l'inéluctabilité du chômage fort puisque la situation américaine ne s'expliquait que par la généralisation des petits boulots. Personne ne sait si cette croissance durera mais elle prouve au moins une chose : il faut se garder des discours rapides d'enterrement de quelques notions comme le travail.

Qu'y a-t-il derrière cet étonnement sinon le sentiment que si la situation économique s'améliore on devrait obligatoirement revenir à ce que l'on croit être la situation antérieure du travail, c'est-à-dire une période dans laquelle on travaille dans une entreprise sans souci d'en partir, avec une confiance forte dans l'institution qui vous emploie ? Malheureusement, il n'en est rien. Les périodes troublées sont passées par là, beaucoup ont perdu confiance dans le travail et dans l'entreprise et voient bien naturellement leur intérêt immédiat. Si l'on ajoute à cela que le seul discours qui a du succès (et un écho dans les médias) sur l'entreprise est le discours dénonciateur de l'entreprise barbare et de l'horreur économique, on peut imaginer que le monde du travail n'est plus composé de personnes qui n'attendent que de refaire benoîtement confiance aux entreprises.

Qu'est-ce qui peut empêcher un bon informaticien de changer de travail pour quelques dizaines de milliers de francs annuels ? Qu'est-ce qui peut vous éviter un conflit du travail au moment où c'est le plus dur pour l'entreprise, la période des fêtes pour un parc de loisirs, le début des vacances pour une compagnie aérienne, une période de fortes commandes pour telle ou telle entreprise industrielle, le mois qui précède les fêtes pour les entrepôts de la FNAC ? Certains s'étonnent aujourd'hui que des salariés quittent l'entreprise en période de forte activité, que des gens de plus de 50 ans, juste recrutés, viennent redemander un licenciement pour avoir plus de temps pour eux, que des jeunes ne soient pas intéressés par des carrières proposées, etc.

Seule une certaine adhésion aux buts et aux valeurs peut éviter ces situations difficiles. Cela ne veut pas dire que les personnes ne défendent pas leurs intérêts, ceci est légitime, mais il existe des façons de le faire, comme l'histoire des conflits dans l'industrie nous l'apprend avec cette multitude d'usages tacites qui en réglementaient le déroulement[18]. Mais cela signifie aussi que les buts et valeurs de l'entreprise sont considérés comme étant d'un ordre supérieur à la défense de ces intérêts.

Si la situation continue de s'améliorer, beaucoup d'entreprises se préparent paradoxalement des heures difficiles pour retrouver

---

18. Adam G., Reynaud J.D., *Conflits du travail et changement social*, PUF Sociologies, 1977.

de la loyauté, pour canaliser la défense des intérêts catégoriels ou individuels de façon à ce qu'ils ne remettent pas en cause l'existence même de la collectivité. Les rapports de pouvoir se renversent et c'est dans ces périodes que l'on s'interroge sur l'exercice de sa force. On a pu être légitimement choqué de la manière dont certaines entreprises utilisaient leur situation de force en pleine crise pour aligner les plans sociaux ; on pourra tout aussi légitimement être choqué de la manière dont les salariés réexerceront leur pouvoir quand ils l'auront recouvré. Ce qui distingue la barbarie de la civilisation, c'est la capacité à canaliser sa propre force : cela se remarque dès la cour d'école quand le grand CM2 n'opprime pas forcément le petit CP pour lui prendre son ballon... Appliqué à l'entreprise, cet exemple se traduit par la plus ou moins grande retenue des acteurs à profiter de leur rapport de force. Là encore c'est une certaine adhésion à des buts et valeurs collectifs qui peut y conduire... quand elle touche toutes les parties prenantes.

Ce n'est sans doute pas un hasard si le concept de fraternité revient à la mode[19], il traduit bien ce besoin de lien social qui seul peut aider une collectivité à fonctionner correctement au-delà de la liberté et de l'égalité.

**Conclusion**

Bien entendu, il faut avoir de l'implication dans le travail, mais dans les situations que nous venons d'évoquer c'est d'une implication particulière dont on a besoin, l'implication dans l'entreprise, l'engagement dans les buts et valeurs collectifs de l'entreprise. Il n'existe vraisemblablement pas de crise de l'implication de travail ou, du moins, elle est sans doute moins forte que la crise de l'implication dans l'entreprise. Dans une étude déjà ancienne[20], nous montrions que sur quelques années une population de cadres bancaires voyait son implication fortement changer d'une implication dans l'entreprise au profit d'une implication dans le métier, c'est-à-dire dans l'expertise de leur spécialité. Cette évolution était bien compréhensible puisque l'appartenance

---

19. Attali J., *Fraternités*, Fayard, 1999
20. Thévenet M., *Impliquer les personnes dans l'entreprise*, Éditions Liaisons, 1992.

à l'entreprise ne garantissait ni l'emploi ni la réussite : des restructurations pouvaient remettre en cause leur position quelle que soit leur performance et leur qualification. Par contre, sur le marché du travail, c'est leur expertise qui leur donnerait la garantie et la valeur nécessaires à une autre carrière.

De la même manière l'implication dans son environnement immédiat de travail, dans le groupe de collègues, l'unité de travail ou le lieu n'a souvent rien à faire de l'enseigne et de l'entreprise elle-même. Quand il n'y a pas de menace de rachat ou de fusion, on ne repère pas cette forme d'implication mais quelle surprise quand la menace d'une reprise par un concurrent s'avère ne pas mobiliser les salariés autant qu'elle effraie les dirigeants voire les actionnaires !

Alors pourquoi l'implication dans l'entreprise est-elle si importante dans les situations que nous avons évoquées ? Parce que l'on ne peut sortir de ces situations critiques sans elle. C'est là une lapalissade apparente. Bien souvent, l'implication dans l'entreprise est une satisfaction légitime pour ses dirigeants, il suffirait même d'engager des actions pour l'obtenir : c'est le rêve de voir ses collaborateurs (les membres de son association, les membres de sa famille, etc.) agir comme on l'attend, ressentir les mêmes préoccupations, les mêmes buts et les mêmes valeurs que soi.

Ainsi, quand on ne se trouve pas dans l'une ou l'autre de ces quatre situations, l'implication dans l'entreprise n'est pas vraiment nécessaire. Pour obtenir des comportements, les descriptions de fonction bien standardisées, les organisations de production suffisent. Sur la chaîne de montage de Ford au début de ce siècle, il n'était pas vraiment nécessaire d'avoir des gens impliqués ; au comptoir d'un fast-food, l'implication n'est pas non plus totalement indispensable, à la caisse de l'hypermarché, quoi qu'on en dise, le sourire de la caissière n'est pas un grand déterminant du chiffre d'affaires et de la rentabilité du magasin. On ne dit pas que l'implication n'a pas d'intérêt et que ce ne soit pas plus « joli » d'en avoir mais, dans ces situations, l'implication n'est pas indispensable pour l'entreprise et la réalisation de ses objectifs.

Que nous apprennent les quatre catégories de situations ci-dessus sur le besoin d'implication ? L'implication dans l'entreprise permet de satisfaire à deux grandes catégories de besoins.

1 - La performance dépend d'un engagement de la personne, et pas seulement de ses connaissances techniques. Dans le service c'est l'ensemble de ses émotions qui sont sollicitées parce qu'il faut supporter les agressions, sollicitations, il faut pouvoir écouter le client, lui exprimer ce qui va pouvoir le rassurer, répondre à ses attentes, susciter des réactions. De la même manière dans les nouvelles organisations, on demande au salarié de faire au-delà de ce qui est écrit, d'imaginer des réponses, de dépasser des habitudes. C'est la même chose dans les crises.

2 - Mais l'engagement personnel n'est possible que s'il a un sens, une référence. Les buts et les valeurs de la collectivité constituent ce cadre de références parce que le comportement de bon service est celui qui sert le concept de service vendu. Dans les nouvelles formes d'organisation, les structures de projet par exemple, il n'est pas seulement utile que le travail du groupe se passe bien, encore faut-il qu'il s'intègre parfaitement aux autres activités : se pose ici par exemple le problème des rapports entre les équipes, ce phénomène fréquent selon lequel les équipes ont créé une telle loyauté en leur sein qu'elle se joue contre les objectifs plus globaux de l'organisation. Dans le cas de la crise, la survie de l'entreprise constitue ce référentiel commun tout comme dans la sortie de crise quand il s'agit de dépasser les légitimes intérêts personnels. Ce référentiel, ce sens accordé, permet de changer : je ne change que si j'ai des raisons pour le faire. Les dépassements de crise comme dans le cas de Sulzer, montrent que les changements de comportements d'équipes entières peuvent être radicaux.

Toutefois plusieurs remarques restrictives doivent être faites.

D'une part, s'il y a référentiel commun, cela ne veut pas dire que les salariés sont tous les mêmes, qu'ils partagent tout dans une espèce de consensus naïf et illusoire. Le référentiel peut être commun sans que celui-ci signifie la même chose pour chacun. Comme le montre très bien Leavitt dans les *hot groups,* l'investissement peut être total dans la réalisation d'un but sans que pour autant cet engagement n'ait le même sens pour chacun. Nous avons suffisamment décrit plus haut la diversité des sens que prend le travail pour chacun pour nous en convaincre. Une adhésion aux buts et valeurs de l'entreprise peut aussi avoir des significations très différentes pour différentes personnes.

D'autre part, ce référentiel ne se traduit pas non plus par une adhésion à ce que les dirigeants pensent ou veulent. En effet ces derniers ont souvent l'illusion d'incarner les buts et valeurs de l'organisation qu'ils dirigent. Des études plus approfondies montrent que l'adhésion aux buts et valeurs peut prendre différentes formes, même celles que n'ont pas prévues les dirigeants. Dans une grande entreprise, la politique était au changement radical. Les dirigeants, forts des conseils de grands cabinets, développaient le *reengineering* et la *customer satisfaction* dans une approche de création de valeur : ils essayaient de changer le référentiel, la culture de leurs salariés. Les dirigeants personnifiaient cette approche et travaillaient dur dans la communication et la formation pour diffuser ces nouvelles références. Une étude de culture mit en évidence les référentiels des acteurs dans l'entreprise et un questionnaire fut établi qui reprenait différentes situations critiques où il s'agissait, très concrètement, de savoir comment l'opérateur devrait réagir. Même si les dirigeants de cette entreprise avaient l'impression d'être en décalage total par rapport à leurs salariés, quelle ne fut pas leur surprise de s'apercevoir qu'ils réagissaient exactement comme leurs troupes face à des situations concrètes : un bel exemple de partage de valeurs qui aurait pu être mieux exploité !

# 5

# Les freins à l'implication

Il existe donc des situations où l'implication dans l'entreprise est indispensable, non par esthétisme mais parce qu'elle est nécessaire pour aborder les situations de travail difficiles qui constituent l'activité de l'entreprise. Montesquieu se demandait « comment peut-on être persan ? » et beaucoup se demandent aujourd'hui comment on peut être impliqué dans son entreprise. Est-ce là un comportement d'un autre temps, les entreprises font-elles tout ce qu'elles peuvent pour donner l'envie que l'on s'y implique, ne serait-il pas juste que les salariés pensent d'abord à eux et non à des institutions dont les promesses n'engagent parfois que ceux qui les croient ? En un mot l'implication dans l'entreprise est-elle vraiment socialement ou politiquement correcte aujourd'hui ?

Il faut se méfier de l'analyse en grandes tendances de société qu'il est toujours préférable de prévoir... *a posteriori*. Gardons-nous donc de voir dans quelques faits l'aube d'une ère nouvelle. Souvenons-nous que l'on consacre autant de temps aujourd'hui à parler d'une nouvelle croissance multi décennale qu'hier à montrer le rétrécissement inévitable de l'offre de travail et le déclin inéluctable de nos économies. Le changement de ton, en moins de deux ans, des magazines de business et des médias à propos de l'économie, de l'entreprise et du travail est pourtant assez étonnant : il faut certes faire de l'événement mais quant à passer du déclin inéluctable à l'ère du plein emploi retrouvé... il y a un pas. Mais si ces envolées lyriques ne correspondent pas à la réalité, elles contribuent à modeler un ensemble de pensées convenues qui ont des effets certains.

Qu'est-ce qui peut bien pousser aujourd'hui un salarié à s'impliquer dans son entreprise ? Nous avons montré au chapitre 2 qu'il y a dans cette attitude l'expression d'une histoire personnelle. Toutefois on peut se demander si l'environnement influence, facilite ou rend plus difficiles de telles histoires. Sans céder à une approche trop globale de ces questions d'environnement social du travail, il faut s'interroger sur des phénomènes de société qui ne concernent évidemment pas tout le monde de la même manière : quelques événements, quelques évolutions d'un indice ne changent pas la réalité de tous. Comme les gestionnaires devraient plus souvent s'en persuader, ce qui se passe dans l'entreprise n'est pas la réduction de ce que vit la société globale.

Cependant, il s'est tout de même produit des évolutions dont on peut souligner en quoi elles ne favorisent pas, globalement, l'émergence d'une implication dans l'entreprise.

Ces évolutions se situent à trois niveaux :

– au niveau de la société dans son ensemble, l'implication n'est pas forcément une valeur en hausse ;

– au niveau des entreprises, de leurs pratiques : le quotidien est fait de ces décisions, majeures ou mineures qui ne donnent pas forcément l'envie de s'impliquer ;

– au niveau de la vie des personnes : elles font des arbitrages bien compréhensibles qui ne valorisent pas forcément l'engagement institutionnel.

Dans chacune de ces catégories nous sélectionnons quelques phénomènes intéressants, illustratifs des handicaps à l'implication dans l'entreprise. En aucun cas, cette preuve par neuf n'épuise le thème des barrières à l'implication mais elle en décrit au moins la diversité et les logiques.

| SOCIÉTÉ | ENTREPRISE | PERSONNES |
|---|---|---|
| – crise des institutions<br>– réduction du temps de travail<br>– les figures de la nouvelle économie | – les évolutions du travail<br>– l'exploitation des ressources humaines<br>– le travail barbare | – les plus de 50 ans<br>– les « divas »<br>– les difficiles arbitrages entre vie personnelle et vie professionnelle |

# 1 – Les barrières dans la société

## La crise des institutions

Depuis des décennies le thème de la crise des institutions revient sans cesse. Difficilement mesurable, cette crise exprime toutes sortes de préjugés d'autant plus que notre vision est bien limitée à quelques événements d'actualité pas tous signifiants. Toutefois il est quelques phénomènes qui tranchent avec ce que les générations précédentes ont vécu : la pratique religieuse chrétienne a, par exemple, fortement reculé dans les pays occidentaux alors que cette religion avait profondément marqué la culture et l'histoire. Pour un pays comme la France dans lequel la religion catholique a été historiquement et socialement importante, on voit diminuer le nombre de prêtres au point que dans certains départements français il existe maintenant moins d'un prêtre actif par canton... Cette population est tellement marginale qu'il n'y a plus que la publicité pour oser encore faire du prêtre un représentant de la société.

La famille a été bouleversée ces dernières décennies : un mariage célébré aujourd'hui a une « chance » sur deux de terminer en divorce, le taux de natalité ne permet plus de renouveler les générations. De plus les contours et le périmètre des familles se rapprochent de plus en plus d'un polygone irrégulier avec un nombre de générations représentées de plus en plus élevé et des familles recomposées à l'issue des mariages multiples.

Quant à la politique, le taux d'abstention augmente, l'âge moyen des militants augmente (pour atteindre la cinquantaine au parti socialiste par exemple), et le nombre de militants participant aux réunions et assumant le travail concret de diffusion et de débat d'idées corrélativement à la pose des affiches, diminue et ne représente plus la diversité de la société française.

Cause ou conséquence, ces institutions prêtent le flanc à la dérision : l'importance prise par les « Guignols de l'info », le ton général avec lequel sont abordées les questions religieuses, politiques ou familiales révèle cette perte d'importance, mais plus profondément, le manque de valeurs communes qui unissent une société sur des institutions censées en organiser le fonctionnement, à différents niveaux de la vie des citoyens. Certains ont voulu critiquer cette dérision et montrer ses effets négatifs, d'autres ont voulu l'expliquer par les fautes « impardonnables » que ces institutions commettraient ou auraient commises ; il faut surtout noter que le ton de la dérision réussit parce qu'il rejoint la vision, sans parler des attentes, de tous ceux qui regardent, écoutent, transmettent et reproduisent ce ton de la dérision. C'est donc bien un signe supplémentaire de cette crise que les historiens sauront mieux analyser dans quelques décennies.

L'entreprise est-elle une de ces institutions ? Elle fournit pour de très nombreuses personnes un ensemble de figures d'autorité avec le chef et le patron ; elle règle la vie quotidienne dans une certaine mesure, elle fournit de quoi satisfaire des besoins fondamentaux. Plus que cela elle a pignon sur rue, elle participe à la vie de la société : tout programme politique vise à en organiser l'activité, toute collectivité territoriale à en attirer les faveurs. Les entreprises font tellement partie du fonctionnement de nos sociétés que leur vie suscite magazines, informations, rumeurs et débats. Si la société considère qu'elle prend des décisions insupportables, on réclame un amendement (l'amendement Michelin, l'amendement Jaffré...). Mais comment imaginer, par ailleurs, des événements culturels ou sportifs sans « sponsors », comment imaginer aujourd'hui l'information et la communication hors du contexte des entreprises : Lagardère, Vivendi, Bouygues, Les Laboratoires Pierre Fabre sont de grandes entreprises françaises investies dans le monde de la communication et l'on ne parle même pas des grandes restructurations dans le domaine des télécommunications et d'Internet (AOL-Time Warner, Vivendi Universal, etc.).

Ces vingt dernières années, les entreprises ont, *volens nolens,* joué le jeu de la société en sortant du rôle économique qui était le leur. Dans les années 80, un grand conseiller en communication et organisation publiait un ouvrage *Gérer la France comme une entreprise.* Nous étions en pleine vague anti-État et l'entreprise apparaissait comme la solution à tous les problèmes de l'emploi et de la crise et même comme le modèle d'organisation et de gestion de toutes nos activités collectives. Les années qui suivirent la guerre du Golfe sont marquées par des licenciements et restructurations qui envoyèrent un autre message : les problèmes économiques et sociaux n'étaient pas liés simplement à un manque de formation, de compétence. Même les salariés compétents, performants, les cadres – figures emblématiques de la société française de consommation – étaient menacés et victimes de cette nouvelle phase des restructurations. Quelle famille en France n'était pas, à ce moment-là, touchée de près ou de loin par ces mouvements ? Sans doute la décennie des années 90 a été celle du retour de balancier : on avait tant attendu de l'entreprise et elle avait tellement déçu, que la crise de confiance ne pouvait que s'installer.

Une littérature de dénonciation se développe alors, brossant le paysage de l'économie et du travail à l'aide de notions fortes comme l'« horreur économique », l'« entreprise barbare », le « harcèlement ». On peut faire crédit à ces ouvrages de décrire une réalité assez peu flatteuse du travail mais, le plus frappant, c'est le succès de ces ouvrages qui mérite d'être noté.

Ainsi, Plantu continue de représenter le chef d'entreprise avec un haut-de-forme, un gros ventre et un cigare, les « Guignols » introduisent à côté des sportifs et des politiques quelques figures du monde des dirigeants d'entreprise et ils ont même créé un représentant d'une World Company qui symbolise, bien avant Seattle, le bouc émissaire de notre société qu'il est convenu d'appeler globale.

Il ne faudrait pas croire que l'entreprise se limite à ses dirigeants parce qu'il est une autre institution parallèlement en crise qui représente bien originellement le monde des entreprises : les organisations syndicales. Le nombre de syndiqués a considérablement baissé pour ne représenter que 6 à 9 % des salariés selon les estimations. Si l'on enlève le secteur public, il ne reste pas grand-chose. Toutes les réponses ont été faites à ce constat : l'adhésion ne voudrait rien dire puisque les salariés français peuvent profiter des services du syndicat sans être adhérents et c'est exactement ce qu'ils font. Mais une adhésion de convenance, même si elle peut être légitime, ne remet-elle pas en cause le sens même de l'association au profit d'une assistance sociale par ailleurs nécessaire ? Il ne faudrait pas voir dans le déclin des organisations syndicales traditionnelles le règlement définitif des problèmes de relations collectives au sein des organisations : les négociations sur les 35 heures et le retour de la croissance nous montrent que le mouvement revendicatif renaît assez facilement mais le type d'engagement dans l'institution syndicale ne semble, lui, pas repartir comme par le passé.

## La réduction du temps de travail

La loi des 35 heures a permis de tout dire sur le mouvement séculaire de réduction du temps de travail. On a d'abord réduit le temps total disponible de travail, en interdisant et réglementant le travail des enfants ou des femmes. On a diminué le temps de travail offert par chacun en réglementant l'âge de la retraite, en augmentant la durée de congés, en diminuant la durée de la semaine de travail. Les évolutions de la société ont fait également que l'entrée dans la vie active est plus tardive tout comme la sortie est avancée :

|  | 1969 | 1997 |
|---|---|---|
| Age moyen d'entrée sur le marché du travail | 18,3 | 21,7 |
| Age moyen de sortie du marché du travail | 62,4 | 58,8 |

Source : DARES-Institut syndical européen (cité par *Le Monde* – 14/3/2000)

Ainsi le temps moyen de présence sur le marché du travail passe en moins de trente ans de 44,1 ans à 37,1 ans soit une diminution de 16 %. Si on regarde ce qu'est devenue l'espérance de vie entre 1969 et 1997, on s'aperçoit que c'est presque une autre vie qui a été « gagnée » sur le travail. Bien entendu nous raisonnons sur des individus qui n'existent pas : ceux qui partent à 58,8 ans ne sont pas rentrés sur le marché à 21,7 ans et ceux qui rentrent aujourd'hui à 21,7 ans ne s'arrêteront peut-être pas de travailler à 58,8 ans ! Mais l'image que l'on se fait de la vie est fortement conditionnée par l'instant, par une vie où la part de temps consacrée au travail est de plus en plus réduite. Rien qu'au niveau de la semaine, la loi qui entre en vigueur le 1$^{er}$ février 2000 est celle des 77 heures, ce qui reste de la semaine quand vous avez dormi vos huit heures quotidiennes et travaillé pendant les 35 heures légales. 35 contre 77 !

Un autre phénomène doit être mis en évidence, celui de la « flexibilisation » du temps de travail. Il a pris plusieurs formes : on a d'abord donné aux personnes la possibilité de choisir avec plus ou moins d'amplitude leurs heures d'arrivée et de sortie au travail autour d'une plage fixe de présence obligatoire. La possibilité donnée ici et là de prendre le mercredi, d'organiser son temps de travail pour prendre plus de congés pendant les vacances scolaires, le temps partiel, tout cela procède également de cette flexibilité. La flexibilité a également été faite pour des raisons économiques, de façon à adapter la force de travail disponible au volume d'activité. La cinquième semaine de congés payés en 1981 a donné l'occasion d'un choix de tout ou partie de ces congés. La négociation sur les 35 heures, dans un compromis général de réduction du temps de travail contre de la flexibilité donne enfin lieu, ici ou là, à une négociation qui rendait l'organisation du temps de travail discutable donc flexible. Nous n'abordons pas ici la question de savoir à qui profite la flexibilité : le salarié et l'entreprise peuvent y gagner, même si les deux ne sont pas partout gagnants...

Semaine des 77 heures et flexibilité (variable) du temps de travail : cela change assez profondément la donne des arbitrages personnels.

Mieux encore, le discours sur la réduction du temps de travail ne manque pas d'intérêt si l'on reprend ce qui a été dit, ces trois dernières années à propos des 35 heures. Beaucoup d'arguments, politiques, économiques, sociaux, ont été évoqués, mais il en est un qui a été peu discuté si ce n'est par D. Mothé[1] dans un ouvrage qui a malheureusement eu trop peu de succès, trop éloigné qu'il était sans doute du politiquement correct. Dans le genre politique, la loi sur les 35 heures serait la grande idée de la gauche qui défend une « nouvelle » politique pour l'emploi ; cela lui permet d'être élue en 1997, à la surprise de beaucoup et elle tient à faire ce qu'elle a promis : comme le disent les commentateurs et les politiques, ce doit être la grande loi sociale de la législature. On connaît aussi l'argument selon lequel la réduction du temps de travail va réduire le chômage : les experts risquent de se battre encore longtemps avant de prouver quelle est la part des emplois créés du fait de la croissance ou de la réduction du temps de travail. Non seulement on a beaucoup de difficulté à savoir combien d'emplois sont créés grâce à la RTT mais on compte en plus ceux qui « auraient » été perdus si la loi n'était pas passée : dès que l'on se met à

---

1. Mothé D., *Le temps libre contre la société*, Desclée-de-Brouwer, 1999.

utiliser le conditionnel dans la constitution des statistiques on ne se donne pas les moyens d'y voir clair un jour.

Mais le débat éludé est celui qui a consisté à dire que la réduction du temps de travail ne pouvait que satisfaire les salariés puisqu'ils auraient plus de temps pour leur famille et pour leur loisirs : sous-entendu, pour des activités qui, par nature, sont forcément plus intéressantes et passionnantes que le travail. On retrouve là un des bons postulats qu'utilisait déjà Taylor selon lequel le travail est forcément mauvais, un lieu de peine qui ne peut pas satisfaire la personne (n'éprouve-t-on d'ailleurs pas toujours le besoin de revenir à l'origine latine peu flatteuse du mot « travail » ?). Il est pour le moins surprenant d'avoir cette vision aussi unanime, sans nuances, et peu valorisante du travail. Pourquoi également valoriser à ce point le loisirs et la vie de famille au détriment du travail ? Les enquêtes montrent que globalement le temps libéré est souvent consacré à la télévision ; on peut discuter le fait que plus de temps consacré à la télévision soit vraiment un progrès pour l'humanité... Certes on dira que loisirs et famille sont des activités librement choisies ; cela se discute mais peut-on caricaturer le travail au point de n'y voir qu'un lieu de contraintes où la personne ne pourrait... exercer nullement sa liberté ? Ou encore, l'épanouissement dans le travail serait-il réservé aux intellectuels, à ceux qui trouvent que leur travail est riche, librement consenti et épanouissant alors qu'ils ne reconnaissent même pas aux autres le possibilité, le droit d'y trouver les mêmes choses ? Il ne s'agit pas de brosser un tableau naïf et idyllique du travail dont on connaît toutes les difficultés, tenant à la dureté des relations humaines, parfois tout aussi cruelles que dans toutes les autres institutions et milieux sociaux, à la croissance des TMS et de toutes les conséquences négatives de certaines activités. Il s'agit plutôt de revendiquer la nécessité d'écouter les personnes et ce qu'elles trouvent dans leur travail en ne leur déniant pas le droit d'y trouver quelque chose...

## Les figures de la nouvelle économie

Nous sommes entrés dans une période de nouvelle croissance. La Bourse flambe, le marché du travail devient de plus en plus tendu sur certaines compétences, le chômage recule. Tout aura peut-être changé au moment ou le lecteur s'emparera de cet ouvrage mais au début de cette année 2000, on présente la situation dans les pays occidentaux comme le démarrage d'une nouvelle période : certains voient dans la diffusion des nouvelles technologies de l'information et de la communication un mouvement qui va révolutionner l'ensemble des activités. Ainsi ce ne sont pas seulement les entreprises qui vendent des services Internet qui sont en cause mais nos façons de travailler, de vendre des produits, de communiquer au sein des organisations, de faire fonctionner l'administration, d'enseigner, etc.

Quelques signaux viennent renforcer cette impression comme la capitalisation boursière acquise en quelques mois par de jeunes entreprises qui ne font pas encore de bénéfices si jamais elles font déjà du chiffre d'affaires ; et régulièrement nos indices comme le CAC40, le Dow Jones expulsent des entreprises industrielles traditionnelles pour faire rentrer des entreprises investies dans ces secteurs nouveaux. Où sont les grandes industries de la mécanique et de l'électricité qui servaient dans les années 60 de modèles à beaucoup de nos théories de management, où se trouvent les grands de l'informatique des années 70 et 80 ?

On peut être sceptique sur le succès futur des start-ups et des mirages de l'e-business, mais il faut reconnaître que peu d'entreprises traditionnelles ne se posent pas la question des menaces et opportunités de cette « nouvelle économie ».

Au-delà de toutes ces réactions se profilent des images fortes qui éclairent sur la manière dont notre société aime voir l'économie d'aujourd'hui. Voir l'entreprise comme une source de solutions à tous les problèmes dans les années 80 était une illusion, mais cela a marqué les esprits et créé une sorte de pensée unique sur ces questions ; les années de dénonciation dans la décennie 90 n'épuisaient pas la réalité du monde du travail dans les entreprises mais en stigmatisaient certains aspects, il n'empêche que parmi ceux qui ont la parole dans notre société, l'image a marqué. Aujourd'hui, l'entreprise « dot com » qui nous est présentée trace en quelque sorte le cadre, non pas de la réalité, mais de celle que l'on veut s'imaginer.

Au-delà des chiffres, dans ses activités, ses structures et ses figures marquantes, la nouvelle économie révèle quelques changements importants par rapport à la situation antérieure :

| Ce que serait la nouvelle économie... | ...plutôt que |
|---|---|
| De jeunes et talentueux expérimentateurs | Des vieux qui n'y comprennent rien malgré leur solide éducation |
| De petites entités qui croissent très vite | Et qui absorbent les grandes |
| Un développement à partir des universités et des garages... | Dans les laboratoires de recherche et développement des entreprises |
| Un objectif de croître rapidement pour se mettre sur le marché et être vendu... | Le développement et la création d'institutions pérennes. |

Le plus étonnant n'est pas tellement la véracité des *success stories* racontées car on est habitué depuis longtemps à cette tendance consistant à enjoliver la réalité, créer des légendes ; notre hypothèse est plutôt que l'on ne se complaît pas innocemment à mettre en exergue ces symboles et que cette idéalisation de la nouvelle économie est aussi un moyen de stigmatiser l'« ancienne », d'exprimer plus fort ce que l'on rejette en elle.

Les figures emblématiques de ces nouvelles entreprises sont des jeunes, qui ont expérimenté des choses auxquelles leurs aînés ne comprennent rien ; ils ont osé faire des choses. À la force, à la vigueur et à l'audace de la jeunesse, ils ont ajouté une compétence que les autres ne possédaient pas ou qu'ils peinent à rattraper.

Les petites entités qu'ils ont créées ont crû très rapidement, beaucoup plus vite que les entreprises nouvelles ne se développaient généralement. Elles sont même devenues tellement importantes en potentiel qu'elles reprennent de plus vieilles entités : quelle surprise de voir l'« alliance » de AOL et Time Warner. Certes cette dernière n'était pas l'une de ces vieilles dames du Dow Jones mais c'était tout de même de très anciens médias, apparus avec la création de CNN comme le *must* de ce que la communication et les médias avaient de moderne. Et curieusement, leur modernité ne leur permet pas d'exister par eux-mêmes sur le marché d'Internet, ils doivent composer, s'allier à une entreprise plus récente qu'eux. Autrement dit, cette nouvelle économie ne remet pas en cause seulement les dinosaures, elle donne aussi un coup de vieux à ceux qui apparaissaient hier encore comme les plus modernes...

D'où viennent ces entités ? Stanford et Berkeley sont fières de montrer que quelques-uns des grands et récents noms de la nouvelle économie étaient, il y a peu de temps, encore étudiants sur leurs bancs ; un des problèmes actuels des grands programmes MBA aux États-Unis est que les étudiants, en très grand nombre, envisagent la création de leurs propres entreprises « dot.com »... avant même de terminer leurs études.

Ainsi, les étudiants des *business schools* se ruaient il y a peu encore vers les grandes sociétés de conseil au grand dam des autres entreprises ; c'est maintenant vers la nouvelle économie qu'ils se dirigent... toujours plus loin de l'entreprise traditionnelle, ou du moins de celle qui fait encore la norme et la plus grande part du chiffre d'affaires et des emplois.

Ce ne sont pas les laboratoires de recherche des grandes entreprises qui produisent ces activités, mais ces petites entités qui se trouvent d'ailleurs sous la vigilance des plus grosses. Celles-ci préfèrent d'ailleurs souvent racheter une start-up prometteuse plutôt que d'abriter et supporter financièrement le coût d'un développement.

Enfin, l'enseignement prodigué aux futurs patrons de start-ups, c'est de développer une activité vendable dans les deux ans. Voilà une tout autre idée de l'entreprise qui se développe. Elle remet sérieusement en cause les modes d'apprentissage que doivent développer les écoles et la conception même de l'entreprise.

Beaucoup d'entreprises se plaignent alors de la difficulté de recruter des personnes qualifiées qui ont envie de jouer le jeu de l'entreprise sur la durée, et qui vont prendre le temps de l'apprentissage long permettant seul d'assumer les responsabilités dont toute grande collectivité a besoin : la valorisation de la nouvelle économie risque de rendre ce recrutement encore plus difficile...

# 2 – Les barrières liées à l'entreprise

## Les évolutions du travail

Le travail changerait. C'est la thèse de nombreuses études historiques et sociologiques. Le taylorisme a souvent servi d'étalon pour apprécier toutes les évolutions qui l'ont suivi. Un regard attentif aux situations ne peut pas convaincre d'un quelconque retour du taylorisme (encore faudrait-il qu'il ait disparu) ou d'une généralisation du toyotisme. Ce qui frappe plutôt, une fois que l'on s'est départi de tous les préjugés sur les organisations du travail, c'est que le monde du travail a surtout évolué vers une diversité croissante, qui en rend la lecture de plus en plus confuse. Ilgen et Pulakos[2] ont essayé de mettre de l'ordre dans ces différentes évolutions en se gardant de décrire quelque généralisation que ce soit : les sept évolutions qu'ils présentent ne sont pas pertinentes partout, elles ne se font pas à la même vitesse partout, elles ne préjugent pas d'une évolution inéluctable de l'ensemble du monde du travail, elles ne renferment en elles-mêmes aucune bonne ou mauvaise évolution en fonction de ce que chacun, dans le cadre de son éthique de travail, considère comme étant l'idéal du travail.

---

2. Ilgen, Pulakos, op. cit.

Six de ces sept évolutions nous paraissent potentiellement, et selon les réserves faites plus haut, pouvoir jouer en défaveur d'une plus grande implication dans l'entreprise :

• Le développement de la technologie. La technologie n'est ni bonne ni mauvaise en soi mais certaines évolutions méritent d'être questionnées. Si l'implication dans l'entreprise signifie de l'identification et de l'attachement, il n'est pas certain que le progrès du travail nomade favorise les relations et contacts physiques qui permettent le développement de cet attachement émotionnel que constitue l'implication. Certes le courrier électronique donne l'illusion que l'on peut communiquer sans la peine – non avouée – de rencontrer l'autre mais cela ne renforce pas la profondeur des relations. Il reste encore beaucoup à faire pour que ces NTIC soient utilisées à renforcer la cohésion et l'expérience commune plutôt qu'à renforcer l'individualisation. Les entreprises qui développent ces réseaux, ces relations virtuelles, se rendent donc d'ailleurs rapidement compte de la nécessité de recréer sous une forme ou sous une autre le besoin de contact. Des entreprises cherchent aujourd'hui à développer le télétravail pour diminuer leurs coûts immobiliers : les gens se rencontreront moins et si cette politique doit se perpétuer, il faudra trouver des moyens de recréer la relation physique pour que l'implication puisse se constituer.

• La définition des postes et des emplois. Le monde du travail était composé traditionnellement de catégories de métiers, emplois, fonctions ou postes bien documentés et clairs. Le système d'apprentissage et de promotion lui était lié. La clarté de ces systèmes avaient l'avantage de clarifier le rapport de chacun à son travail, ce qui est une aide dans la relation à son travail. Les évolutions des métiers, l'impermanence des filières d'emplois et des technologies brouillent le lien au travail. Entré dans la banque il y a vingt ans, l'employé savait comment, à quelles conditions, et vers quels emplois et niveaux hiérarchiques il pouvait progresser, c'est sans doute moins évident aujourd'hui pour un titulaire de maîtrise qui travaille dans le *call-center* « ressources humaines » d'une grande entreprise internationale...

- La multiplicité des contrats qui lient la personne à l'entreprise pour laquelle il travaille n'aide pas non plus à la clarification de sa relation à l'entreprise qui paraît bien utile pour l'implication. On a suffisamment parlé du travail précaire, de la sous-traitance, des formes de contrats à durée déterminée qui ne montrent pas un grand engagement de la part de l'entreprise. Le lien juridique est symbolique, c'est-à-dire qu'il est porteur de sens. Les impératifs économiques à court terme semblent parfois le faire oublier...

- On admet assez largement que l'apprentissage ne se fait plus seulement à l'école en formation première. Les connaissances doivent s'acquérir de manière continue tout au long de l'existence, là où elles se trouvent, dans l'entreprise bien sûr mais aussi à l'extérieur, pour répondre aux besoins de l'entreprise et, plus largement, du marché. Le discours sur l'employabilité est important pour les salariés et pour chacun d'entre nous mais quand l'issue de cette employabilité ne se situe plus dans l'entreprise, il est difficile de voir comment cela renforcera l'implication dans l'entreprise. Le discours selon lequel chacun doit développer son patrimoine de compétences pour mieux évoluer sur le marché du travail est compréhensible : il est plus étonnant d'entendre des entreprises le tenir car il ne pousse pas vraiment à l'implication.

- Les formes traditionnelles de l'exercice de l'autorité avaient le mérite de la clarté. Dès que l'on parle de leadership, d'animation, de charisme, on exprime le besoin de compétences personnelles qu'il n'est pas facile d'acquérir et de développer. Il est pertinent de montrer que la performance dépend de la capacité des personnes à manager leurs troupes, ce n'est pas forcément sécurisant pour ceux qui se sentent jugés et parfois impuissants à satisfaire ces attentes. Là encore, la clarté d'une progression selon des échelles hiérarchiques bien tracées a disparu sans être remplacée par des modes d'organisation assez stables et clairs pour être sécurisants.

- La structure de base des organisations semble aujourd'hui être le groupe, l'équipe. Cette structure a le grand avantage de coller à l'entité de base de toutes les collectivités depuis le début des armées romaines : le groupe de dix personnes ; les structures qui se développent aujourd'hui avec les groupes de projets, les *task-force,* et les équipes en tous genres permettent de renforcer la loyauté dans ces groupes de base mais pas forcément dans l'entreprise[3]. On voit d'ailleurs se développer, au fur et à mesure que la loyauté dans les groupes et équipes se développe, des conflits de plus en fréquents avec la loyauté pour l'entreprise.

## L'« exploitation » des ressources humaines

Que fait-on avec des ressources ? On cherche à les connaître, à éviter qu'elles ne se déprécient, puis on les exploite. Il semble à certains que ce dernier verbe s'associe le plus souvent aux ressources humaines. En 1999, un film sans sexe ni cyber-violence, eut un certain succès ; son titre était *Ressources Humaines.* Le film traite du thème éternel des rapports entre le fils et son père. Le fils, étudiant dans une école de commerce effectue un stage au service des ressources humaines de l'usine dans laquelle son père est ouvrier depuis de très nombreuses années. Le stage semble bien se passer, le stagiaire est intelligent, appliqué et ne craint pas de s'affirmer ; l'entreprise suit même l'une de ses recommandations d'organiser une enquête auprès des salariés sur la mise en œuvre des 35 heures. Cette reconnaissance explicite ne fait que renforcer son engagement dans la tâche. Le drame survient quand il s'aperçoit qu'un nouveau plan social est en préparation et que son père est dans le lot des futurs licenciés. Scandalisé, trahi, il rejoint les salariés dans leur lutte et s'oppose fortement à son père qui ne veut pas entrer dans ce dernier combat.

Le film est remarquable dans la description psychologique des relations entre père et fils, entre vieil ouvrier et jeune stagiaire-cadre, entre l'affirmation de soi et l'ambition d'une part, la résignation de l'autre, entre sentiment de force et de

---

3. Leavitt H., Bahrami H., *Managerial Psychology*, Chicago, The University of Chicago Press, 1988, 5th edition.

pouvoir de l'un, victimisation de l'autre. Mais beaucoup de commentateurs ont retenu le titre, les professeurs de gestion des ressources humaines ont été priés de donner leur avis sur le film et le cadre du drame personnel a paru souvent plus important que le drame lui-même, le titre plutôt que l'histoire personnelle. Le film raconte une histoire plausible avec des personnages bien campés et, comme par hasard, la notion de « ressources humaines » s'associe à la perversité suggérée d'utiliser l'innocence du stagiaire pour cacher des décisions difficiles. Ce qui apparaît dans ce film, c'est le dédain avec lequel les personnes sont traitées. Et cela ne fait que rappeler à chacun les situations vécues par un proche : contrats à durée déterminée à répétition, licenciement pour cause de restructuration, sans compter les décisions quotidiennes de gestion très opérationnelle qui ne tiennent pas forcément compte des personnes. Le traumatisme de la crise a été profond, beaucoup ont été marqués, et se sont adaptés à la rupture des équations traditionnelles entre qualification et emploi, performance et emploi, effort et emploi. Peut-on vraiment s'engager dans une organisation, dans un milieu social qui vous donne si peu l'impression de s'engager lui-même vis-à-vis de vous ?

On parlait il y a quelques années du « blues » des DRH, de ce sentiment dépressif de personnes qui se retrouvaient perpétuellement dans les tâches d'exécuteurs de basses œuvres. À cette époque, nous rencontrions aussi de nombreux DRH qui ne connaissaient pas ce « blues » et menaient les politiques de long terme rigoureuses fondées sur quelques principes dont ont toujours eu besoin les entreprises qui réussissent sur la longue durée. Mais ce ne sont pas eux qui faisaient la première page des magazines, ce ne sont pas eux que l'on avait envie d'entendre et ceci est bien symptomatique.

Même si tous les mots peuvent être vus dans leur sens positif ou négatif, il semble bien que le substantif associé à ressources humaines tende à devenir l'exploitation... Un des meilleurs signes en est que l'utilisation du concept de « ressources humaines » appelle maintenant, presque toujours, la restriction sémantique consistant à dire que les personnes ont des ressources plutôt qu'elles ne le sont.

Nous avons évoqué plus haut le sens de la réduction et de la flexibilisation du temps de travail comme des phénomènes de société qui ne susciteraient pas forcément l'implication dans l'entreprise. Mais le problème de la gestion du temps est aussi celui de l'entreprise. Le *reengineering* de toutes les fonctions (y compris la gestion du personnel), la recherche permanente de la productivité sont des mouvements qui poussent à chasser de plus en plus les temps morts. Les discussions autour de l'application de la loi sur les 35 heures ont parfois porté sur la remise en question des pauses, de ces temps non affectés qui permettent la relation interpersonnelle en dehors des tâches immédiates, qui permettent en fait à la confiance entre les personnes de se tisser. Les bénéfices de tous ces temps ne sont pas comptabilisables comme l'impact social de la présence d'agents dans les gares... Comme il est vraisemblable que les exigences de travail ne diminueront pas pour de nombreux postes, ils devront prendre sur tous les « temps morts » pour remplir leur mission en 35 heures : Taylor n'est pas mort et risque même un bon coup de jeune grâce à cette loi. Il est à craindre que cela ne se fasse parfois au détriment de tout le relationnel nécessaire au développement de l'attachement à sa situation de travail.

Dans cette grande entreprise industrielle possédant plusieurs usines dans de nombreux pays, il existe un *benchmarking* permanent entre les unités de production et le seul moyen pour un directeur d'usine de survivre, donc d'obtenir de nouveaux investissements, c'est de démontrer de très bons résultats : c'est donc une course sans fin à plus de productivité. Sans parler des objectifs de 15 % de rentabilité des fonds propres qui sert de toile de fonds aux stratégies de nombreuses entreprises.

Enfin, si l'on regarde les concepts importants de ces dernières années en matière de gestion des ressources humaines, on est frappé par l'importance de la notion de « compétence[4] ». Diverses définitions de la compétence circulent qui tiennent toutes de la volonté de mesurer les capacités de la

---

4. Citons un des ouvrages les plus récents en la matière : *Compétences en action*. Sous la direction de Sandra Bellier. Paris, Éditions Liaisons, 2000.

personne dans ce qu'elles ont de plus personnel. À travers les catégories les plus simples du savoir, du savoir-faire et du savoir-être (qui constituent l'une des catégories les plus largement utilisées), on veut mettre en évidence la spécificité du portefeuille de la personne. On voit bien l'avantage de la notion et son utilité dans les problématiques actuelles de l'adaptation des personnes aux exigences de l'activité, mais on peut remarquer que là encore elle met plus l'accent sur ce qui est personnel, distinctif et différentiel d'un individu à l'autre. Il faut noter que là encore ce n'est pas une notion très « collective » qui fédère nos réflexions sur la gestion du personnel.

## Le travail barbare

Les listes de best-sellers nous ont habitués au succès de la littérature de dénonciation depuis l'« horreur économique » de Viviane Forrester jusqu'au « harcèlement moral » de M^me Hirigoyen en passant par l'« entreprise barbare ». Cette littérature décrit les aspects sombres de l'économie, de l'entreprise ou du travail. Elle dénonce des effets pervers, des comportements pervers, toutes les choses barbares qui se passent dans toute collectivité humaine où bien et mal sont toujours mêlés. Les dérives perverses sont malheureusement humaines ; elles se retrouvent au sein des familles, relisons Mauriac ou la jurisprudence en droit de la famille, elles se retrouvent dans les partis politiques, les associations humanitaires, les institutions académiques, les médias. Cette littérature donne toutefois une large place à l'entreprise et décrit des phénomènes que nous y avons tous rencontrés, comme nous les avons subis en dehors de l'entreprise aussi. Cette dénonciation est donc intéressante mais le plus surprenant, c'est le succès rencontré par ces ouvrages qui caracolent en tête des listes des meilleures ventes. Chacun s'y reconnaît, se rappelle des événements des cas de proches qui ont subi ce genre de drames. Nombreux sont ceux qui en viendraient même à croire que nous avons là une description du monde du travail : le travail, dans l'entreprise, serait mauvais.

Il est commun de dénoncer les chefs qui sont forcément petits, de railler le pouvoir qui est forcément égoïste et source de perversités, de faire les procès d'intention sur toute initiative d'une entreprise. Là encore, ce serait le pouvoir qui serait mauvais et non son mode d'exercice par celui ou celle qui a toujours sa liberté et sa responsabilité ; le travail serait fondamentalement et universellement une « torture » sans jamais écouter ce que chacun veut en dire. Le monde du travail ne mérite-t-il pas un peu de nuance ?

Quelques grands événements médiatiques révèlent cette approche des choses. En septembre 1999, Michelin annonce presque simultanément des bénéfices importants et le souci de réduire de 7 500 personnes son effectif. On ne sait pas comment se passeront ces restructurations, qui elles concerneront et où. Quelle sera la part des licenciements dans cette diminution d'emplois. Mais l'opinion publique s'émeut, ou plutôt les médias. On parlera même de la nécessité d'un amendement Michelin. L'histoire est intéressante : on peut comprendre l'anxiété des salariés de cette entreprise qui craignent justement pour leur emploi, mais aussi pour l'avenir de leur entreprise qui se situe sur un marché où les concurrents se restructurent à très grande vitesse. On comprend plus difficilement que l'on lie comme par évidence des bénéfices passés à une anticipation des problèmes potentiels à venir. On a bien peu appris du drame de la sidérurgie à la fin des années 70 à l'époque où des décisions plus rapides auraient permis à des régions entières d'exister encore industriellement aujourd'hui... Les observateurs, à cette remarque, répliqueront qu'il y avait surtout un problème de communication : la messe est dite ! Curieusement d'ailleurs les cris d'émoi sont sélectifs puisque à peu près au même moment, la BNP, dont, il est vrai, on avait déjà beaucoup parlé dans la presse durant le feuilleton de la reprise de la Société Générale, pourra annoncer 6 000 suppressions d'emploi du fait de la fusion avec Paribas et malgré les bénéfices confortables de la banque sans qu'il n'y ait d'amendement BNP[5] ! Sans doute la communication était-elle meilleure...

---

5. Entretien accordé à l'AFP par le DRH de la BNP, cité par *La Tribune* le 8 septembre 1999.

L'épisode Michelin a été passionnant : beaucoup avaient trouvé là l'emblème de l'entreprise méchante, inhumaine ; les partis politiques pouvaient trouver une raison de s'émouvoir ; il n'en a été aucun pour remettre un peu de raison. La société a besoin de ses boucs émissaires...

Il existe une troisième illustration du travail barbare. Même dans la littérature de management ou dans les figures importantes révélées et décrites dans la presse d'affaires, on a mis en exergue le management par la peur. Souvent ceux qui sont, provisoirement, présentés comme des grands managers[6], ont su restructurer, licencier, prendre les décisions dures, tranchées, menacer, un peu comme le chirurgien coupe dans les chairs dans l'espoir de sauver le corps malade : on a avec complaisance appelé certain manager « le boucher ». Au sein des entreprises aussi, on retrouve parfois le développement de ce management de la peur, le management-Rambo de la menace et de la guerre comme si la qualité du management était proportionnelle au niveau de terreur. Il est vrai que nous avons beaucoup d'exemples historiques nous montrant que cela survient dans de nombreux contextes, même en dehors de l'entreprise. La dureté des discours a sa vertu de mobilisation provisoire mais on peut douter qu'elle facilite une réciprocité et une confiance sur le long terme. Dans les formations au management, on peut remarquer la difficulté des managers de ces années de crise à reconnaître les personnes et leur importance dans le fonctionnement des organisations. On applique de manière mécaniste quelques rudiments et règles sommaires qui se résument à l'illusion magique des vertus de la formation et de la communication.

L'obstacle principal est sans doute celui de la nécessité : la pression des faits, du marché, l'obligation de se conformer, de se soumettre fait état de loi, d'écran à reconnaître les processus sociaux inhérents à la vie en collectivité. Derrière le travail barbare, il y a aussi cette incapacité de beaucoup de responsables, souvent par peur et par réaction à la pression

---

6. Pfeffer J., Sutton B., *The knowing-doing gap*, Harvard Business School Press, Boston, 2000.

qui s'exerce sur eux, à admettre l'humanité des personnes avec lesquelles elles travaillent. Il faut entendre aussi l'émotion et la solitude du directeur d'usine devant l'obligation d'augmenter la productivité, de licencier 15 personnes pour garder une chance d'éviter la fermeture de l'usine, alors qu'il connaît toutes ces personnes, par leur nom, après avoir travaillé avec elles depuis des années ; il faut écouter l'angoisse de celui qui ne sait plus que faire dans son atelier pour se protéger des prochaines mesures de restructurations : c'est le seul moyen de mesurer l'ampleur de ce management de la peur dont la sévérité et la rigueur constituent aussi parfois la seule défense possible pour continuer.

# 3 – Les barrières liées aux personnes

## Le manager de plus de 50 ans

Le discours « âgiste », voulant que les jeunes professionnels actuels se comportent différemment de leurs aînés, tente d'opposer les mercenaires d'aujourd'hui aux missionnaires d'hier. Les jeunes ne pourraient plus s'impliquer dans leur travail alors que les anciens pouvaient le faire. Toutes les époques nous ont habitués à ces constats apparemment définitifs selon lesquels les comportements du jour sont très différents de ceux des temps anciens : tous ceux qui ont la parole, médias, observateurs en tout genre, sont le centre de l'univers et regardent le monde qui les entoure : ils y voient bien entendu des plus jeunes qui leur paraissent sans doute aussi différents d'eux qu'ils ne semblaient eux-mêmes curieux à leurs anciens, quelques années plus tôt.

Mais regardons bien les soi-disant anciens et leurs comportements vis-à-vis du travail. Plusieurs responsables de personnel soulignent quelques phénomènes nouveaux chez les plus de 50 ans.

❑ **Pierre a 52 ans, il fête 32 ans de bons et loyaux services dans cette grande entreprise industrielle française connue. Il y est entré par hasard, parce que la croissance était alors suffisamment forte et qu'il suffisait d'un peu d'enthousiasme et de volonté pour être recruté.**

Intelligent, volontaire, ne comptant pas son temps, Pierre a gravi tous les échelons de cette entreprise en compensant très bien la formation initiale qu'il n'avait pas eu la chance d'obtenir. À 52 ans, il est directeur d'une agence régionale, dirige une équipe de 50 personnes, et il s'est suffisamment maintenu compétent pour pouvoir développer de nouvelles stratégies en phase avec les évolutions prévisibles de son groupe dont le développement international est en train de réussir. Fort de son expérience, il a non seulement conscience d'assurer par sa présence sur le terrain les résultats qui permettent aux cours de bourse de grimper régulièrement ; il sait aussi que c'est cette compétence qui permettra à l'entreprise de faire rapidement les virages qu'exige le marché. La catastrophe survient quand une restructuration conduit à son licenciement : c'est un monde qui s'écroule. Il sait bien que l'argent gagné et les investissements pratiqués avec intelligence et sagesse le mettent à l'abri du besoin, mais il est difficile d'admettre aussi peu de considération et de reconnaissance. Pierre n'acceptera pas facilement son licenciement. Comment faire le deuil, pour dépasser ce qu'il ressent comme un affront, qui cadre si peu avec l'image qu'il a de lui-même ; que faire quand il faut rester le matin à la maison, apprendre un style de vie si éloigné de l'image de soi patiemment élaborée à ses propres yeux et à ceux de son entourage pendant des années ?

La première réaction est l'envie de se battre parce qu'il l'a fait pendant des années : la lutte se mène sur le plan judiciaire et Pierre ira aussi loin que possible devant les tribunaux pour faire valoir son bon droit : il réussira à obtenir des dédommagements supplémentaires qui ne feront qu'améliorer la situation financière mais l'essentiel n'est pas là. Il faut maintenant se prouver que l'on peut retrouver du travail, refaire sa vie, montrer à ceux qui vous ont lâché comme un mouchoir usagé, que vous pouvez faire sans eux, leur prouver, mais surtout se prouver, que l'investissement dans l'entreprise n'a pas été vain puisque votre compétence est reconnue sur un marché en dehors de l'entreprise (souvent chez les concurrents d'ailleurs). Une nouvelle phase commence, celle de la recherche entreprise avec rigueur, volonté, clairvoyance. Il n'est pas facile d'affronter le marché avec l'âge et sans les diplômes. La recherche est longue et petit-à-petit, une forme de vie se reconstruit sans la pression des horaires, des voyages d'affaires, des réunions tardives. Vivre plus chez soi donne aussi le temps de s'occuper un peu mieux de ses investissements et les choses ne vont pas si mal de ce côté-là.

Finalement Pierre retrouvera du travail, après quelques activités de « conseil » comme on dit dans ces cas-là. Le poste est intéressant, risqué bien entendu comme le sont les affaires. Voilà Pierre remis en selle. Pourquoi cette entreprise l'a-t-elle recruté ? Plusieurs facteurs ont joué : il y avait tout d'abord le souci du responsable de personnel de donner leur chance à des personnes de plus de 50 ans en essayant d'utiliser au mieux cette compétence acquise qui, bien diagnostiquée, peut s'avérer très utile. Des personnes de plus de 50 ans permettent aussi d'assurer une meilleure gestion prévisionnelle des emplois : le chef du personnel suppose que ces personnes resteront jusqu'à leur retraite, fortes de leur expérience douloureuse de recherche de travail.

Deux ans plus tard, le chef du personnel est bien déçu mais Pierre très heureux : il a retrouvé du travail, une place ; il a même très bien réussi dans cette nouvelle entreprise où il a pu (se) montrer ce qu'il valait. Il peut considérer qu'il a fait son trou, qu'il n'est plus celui à qui on a donné sa chance mais qu'il s'est vraiment imposé. Il demande ainsi un rendez-vous au chef du personnel (disons directeur des ressources humaines) : Pierre veut négocier une transaction pour son licenciement...

Pierre s'est prouvé ce qu'il voulait se prouver ; il peut même reprendre la main vis-à-vis de l'« entreprise » et lui imposer son licenciement ; c'est une revanche. Mais Pierre s'est aussi aperçu qu'il pouvait exister une autre vie chez soi, dans d'autres activités, avec ses proches.

Cette histoire n'est pas réelle, elle n'est qu'une composition de multiples histoires entendues auprès de ces personnes de plus de 50 ans mais aussi auprès des entreprises qui les ont recrutées. Elles nous révèlent plusieurs morales :

– Les comportements des personnes sont toujours liés à leurs propres sentiments, à leur souci de rétablir plus d'ordre entre la réalité et l'image qu'elles ont d'elles-mêmes ; elles sont capables d'utiliser pour ce faire tout ce qui est à leur disposition.

– Les générations antérieures étaient-elles plus impliquées ? Peut-être mais les générations dites « antérieures » sont aussi capables de ne plus l'être.

– En ces temps de marché du travail tendu, on ferait bien de penser que les salariés ne vont pas revenir vers l'entreprise avec les mêmes attitudes et comportements qu'ils avaient avant la crise, les restructurations et la perte de confiance dans les entreprises : les entreprises ont changé et les personnes ont appris.

## Les divas

Que peuvent avoir en commun le responsable d'un hôpital, d'une université, d'un journal ou d'une troupe théâtrale ? Les trois s'occupent de divas et ont bien des difficultés à les gérer, c'est-à-dire à tenter d'influencer leurs comportements pour une meilleure performance de l'institution dont ils sont responsables. Des industriels talentueux ayant géré des usines difficiles avec de multiples niveaux hiérarchiques et des syndicats échouent parfois à diriger une école, on le voit partout dans le monde où les institutions imaginent toujours qu'il suffit d'avoir réussi à un endroit, dans l'entreprise par exemple, pour réussir partout ailleurs. Il n'existe malheureusement pas de loi en la matière.

Qu'entend-on par divas, pourquoi des médecins, des professeurs, des journalistes ou des artistes peuvent-ils être qualifiés de ce terme qui évoque tout à la fois le plaisir et le talent mais aussi la susceptibilité et l'indépendance ?

Chacun s'accorde à repérer les ressemblances entre ces professions, entre ces professionnels et les problèmes communs qu'ils posent aux institutions dont ils font la réussite. Mais le plus frappant est qu'il existe aujourd'hui dans les entreprises de plus en plus de professionnels qui ont des approches de leur travail assez équivalentes : les divas seraient en voie de généralisation parmi les chercheurs, les informaticiens, les spécialistes du design, de tel ou tel métier, de la finance aussi bien que d'Internet.

Les divas ont quatre caractéristiques :

– Les divas ont choisi leur métier par souci d'autonomie et d'indépendance. Il ne faut pas confondre la cause et la conséquence ; c'est justement parce qu'il est indépendant et autonome que l'universitaire ou le médecin a choisi ce métier et il cherche donc dans sa vie professionnelle à satisfaire ce besoin.

– Les divas se remettent personnellement en cause à chaque représentation ; le contre-ut réussi la veille ne préjuge pas de celui de ce soir. Elles seules sont responsables de ce sentiment de succès ou d'échec perçu après la représentation. De la même manière, le professeur, avant son cours, n'a jamais gagné la partie : il sait si son cours passe ou ne passe pas ; s'il ne passe pas, il peut toujours blâmer les étudiants qui ne sont pas assez bons ou l'administration qui a mal planifié les cours mais au fond de lui-même il sait qu'il n'a pas réussi. Au fil des années, vous ne cessez de vous remettre en cause en rentrant dans la salle de cours, comme le fait le chirurgien en entrant en salle d'opération. La douleur personnelle d'un artiste qui fait la représentation de trop, du professeur face à la classe qui chahute, du médecin face au diagnostic raté peut faire comprendre que les sources de satisfaction professionnelle sont très intimement personnelles.

– Les raisons du succès et de la réussite, telles que la diva les perçoit, sont personnelles : ce n'est pas l'institution qui fait sa réussite mais elle-même : c'est le sentiment du journaliste qui regarde sa carrière, il sait que c'est la qualité de ses papiers, plutôt que son journal qui fait sa réputation ; c'est la qualité de l'universitaire et non de son université, la qualité du médecin et non de l'hôpital. Le professionnel a les mêmes approches de la réussite personnelle.

– Enfin les divas considèrent que leurs valeurs professionnelles sont d'un ordre supérieur aux valeurs de l'institution dans laquelle elles pratiquent. Les journalistes se réfèrent à des valeurs d'information, d'objectivité et de vérité (ils ont même une clause de conscience, c'est dire si ces valeurs doivent rester d'un ordre supérieur à celles de l'institution qui les emploie) ; le médecin est censé agir selon des valeurs de soin et de vie du patient : la santé, il n'y a rien de plus important ; aucune considération organisationnelle ne doit venir entraver les valeurs artistiques et esthétiques ni les valeurs scientifiques et pédagogiques.

Nous retrouvons ces traits chez certains professionnels de l'informatique, des nouvelles technologies, mais aussi chez des juristes, des informaticiens. On a tellement développé le concept « d'employabilité » que de plus en plus de personnes s'en emparent pour elles-mêmes. L'investissement dans le métier se développe et pas forcément au profit d'une implication dans l'institution.

## Vie professionnelle et vie personnelle

Quand on envisage le projet de vie des jeunes diplômés de l'enseignement supérieur, le thème récurrent est le souci de mener à la fois une vie professionnelle et personnelle réussies. Le rêve c'est l'équilibre, la congruence, la complémentarité parfaite entre les deux aspects de leur vie qu'ils dissocient mais ne veulent pas abandonner. Très souvent le projet n'est pas beaucoup plus explicite, du moins dans les moyens de combiner les deux.

La vie professionnelle c'est essentiellement de l'autonomie dans le travail et de la variété dans les tâches[7] : pour contrer tout risque de monotonie, on attend beaucoup de la mobilité géographique et fonctionnelle. Ce serait même un signe d'échec de n'avoir pas encore changé d'emploi, de fonction ou d'entreprise après quatre ou cinq années : « Rester dans la même entreprise et la même fonction signifie-t-il que je ne suis pas capable de faire autre chose ? ». Quant à la vie personnelle,

---

7. Constat effectué auprès des étudiants de l'ESSEC dans le cadre d'un cours sur le projet personnel et professionnel.

c'est une famille, un engagement total pour l'éducation des enfants, mais aussi le maintien d'un groupe d'amis (valeur très forte à l'âge d'un début de carrière), de connaissances, d'un cercle que l'on s'est constitué et qui marque symboliquement l'ouverture sur le monde et les autres, généralement valorisée à cette époque de la vie.

Ces discours sont-ils vraiment sincères ? Oui. Révèlent-ils des changements profonds dans la société ? On ne peut en être certain surtout quand on retrouve ces anciens quelques années plus tard dans le dernier avion du vendredi soir vers Paris, chargés de dossiers et de rapports pour le week-end : ils vous parlent alors plus de leur poste que de leur famille (même s'ils ont épousé leurs camarades de classe que vous connaissez aussi)... Il est normal de vouloir tout réussir, de préférer « être beau riche et intelligent que pauvre, vieux et malade... ». Cependant quelques mouvements importants doivent être pris en compte. Même si la féminisation des postes de responsabilité dans les entreprises et dans la société en général avance lentement, une profonde transformation s'est opérée durant les 25 dernières années. L'ESSEC et Polytechnique ouvraient les premières leur concours aux jeunes filles en 1972. En ce qui concerne l'ESSEC, il y avait 10 jeunes femmes sur une promotion totale de 180 étudiants. Depuis, les effectifs ont évolué, les jeunes femmes se retrouvent dans à peu près toutes les fonctions et mènent des carrières qui ne s'arrêtent plus toujours à l'arrivée du deuxième ou troisième enfant. Les couples se constituent à l'université ou dans les écoles et les jeunes se retrouvent, *volens, nolens,* à devoir faire les arbitrages entre les carrières, les investissements familiaux et professionnels. Ces situations de couples « bi-activité », en se développant, laisseront émerger de nouveaux comportements qui frapperont sans doute par leur diversité.

Tous ces arbitrages ont en commun de renforcer le dilemme entre travail et hors-travail. Peut-être verra-t-on refleurir une prise en charge par l'entreprise de nombreux aspects de la vie personnelle quand il faudra retrouver les moyens d'équilibrer les choix au profit de l'entreprise : crèches, écoles, soins, soutiens à la famille en tous genres pourraient réapparaître. Le cas de SAS Institute développé par Jeffrey Pfeffer[8] fait rêver de nombreux jeunes professionnels avec les crèches, écoles, services sociaux offerts par l'entreprise, comme au vieux temps des grandes manufactures du Nord à la fin du siècle dernier. Certaines entreprises américaines aujourd'hui considérées comme très performantes sur le long terme ont déjà tenté l'aventure...

## Conclusion

C'est toujours la personne qui s'implique, en toute liberté. Aucun des obstacles cités dans ce chapitre n'est fatal ni obligatoirement rédhibitoire pour l'implication dans l'entreprise. Ils procèdent plus de mouvements de la société que de politiques déterminées de l'entreprise mais ils dessinent un environnement qui n'est pas favorable à l'implication dans l'entreprise. À l'entreprise d'aller contre. Si le travail n'est plus central tout en étant toujours présent, il s'agit bien de réviser nos modes de gestion. L'hypothèse tacite aux modes traditionnels de gestion du personnel était la centralité du travail dans l'existence : ce n'est plus forcément le cas, c'est donc aux politiques de s'adapter.

---

8. Pfeffer J., op. cit.

# Partie III

# Les vrais
# chemins
# de l'implication

# 6

# Les 4 règles opérationnelles de l'implication au travail

Comme nous l'avons vu au chapitre 4, l'entreprise peut avoir besoin d'implication, même si cette implication ne va pas de soi comme nous l'avons montré au chapitre 5. Ainsi la question se pose de savoir comment aborder le problème concrètement.

La difficulté de la gestion du personnel, c'est d'essayer d'influencer des comportements : si les entreprises ont besoin d'implication, elles essaieront d'en créer. Encore faut-il avoir un bon cadre d'approche du problème si l'on veut espérer dépasser les illusions du changement et les mirages de l'idéalisation des situations. Quatre questions constituent ce cadre d'approche :

- L'implication dans l'entreprise crée-t-elle de la performance ?

- L'implication dans l'entreprise a-t-elle un intérêt et lequel ?

- Peut-on créer, renforcer, augmenter l'implication dans l'entreprise ?

- Peut-on faire quelque chose à propos de l'implication dans l'entreprise ?

# 1 – L'implication dans l'entreprise génère-t-elle de la performance ?

La réponse est NON.

Réponse surprenante à plusieurs titres. Si on la recherche c'est bien pour augmenter la performance, c'est même pour cela que certains auront subi déjà 5 chapitres... D'aucuns pensaient disposer là d'un de ces nouveaux concepts offerts par la littérature et quelques entreprises-modèles, après la motivation ou la satisfaction pour décrire l'investissement de la personne dans ce que l'entreprise attend d'elle. Alors a-t-on été trompé en croyant que cette notion pouvait répondre à nos besoins de performance, de résultat ou d'efficacité ?

Chacun a connu des salariés impliqués dans leur entreprise, qui adhèrent à l'ensemble de ses buts et de ses valeurs et tentent même d'agir à son profit. Tous ceux qui ont vécu des restructurations ont été frappés et émus par ces salariés, parfois anciens, qui avaient énormément investi de leurs forces, de leur temps, de leur affection dans leur entreprise et qui se trouvaient totalement décalés par rapport aux nouveaux besoins de l'activité. Il y a là des problèmes humains que les entreprises – ou plutôt les hommes qui les dirigent – traitent parfois. Mais quelle que soit l'émotion légitime que l'on peut ressentir, il y a bien un décalage entre les attentes de l'organisation et ce que peut faire et produire la personne.

À quoi sert l'implication, s'il n'y a pas la compétence, si n'existent pas les organisations appropriées, si l'on n'a pas les bons produits, si l'on ne distribue pas bien les rôles, si l'on n'a pas pris les bonnes décisions stratégiques, etc. Que peut bien signifier votre implication dans l'équipe de France de tennis si vous venez de vous casser la jambe ? Que vaut l'implication de cette vieille dame talentueuse dans la troupe théâtrale quand il s'agit de jouer le rôle d'*Ondine* ? Que faire de votre implication de soudeur quand c'est de fraiseurs dont j'ai besoin ?

## La performance

Voilà un concept largement diffusé de nos jours. Le sociologue Alain Ehrenberg défend même l'idée que nous sommes dans une société où elle est devenue la référence, la valeur essentielle : on n'existerait que par le résultat de ce que l'on fait mais les exemples du chercheur vont plus loin : il ne s'agit pas de la performance mais d'une certaine performance, obéissant à des canons définis par notre société. Nos concitoyens s'efforcent de rester jeunes, de maigrir, de s'évertuer à rester au courant, au fait de la dernière mode et du dernier gadget électronique ; ceux qui n'en sont plus capables peuvent être exclus : le drame des « quinquas » rejetés de leurs entreprises, sans parler de nos personnes âgées garées dans des établissements spécialisés, hors de portée et de vue de la société « jeuniste ».

Dans le domaine du management, la performance est abordée au moins de trois manières différentes.

En premier lieu la performance se définit comme une mesure du résultat, de ce qui est obtenu[1]. L'entreprise est performante si elle a du chiffre d'affaires, de la rentabilité, des fonds propres, de la création d'emplois, du résultat net, de la valeur ajoutée, une augmentation de la valeur de ses actions, etc. La liste est longue dans les ouvrages de gestion de ces critères qui mesurent la performance de l'entreprise. Ils sont divers, pas toujours cohérents comme le volume et la rentabilité

---

1. Bourguignon A., *La perception des critères d'évaluation de la performance : l'importance de la relation au travail et des performances perçues.* Thèse de doctorat, Université de Paris I-Sorbonne, 1998.

divergent fortement quand il s'agit de prendre des décisions concrètes.

Le débat n'est pas de savoir si les entreprises doivent être performantes ou pas ; il est évident que oui. Le débat devrait plutôt porter sur les différentes déclinaisons possibles de la performance et sur les conditions (économiques, sociales, humaines, environnementales) de son obtention. Jeffrey Pfeffer[2] lance le débat sur les effets pervers d'une définition uniquement financière qui fait du cours de bourse, voire de la réaction des marchés financiers, le seul critère de réussite. Le poids des actionnaires aujourd'hui semble très fort comme l'était le poids des syndicats il y a une trentaine d'années et le poids des consommateurs puis des clients il y a une quinzaine d'années. Ces visions limitées ont en commun de toujours réduire la marge de manœuvre de l'entreprise, comme si elle ne devait qu'être contrainte par la pression de ses parties prenantes. L'expérience des entreprises fortes montre qu'elles ont su avancer en dépit du poids apparemment insupportable des contraintes de ces acteurs.

Pfeffer montre que les entreprises qui ont réussi sur le long terme ont par exemple mené une gestion des personnes qui s'accordait au temps de ces personnes, c'est-à-dire le temps long au-delà des objectifs boursiers à court terme. Il donne quelques exemples intéressants comme celui de cette entreprise de Caroline du Nord, SAS, un des leaders du logiciel, qui parvient à la fin des années 90 à maintenir un *turn over* inférieur à 4 %... alors que les normes aux États-Unis dans ce secteur sont plutôt de 15 % !

En second lieu, la performance évoque la série des opérations, actes, comportements, qui constituent le travail de la personne. La performance se rapproche alors de son sens anglais, celui de *to perform a role*. S'occuper de la performance, c'est contrôler la manière dont la personne fait

---

2. Pfeffer J. : *op. cit.*

son activité. D'ailleurs Ilgen et Pulakos[3] analysent bien en quoi les évolutions actuelles du travail rendent de plus en plus complexe la définition et donc l'évaluation de la performance puisqu'il est de plus en plus difficile de définir pour une longue période les éléments du rôle à jouer par la personne, tout comme il est difficile de mesurer si ce rôle a été bien ou mal joué : la présence des outils informatiques et automatismes par exemple ne permet pas de distinguer clairement dans un résultat ce qui découle de l'action de la personne ou des caractéristiques de la machine.

En troisième lieu, la performance a été présentée comme un processus[4]. Ici la perspective est plus organisationnelle, la performance devient ce processus bouclé qui part de ce que fait la personne, de ses résultats et du mécanisme de bouclage qui permet en retour de mieux définir des objectifs et les tâches. Ainsi la performance dans les situations de travail constitue ce processus continu dans lequel se prennent en compte et se redéfinissent en permanence des objectifs, activités et résultats. Toutes les démarches de reconstruction des processus opérationnels dans la fabrication comme dans les activités fonctionnelles épousent cette définition de la performance.

On pourrait également remarquer qu'il existe deux approches très différentes de la performance, l'une qui la prend comme une préoccupation organisationnelle et une autre qui l'aborde sur un plan personnel :

• Sur un plan organisationnel, la performance est définie par l'entreprise et nous avons vu plus haut qu'au-delà des discours, et quelles que soient les contraintes des marchés, ces définitions peuvent être très diverses. On ne peut imaginer une organisation qui ne définirait pas ses propres critères de performance. Ils existent certes dans les déclarations de valeurs et d'objectifs mais, encore plus concrètement, dans le fonctionnement opérationnel des systèmes d'évaluation des personnes et des activités, comme l'abordent les études de

---

3. Ilgen, Pulakos : *op. cit.*
4. Baird L., *Managing performance*, New-York, Wiley, 1986.

culture[5]. Les systèmes d'évaluation personnels se trouvent dans la gestion du personnel : en regardant la pratique des systèmes de rémunérations, la gestion des carrières en observant l'évaluation de cohortes de personnes de même qualification au fil des années, on se rend compte des critères de performance réellement opérants.

Sur le plan des performances collectives, il est toujours intéressant de voir que le fonctionnement réel d'un système de contrôle de gestion ne correspond pas systématiquement à ce qui est écrit dans les procédures : tel ou tel écart ne génère pas forcément les mêmes sanctions...

On peut comprendre que pour mieux piloter ses activités, l'entreprise n'en finisse jamais de préciser ce qui constitue pour elle la performance. Une entreprise existe pour réaliser une activité, comment imaginer que l'association humanitaire, l'entreprise, l'équipe sportive ou le parti politique ne définisse pas ce qui lui permettra de vérifier qu'ils font bien leur travail...

Sur un plan plus personnel, la notion de performance peut mettre en évidence des phénomènes d'un autre ordre. Dans toutes les situations de management il est naturel d'attendre des autres des comportements que l'on estime appropriés. C'est le cas du manager, du responsable d'une équipe, voire même d'un collègue. Hersey et Blanchard[6] dans le management situationnel ont développé cette approche contingente du management. Leur théorie consiste à dire qu'il existe un style de management approprié à chaque situation et pas de style universellement efficace. Le facteur de contingence qui caractérise la situation et permet de déceler le style approprié se trouve être le degré de maturité, lui-même produit de la compétence et de la prise de responsabilité personnelle. Ainsi, face à un salarié de performance bien en-deçà des attentes du supérieur c'est un style directif qui serait le plus adapté alors que pour quelqu'un qui est bien au-delà de ce que vous

---

5. Thévenet M., *Culture d'entreprise*, Que Sais-Je ?, PUF, 1992.
6. Hersey P., Blanchard K., *Management of organizational Behaviour : utilizing human resources*, Prentice Hall, 1982.

attendez de lui, c'est de la délégation. L'intérêt de cette approche est de mettre l'accent sur l'importance de l'attente que le supérieur peut légitimement avoir vis-à-vis du collaborateur.

Le management « situationnel » dévoile le champ de tous les déterminants possibles, et parfois nécessaires, de la performance. La performance a besoin de compétences, elle a aussi besoin d'organisations adaptées aux nécessités d'un marché, d'un secteur ou d'une technologie. Les efforts des entreprises durant ces vingt dernières années ont bien montré combien le mode d'organisation comptait : comment expliquer le formidable bond en productivité du secteur automobile par exemple, si ce n'est pas la mise en œuvre d'une gestion de production totalement différente[7] ? La remise en ordre des processus opérationnels et fonctionnels dans le *reeengineering*[8] a permis de remarquables sursauts de productivité. Les personnels étaient-ils impliqués ? Dans beaucoup d'industries, il est frappant de voir comment, au moins dans les premières années de mise en œuvre, une organisation par *business units* ou *product divisions* a permis de gagner de la performance rapidement : ces organisations focalisaient les efforts sur un seul produit-marché ou une ligne de produits et permettaient de modifier totalement les rapports de pouvoir et de négociation au sein de l'entreprise. Les tenants de ces approches ont tendance à considérer que la simple évolution des structures a modifié le niveau d'implication ; on peut se demander si ce n'est pas la pression et la rigueur d'organisations nouvelles qui influencent, au moins provisoirement, les comportements. On retrouve ce qui a déjà été constaté depuis longtemps, à savoir que des changements modifient toujours, sur le court terme, les comportements[9] : c'est l'effet de surprise, le choc de la rupture, ce « coup de poing dans l'estomac » qui laisse

---

7. Voir les théories sur le passage du taylorisme au toyotisme.
8. Hammer M., Champy J., *Reengineering the corporation : a manifesto for business revolution*, Harper Business 1994.
9. Thévenet M., *L'absentéisme en milieu bancaire*. Thèse de doctorat de 3e cycle. Université d'Aix-Marseille 3, 1981.

un moment sans voix ni réaction, sans que pour autant l'implication ne se soit créée.

Si d'autres facteurs sont tout aussi utiles et nécessaires pour créer de la performance, cela devrait nous rendre plus modestes dans les politiques de création de l'implication, ou, comme cela est souvent présenté, de mobilisation des personnes. L'utilisation de ce vocabulaire militaire est assez parlante : on claironne l'urgence, le devoir, la nécessité pour chacun de se mobiliser pour *son* entreprise, comme si nécessité faisait loi. On comprend bien l'intérêt pour l'entreprise mais ces démarches sont difficiles[10] et, parfois, naïves. Mais le besoin est tel de mobiliser que l'on en viendrait à imaginer qu'un événement, une formation originale, voire même un week-end en commun devrait y suffire. Les services de communication nous ont habitués à une remarquable originalité dans les événements proposés : un cocktail d'affirmations, d'analyses concurrentielles rapides sur power-point géant, une espèce de vote en direct sur de grands principes grâce aux merveilles de l'électronique, un discours du président sous les spots au centre d'une salle dans la pénombre et l'on retrouve les mises en scène aux effets supposés imparables. De telles mises en scène produisent de l'émotion (de la dérision aussi parfois) mais celle-ci n'est pas toujours suffisante pour conduire à des changements. Elle n'est jamais suffisante pour compenser le manque de compétence ou les défauts d'analyse et d'action stratégique (sans même parler de la qualité des produits vendus sur le marché).

Voilà beaucoup d'évidences mais l'analyse fine de certains programmes de formation interne révèle parfois que le sursaut émotionnel tient parfois lieu de formation.

## La sur-implication

Une implication trop forte peut même avoir des effets négatifs tant pour la personne que pour l'entreprise. On imagine la personne qui investit trop dans le travail (comme dans toute

---

10. Voir infra.

autre activité d'ailleurs) et qui perd ainsi un équilibre personnel, voire la santé ou un développement affectif harmonieux. Le phénomène de l'épuisement professionnel, même s'il n'est pas toujours lié à l'implication, peut illustrer les conséquences d'un engagement trop fort dans le travail. Certains ont même évoqué les problèmes éthiques que pouvait poser une sur-implication : quand l'adhésion à des buts et valeurs d'entreprise, par exemple, conduit à agir au-delà de ce que permet le droit ou la morale de notre société. C'est là le phénomène bien connu des conflits entre la loyauté à un groupe et le respect des règles d'une société plus large.

L'implication ne peut guère créer de performance si vous ne disposez pas de produits corrects, d'une bonne stratégie, d'une organisation adéquate et des compétences nécessaires. Il faudrait compléter la réponse à cette première question en montrant que d'ailleurs, il existe aussi des situations où l'implication n'est pas non plus nécessaire pour atteindre la performance.

Souvenons-nous des quatre situations où c'est nécessaire :
- le service
- les nouvelles formes d'organisation
- la crise
- le retour à la croissance.

Les bonnes organisations hiérarchiques traditionnelles où des procédures précises fonctionnent parfaitement puisque les opérateurs se trouvent toujours face à des problèmes récurrents que la procédure traite bien, le service quand le contact employé-client est limité (hypermarché, restauration rapide), des pans entiers de l'industrie, les institutions se trouvant dans un secteur stable en bonne vitesse de croisière, voire même celles qui restent dans la pression et la menace des licenciements, de la fermeture parce que la croissance ne les touche pas ou parce que leurs marchés de l'emploi sont très fournis en compétences valables, dans toutes ces situations, la performance s'obtient sans forcément d'implication.

## 2 – L'implication dans l'entreprise a-t-elle un intérêt et lequel ?

Si l'implication dans l'entreprise ne crée pas forcément de performance, a-t-elle alors un intérêt ?

La réponse est OUI.

Bien entendu, l'entreprise a intérêt à une forte implication dans l'entreprise de la part de ses collaborateurs. Le premier intérêt concerne l'ego de ses dirigeants : quoi de plus valorisant que l'implication des autres dans les activités et organisations dont vous avez la responsabilité ! Il est bien humain que tout responsable rêve de l'implication de ses subordonnés ; celle-ci est cohérente avec ses propres objectifs et sa vision idéale de la réalité. C'est sans doute la raison pour laquelle les dirigeants réclament de l'implication et lancent tant de programmes qui doivent la renforcer.

Mais ce n'est pas la raison qui nous occupe. Le véritable intérêt de l'implication est de constituer une ressource qui doit être actionnée, exploitée pour effectivement produire quelque chose. La notion de ressource appartient au vocabulaire de la gestion et ceci n'est pas un hasard : l'implication résulte de la relation que les personnes ont construite, « tricotée[11] » tout au long de leur expérience dans l'entreprise.

La prendre comme une ressource, c'est inciter à l'aborder en gestionnaire, c'est-à-dire selon trois grandes approches :
- la connaître
- éviter qu'elle ne se déprécie
- l'exploiter.

---

11. Pour reprendre le terme longuement développé par Boris Cyrulnik dans *Un merveilleux malheur*. Paris : Éditions Odile Jacob, 1999.

# La connaître : tout le monde est impliqué

On parle souvent de l'implication en termes binaires avec ceux qui le sont et ceux qui ne le sont pas. Cela traduit mal la réalité : tout le monde est impliqué, mais pas forcément de la manière et avec l'intensité que l'on attend.

Comment imaginer vivre, fonctionner dans une organisation quelle qu'elle soit, sans développer des relations, des interactions qui construisent progressivement une relation avec elle. Certes l'adhésion à des buts et à des valeurs n'est pas forcément très profonde mais la relation existe et, avant de l'évaluer et de la juger, il est nécessaire de la connaître.

❑ **Dans une grande entreprise publique, la direction générale, fortement influencée par les approches « privées » de la satisfaction du client et du marketing stratégique, essayait de rénover sa relation aux clients. Elle considérait que se creusait un fort différentiel de valeurs entre l'équipe dirigeante et sa stratégie d'une part, les référentiels des salariés et des vendeurs d'autre part. Une étude fut conduite pour vérifier ce qu'était la culture commerciale des vendeurs, c'est-à-dire les référentiels qu'ils utilisaient au quotidien pour faire leur travail, aborder le client, répondre à ses demandes, etc. Un questionnaire fut élaboré pour repérer les modes de réaction des vendeurs dans les situations critiques où se révèlent véritablement leurs valeurs : quelle ne fut pas notre surprise de nous apercevoir, malgré la différence des discours entre l'équipe dirigeante et les vendeurs, qu'ils répondaient les uns et les autres de la même manière aux questions, révélant ainsi un même référentiel dans les situations concrètes et un même attachement à des valeurs fortes de l'entreprise... Ainsi, non seulement l'implication était plus forte qu'imaginée par les dirigeants mais elle en était assez voisine.**

Dans la plupart des études que nous avons réalisées pour des entreprises, l'implication des salariés est plus forte que ne le croient les dirigeants. Dans un ouvrage précédent[12] nous montrons qu'en utilisant un outil de mesure de l'implication,

---

12. Thévenet M., *Impliquer les personnes dans l'entreprise*, Éditions Liaisons, 1992.

traduit et validé en français, sur des échantillons équivalents à ceux qu'ont utilisés les chercheurs américains qui l'ont mis au point, nous ne découvrons pas en France de résultats d'implication très différents : ils tendraient même à révéler une plus forte implication. Ceci n'est pas l'image que nous avons habituellement. Pourquoi ?

Il existe deux raisons principales à cette distorsion de perception.

D'une part, en parlant d'adhésion à des buts et des valeurs, quand ceci est exprimé par une équipe dirigeante, on se réfère à des idéaux, ceux qui figurent dans l'expression idéalisée d'une stratégie ou d'une déclaration d'intention dans un rapport annuel ; ils correspondent plus à ce qui est désiré, qu'à ce qui est réellement opérant comme valeurs et buts. Si ces références opérantes ne sont pas totalement en ligne avec la stratégie telle qu'elle est formulée, cela ne signifie pas qu'elles soient contradictoires ou antinomiques. Toute analyse de culture, par exemple, montre qu'il existe peu de cas où aucun trait de culture ne soit pertinent et utile pour aborder les problèmes actuels de l'entreprise[13].

Prenons l'exemple simple de la notion de client dans les services publics. De nombreuses entreprises publiques ont développé la notion de client au détriment de celles d'abonné ou d'usager. En étudiant plus finement les choses on s'aperçoit, dans les chemins de fer par exemple, que l'usager est le voyageur alors que le client est celui auquel vous livrez du fret. Évidemment, un voyageur est plus important que du fret, un usager est plus important qu'un client... Comment comprendre que l'on veuille à tout prix parler de client plutôt que d'usager ? Derrière les faux débats sur la notion de client ou d'usager se trouve peut-être un formidable potentiel de mobilisation collective, pour peu que l'on ne se laisse pas berner par les mots sans voir les valeurs qui se cachent derrière.

D'autre part, on ne perçoit pas l'adhésion parce que dans tout corps social – la famille ou la communauté au sens le plus

---

13. Thévenet M., *Culture d'entreprise*. PUF, 1993.

large – on est plus frappé, touché et concerné par les différences que par les ressemblances. Dans tous les conflits familiaux mais aussi les problèmes de service, ce sont les différences et conflits personnels qui cachent toutes les valeurs et buts communs partagés. L'arbre de la différence cache vite la forêt des similarités.

Ainsi il faut la modestie de regarder l'adhésion telle qu'elle est, les valeurs telles qu'elles fonctionnent réellement dans les comportements des acteurs au quotidien. Ce n'est pas l'objet de dire ici comment faire mais en-deçà des méthodologies que tout le monde connaît, il doit y avoir un principe de base : les valeurs ne se repèrent que dans les comportements, les actions. Évidemment, chacun aura remarqué déjà qu'en écoutant la manière dont les personnes se comportent on y découvre l'insoupçonnable : vouloir retrouver l'implication des personnes et admettre qu'elle puisse exister, c'est croire que cet insoupçonnable existe. C'est peut-être là le plus difficile à faire.

## Éviter qu'elle ne se déprécie

Si on partage souvent plus qu'on ne le croit, encore faut-il éviter que des actions, des politiques et, surtout, leur perception ne déprécient ce patrimoine commun. Si l'on poursuit l'exemple précédent de la notion de client ou d'usager, on peut assez bien comprendre qu'à force de communiquer, former sur la notion de client, on renforce le sentiment d'un changement profond de valeurs, voire même que l'on est en train de nier ce qui constitue l'essence même de l'organisation. Comment réagit-on quand on a le sentiment que l'essence même de votre organisation est niée ?

C'est ici le problème du changement qui est posé et la difficulté de vouloir changer ce qui est perçu par l'acteur comme l'essence de son lien à son organisation. Pourquoi cela se produit-il et pourquoi surprend-on tant de maladresses dans des actions de changement qui donnent l'impression aux gens que l'on heurte de front le fondement même de leur relation à l'institution. Le plus souvent c'est parce que l'équipe dirigeante est convaincue, pour de très bonnes raisons, de cette nécessité de changer : la force de l'audit effectué par le cabinet de conseil, le poids des matrices d'analyse concurrentielle, la rationalité des arguments gestionnaires, stratégiques, économiques avancés. Bien entendu quand on est convaincu de la justesse de son analyse et des solutions proposées, quand on sait, avec pertinence, que ces solutions sont le moyen de se développer, de faire face aux contraintes de l'environnement et du marché, il est assez humain de penser que les autres ne peuvent qu'être aussi convaincus par ces mêmes arguments rationnels. Chaque parent n'a-t-il pas la même réaction quand il essaie de convaincre son enfant de bien apprendre les mathématiques...

Ainsi il faut faire attention de ne pas trop utiliser la stratégie de Bernard Palissy qui brûlait ses meubles pour entretenir le feu. On a admiré ce comportement courageux dans nos vieux livres d'histoire mais notre bonne culture campagnarde nous a aussi appris que dans la plupart des cas, ce n'était pas très efficace. Il y aurait un argument gestionnaire qui pourrait aussi être abordé quand on se lance dans le changement : si on voit bien ce que l'on peut gagner à développer des changements appropriés, il serait tout aussi utile de voir le débit du compte, ce que l'on perd ou risque de perdre à développer de telles actions. Ce n'est pas une excuse pour ne pas agir mais plutôt pour agir en meilleure connaissance de cause, selon le principe de prudence qui est à la base de nos bons principes comptables.

## L'exploiter

Les études de culture montrent qu'il existe toujours des traits de culture cohérents avec les problèmes que rencontre une institution. Il en est de même avec l'implication. La question du dirigeant est de savoir comment utiliser comme des forces ces valeurs auxquelles adhèrent les personnes, dans la mesure où elles permettent de résoudre les problèmes effectifs de l'entreprise à un moment donné.

Les exemples tirés du secteur public sont encore très éclairants parce qu'ils concernent tout le monde et parce qu'ils ont donné lieu ces quinze dernières années aux discours les plus divers et passionnés. Reprenons l'exemple de la SNCF dont les problèmes de fonctionnement et de stratégie font souvent la « une » de l'actualité du fait des conflits sociaux, des problèmes économiques et politiques qu'ils révèlent quand on parle de développement de la concurrence au niveau européen ou de responsabilité budgétaire de l'État à couvrir des déficits importants. La SNCF a aussi cette caractéristique peu commune pour une entreprise de concerner tout le monde : chacun a une idée sur cette entreprise à laquelle il s'identifie fortement (le bon vieux principe des saint-simoniens qui voulaient une gare tous les dix kilomètres en est peut-être l'explication !).

L'idée d'une SNCF à deux vitesses a été mentionnée par les commentateurs et stigmatisée par les organisations syndicales. D'un côté, on aurait une entreprise très commerciale, concurrente du transport aérien avec des services de qualité à grande vitesse et de l'autre côté un transport de service public pour la banlieue, les transports régionaux et les lignes à petit trafic dans les régions déshéritées. De là à opposer la SNCF pour les riches et le transport pour les pauvres, il n'y a qu'un pas que d'aucuns franchissent de temps en temps. On peut ainsi comprendre que les investissements considérables consacrés au transport à grande vitesse soient perçus comme une négation du service public alors que c'est justement ce à quoi les personnels sont attachés. Cette impression a été renforcée par les discours sur le client, la concurrence, le marché, tous ces symboles d'une approche dans laquelle le service public constitue une relique du monde ancien à remettre en cause. En déplaçant légèrement le regard, on peut s'étonner que le développement du transport à grande vitesse n'ait pas été présenté mais aussi réalisé dans une tout autre perspective : n'est-ce pas du service public que de faire Paris-Lyon en deux heures, Paris-Lille en une heure seulement ? De la même manière que les saint-simoniens ont développé le transport ferroviaire dans la France du XIX<sup>e</sup> siècle qui ne devait pas y croire beaucoup, n'est-ce pas une grande œuvre de cette fin de xx$^e$ et début du xxi$^e$ siècle que de rapprocher des régions autrefois très distantes ? N'est-ce pas du service public que d'avoir participé à cet aménagement du territoire qu'a permis ce nouveau transport ferroviaire ?

L'implication constitue une ressource dans la mesure où je sais renforcer des valeurs qui ont deux caractéristiques indissociables :

– elles sont opérantes, c'est-à-dire qu'elles fondent réellement des comportements ;

– elles sont pertinentes face aux problèmes que rencontre l'institution.

## 3 – Peut-on créer ou renforcer l'implication ?

La réponse est NON.

Réponse surprenante. En effet, le besoin d'implication est tellement fort qu'il est difficile d'admettre ne pas pouvoir la créer. Quand on s'est trouvé dans la situation du service, des nouvelles organisations, de la crise ou du retour de la croissance, l'implication dans l'entreprise est tellement nécessaire que le manager technicien positiviste cherche évidemment à la créer.

Il rejoint en cela une constante du comportement humain. La gestion du travail dans les organisations, c'est déjà attendre certains comportements, des modes opératoires, une manière de s'y prendre dans le travail. Dans la famille, l'entreprise ou la société, on se fait une image idéale du comportement des autres et quand cet idéal détermine partiellement l'atteinte de vos propres objectifs, vous cherchez évidemment par tous les moyens à agir dessus.

De nombreuses recherches mais aussi nos simples observations montrent combien le résultat dépend des personnes, de la manière dont elles ont utilisé leur propre autonomie. Déjà dans les mines anglaises après la Seconde Guerre mondiale on avait mis en évidence la « socio-technique », terme barbare pour indiquer que quel que soit l'outil, la technique ou le système formel, les individus peuvent toujours se l'approprier et l'utiliser comme ils veulent[14]. Cela ne signifie pas qu'ils puissent faire n'importe quoi, mais simplement qu'ils conservent toujours une certaine latitude pour, au moins, utiliser le système d'une manière différente de ce que prévoyaient ses concepteurs. La psychosociologie américaine et les travaux des sociologues français des organisations à la suite de Michel Crozier ont élaboré des théories fines et pertinentes pour mettre tout cela en valeur.

Mais à un autre niveau que celui de l'entreprise, l'ambition est la même, dans la famille ou dans la société : on rêve du comportement des autres ! De là le souci de trouver des méthodes qui vous garantissent le comportement de l'autre, les outils censés vous assurer de la motivation, de la satisfaction, de l'implication. De la même manière que les magazines, avant chaque été, vous donnent les conseils imparables pour perdre les kilos superflus avant la plage, de la même manière les outils fleurissent et se renouvellent, au moins en apparence, pour vous assurer de l'implication.

On ne peut pas impliquer les personnes, ce sont elles qui s'impliquent. Le décident-elles, le planifient-elles ? On n'en sait rien mais, de toute manière, l'implication ne peut venir que d'elles. On le reconnaît facilement sur le plan intellectuel, plus qu'on ne l'intègre. Pourtant la psychologie sociale a toujours mis en valeur la liberté de la personne comme sa caractéristique fondamentale. L'individu est libre d'agir comme il le veut, c'est lui qui fait ses choix, actionne, hormis dans les situations de réflexe physique, son corps et sa parole pour se comporter. Certes, la psychologie sociale dans ses meilleures découvertes nous permet d'imaginer dans certaines situations, à certaines conditions, la probabilité d'occurrence d'un comportement mais c'est toujours une probabilité, l'individu reste toujours libre : même dans les expériences célèbres sur le conformisme, une part non négligeable des sujets d'expérience ne se conforme pas... Bien entendu l'individu exerce sa liberté en

---

14. Voir supra.

encourant des risques, mais il est tant de situations dramatiques dans l'histoire et le quotidien qui nous montrent que l'individu prend ses risques, au péril de sa vie parfois.

Il est vrai que les sondages sur les comportements humains nous ont habitués à savoir comment l'individu moyen se comporterait dans toutes les situations de l'existence. Mais la différence entre la sociologie et la gestion se trouve là : dans le premier cas on examine de grandes tendances du comportement de l'individu moyen alors que dans le second on s'attache à l'individu avec sa singularité et sa liberté et ce dernier n'agit pas selon ce que l'on pourrait attendre de lui en toute... probabilité.

On ne peut impliquer une personne parce qu'en matière humaine on ne peut jamais agir sur un *stimulus* en étant sûr de la réponse hormis pour les comportements-réflexe. L'individu réagit à des *stimuli* et je peux *a posteriori* attribuer à ce stimulus la réponse mais je ne peux *a priori* imaginer avec certitude ce qu'elle sera. Quand Milgram[15] montre que plus de 60 % des sujets de son expérience célèbre infligeraient à quelqu'un qu'ils ne connaissent pas des décharges électriques mortelles parce qu'ils n'ont pas bien répondu à des questions, il met en évidence des comportements intéressants qu'il interprète en termes de soumission à l'autorité. Mais il en reste néanmoins plus de 30 % qui, dans les mêmes situations, refuseraient de se livrer à cette action curieuse. Quand Asch, dans une expérience non moins célèbre nous montre que des personnes peuvent, par conformisme, affirmer ce qui va contre l'évidence, il n'en reste pas moins une proportion importante qui irait contre l'avis unanime pour affirmer ce qu'ils voient réellement malgré le coût social personnel de se singulariser... Il n'est même pas nécessaire de prendre des exemples dans les comportements de résistants à toutes les époques totalitaires quand ils affirmaient leurs convictions en sachant bien quelles en seraient les conséquences pour leur vie. Même si la menace paraît

---

15. Milgram S., *Soumission à l'autorité*, Calmann-Lévy, 1974.

suffisamment forte pour prévoir la réaction de l'autre, ce dernier conserve toujours la liberté de dire non.

Voilà des exemples bien extrêmes et exagérés pour montrer que dans toute situation, l'individu réagit toujours par rapport à lui et ce n'est pas faire offense aux sociologues que de reconnaître que des tendances ne permettent pas toujours de prévoir avec certitude le comportement de tel individu dans la situation. Alors s'il est impossible de jamais trouver le *stimulus* qui vous garantit comme résultat l'implication, il ne faut pas le chercher parce que l'on fait forcément fausse route. En cherchant toujours de nouvelles techniques de motivation ou de mobilisation, les entreprises se trouvent dans la situation bien connue de celui qui cherchait activement quelque chose sous un réverbère en disant à son ami qu'il cherche ses clés. « Mais où les as-tu perdues », lui répond cet ami. « Je les ai perdues de l'autre côté de la place », lui répond-il. Et, à l'étonnement de l'ami qui se demande pourquoi alors il les cherche là, il rétorque : « je les cherche là parce qu'il y a de la lumière... »

Chercher la molécule de l'implication, le *stimulus* sous forme de politique, technique de gestion du personnel, formation ou communication, c'est toujours chercher sous le réverbère parce qu'il y a la lumière trompeuse des techniques et outils-miracle. Mais ce n'est pas là que se trouvent les clés de l'implication.

Chercher l'implication est légitime mais cela ne peut nier que nous avons affaire à une démarche personnelle de l'individu qui se reconnaît dans l'entreprise où il travaille pour des raisons qui sont les siennes.

Le problème posé ici est fondamental en gestion du personnel. On ne peut pas changer les comportements, seules les personnes peuvent se changer et elles le font en fonction d'elles-mêmes. Bien entendu nous connaissons tous des situations où certains sont influencés par d'autres sans que les « influenceurs » en soient même conscients. Nous savons aussi que certains ont une très grande habileté à conduire l'autre à changer parce qu'ils savent bien présenter les choses, etc. Mais

en dernier ressort c'est toujours l'autre qui change. Le parent
qui trouve son enfant influençable considère généralement qu'il
est la victime innocente de mauvais « influenceurs » mais il
devra reconnaître qu'il a lui-même bien du mal à influencer
son enfant... pour qu'il regarde moins la télévision. Joule et
Beauvois[16] ont bien montré que l'influence consistait surtout à
aider l'autre à se créer une situation, des représentations telles qu'elles le conduiront à agir d'une certaine manière : les
autres peuvent avoir la perversité et les intentions mauvaises,
mais en dernier ressort c'est bien l'influencé qui décide d'a-
gir en fonction de ce qu'il perçoit de ses intérêts. Ce n'est
pas parce qu'il a des excuses d'avoir eu affaire à un habile
séducteur qu'il n'en a pas pour autant décidé lui-même d'a-
gir de cette manière.

Alors appliquons cela aux situations courantes de la vie en
entreprise ! Un changement de comportements peut-il vraiment
être attribué à une bonne campagne de communication ? Les
gens changent-ils vraiment d'opinion parce qu'on leur a expli-
qué les choses ? Tout est à la fois plus compliqué et plus
simple : plus simple parce que les personnes se sont construit
un nouveau contexte, un nouveau monde dans lequel elles agissent autrement ; plus compliqué parce qu'il est plus difficile
d'agir si la réalité fonctionne de cette manière.

Un tout dernier clin d'œil en signe de conclusion de cette
section. Pensez à la difficulté que vous avez, éventuellement,
à changer les comportements au sein même de votre famille,
avec des personnes que vous avez choisies ou qui sont très
proches. Est-il vraiment raisonnable d'imaginer que l'entreprise serait ce lieu rationnel et désincarné où le changement
serait plus aisé ?

# 4 – Comment influer sur l'implication ?

Après ce qui vient d'être dit, est-il possible de faire quelque
chose en matière d'implication dans l'entreprise ?

---

16. Joule R.V., Beauvois J.L., *La soumission librement consentie*, PUF,
1998.

La réponse est OUI.

Il y a évidemment des choses à faire une fois que l'on s'est persuadé que la molécule de l'implication n'existe pas. Heureusement pour les gestionnaires, il y a effectivement à agir mais encore faut-il le faire de manière sensée, ne pas chercher à changer l'autre, ne pas tomber dans les pièges traditionnels de l'être humain qui a toujours des désirs sur l'autre, ce qui n'est pas un problème en soi tant que je m'ajuste à la reconnaissance de sa liberté.

S'il y a des actions à entreprendre pour créer de l'implication, elles doivent être de l'ordre de la condition nécessaire. Il existe des conditions nécessaires à l'implication et une fois celles-ci remplies, la personne s'implique ou non. Ainsi, une action n'est jamais garantie de succès parce qu'elle résultera *in fine* de la démarche de la personne. Modestie et réalisme des possibilités d'agir sur l'autre : selon ma bonne comparaison familiale, les parents n'agissent pas autrement en créant les conditions nécessaires à un développement harmonieux de leurs enfants et... il advient ce qu'il advient.

La confiance peut sans doute aider à comprendre cette notion de condition nécessaire. Il est toujours difficile de savoir pourquoi on fait confiance de prime abord à quelqu'un. Mais il est généralement plus aisé d'imaginer pourquoi on ne ferait pas confiance. Il existe deux raisons principales : d'une part cette personne, juste rencontrée, me rappelle mon expérience ; de par ses actes, ses gestes, ses dires, voire sa physionomie, je l'associe à des modèles de personnages non dignes de cette confiance. Il y a une seconde raison qui m'intéresse plus : je ne fais pas confiance si je ne perçois pas une image consistante de la personne, si celle-ci m'envoie des signaux dissonants, dans ses paroles, ses actes, ses gestes, etc. Cela ne signifie pas qu'en l'absence de dissonance, je ferai obligatoirement confiance puisque tel ou tel peut avoir tout ce que je crois être les caractéristiques de l'escroc. Par contre toute dissonance empêchera la confiance. Le langage courant a de très belles expressions pour le représenter, qui réhabilitent l'importance des émotions et des perceptions : « je ne le sens pas ! »

Tenter de donner confiance à quelqu'un c'est donc au moins essayer de présenter cette image consistante, ce que l'on apprend bien aux vendeurs ou aux acteurs quand tous leurs gestes, leurs paroles ne doivent laisser place à l'incohérence. Mais la confiance ne sera établie que parce que l'autre le veut bien !

Travailler aux conditions nécessaires c'est en quelque sorte participer à la satisfaction d'un besoin de base pour la personne, le besoin d'ordre. Mais cette participation n'est et ne peut être que partielle parce que la démarche relève de la liberté de la personne. La plupart des changements de comportements peuvent s'apprécier de la même manière.

Beaucoup d'expériences personnelles se décrivent comme une rencontre et une mise en mouvement : la rencontre avec un tuteur, un mentor ou un coach comme on dit aujourd'hui dans les organisations. Certains vous décrivent comment une discussion, une confrontation, des arguments ont permis une avancée, un approfondissement voire la découverte d'aspects de la personne et de l'action qui les ont mis en mouvement et les ont aidés : leur évolution n'est pas causée par le mentor, ce dernier l'a simplement rendue possible en satisfaisant à certaines conditions nécessaires mais le mouvement reste à la liberté de la personne. On retrouve là les principes de beaucoup de démarches d'aide psychologique.

La gestion ne nous a pas habitué à penser de cette manière. Une grande réussite comme ces *success-stories* dont les magazines sont friands s'explique, par les dirigeants le plus souvent, la sagesse et la pertinence de leurs décisions, la qualité des structures qu'ils ont mises en place, voire leur compétence exceptionnelle à savoir mobiliser les personnes sur leurs objectifs. Dans la réalité il est nécessaire de reconnaître leur compétence et la finesse de leurs analyses, de relativiser aussi la rationalisation *a posteriori,* habituelle à ce genre d'exercice. Mais il faut aussi s'interroger sur les conditions qui ont rendu ce succès possible : ce sont les personnes qui ont décidé de changer leur façon de travailler, de faire fonctionner les nouvelles organisations et de modifier leurs comportements...

Beauvois a rendu populaire en France tous les travaux qui soulignent la centralité du besoin d'ordre. Chacun a besoin de pouvoir comprendre et interpréter le monde dans lequel il se trouve. Ensuite il veut que la réalité telle qu'il la perçoit corresponde à l'image idéale de soi qu'il s'est constituée. Les théories célèbres de la dissonance cognitive en donnent une bonne illustration, mais également toutes les théories sur la formation du jugement, de la manipulation et de l'influence. Si les personnes s'impliquent, c'est parce que cette relation qui se constitue entre eux et l'entreprise leur permet de répondre à ce besoin de mieux faire coïncider la réalité et l'image qu'ils ont d'eux-mêmes. C'est la perception de la personne qui lui permet de vérifier si cette relation à l'entreprise permet effectivement de rapprocher l'idéal de soi à la réalité et à elle seule.

Alors le travail du gestionnaire sur l'implication, c'est d'en créer les conditions nécessaires que nous verrons dans le chapitre suivant. Ces conditions nécessaires devront aider la personne à satisfaire son besoin d'ordre, à trouver dans son expérience de travail de quoi réconcilier l'idéal et le réel comme nous l'ont montré les histoires personnelles des « impliqués » aux chapitres précédents.

# 7

# Les 3 conditions
# de l'implication

Pour Pfeffer (1999) les entreprises doivent avoir des stratégies d'implication de leur personnel, c'est le seul moyen de réussir sur le long terme. Mais il est impossible d'impliquer les personnes, elles seules peuvent s'impliquer, pour des raisons qui sont les leurs et selon des formes qui leur sont tout aussi personnelles.

Dans le chapitre précédent, en prenant la métaphore de la confiance, nous avons montré que les politiques des entreprises ne pouvaient que travailler à la satisfaction des conditions nécessaires à l'implication, sans jamais pouvoir maîtriser les conditions suffisantes qui appartiennent à la personne.

Il existe trois conditions nécessaires, bien connues et qui sont à la base de toute réflexion sur les relations humaines :

– COHÉRENCE : comment m'impliquer dans une institution que je ne comprends pas tellement elle envoie de messages contradictoires, tellement elle agit de manière imprévisible ; dans le doute abstiens-toi !

– RÉCIPROCITÉ : comment m'impliquer dans une entreprise que je ne sens pas s'impliquer vis-à-vis de moi ; *there is no free lunch !*

– APPROPRIATION : comment m'impliquer dans quelque chose où je ne me reconnais pas, dans quelque chose que je ne me suis pas approprié, que je n'ai pas fait mien.

La personne ne s'implique dans une activité, que l'on prenne une approche dite « psychologique » ou « économique » (voir chapitre 1), que si elle s'y reconnaît. C'est-à-dire qu'elle trouve dans son expérience et dans la manière dont elle se la construit, le moyen de réconcilier son image idéale avec cette expérience construite. La personne se trouve au centre du monde, elle construit ses croyances, ses hypothèses de base qui lui permettent d'interpréter le monde et donc d'agir. L'image qu'elle se construit d'elle-même correspond à un idéal, à ce qu'elle voudrait être : idéaux, valeurs, objectifs ou projets constituent les pièces de cet idéal. Les cognitivistes mais aussi les psychanalystes ont montré l'intensité du travail effectué par la personne pour reconstituer de l'ordre entre toutes ces perceptions, entre une réalité perçue et un idéal, entre les tensions diverses qui écartèlent la personne dans ses désirs et ses valeurs.

Par le travail fait sur soi, sur la reconstruction de son histoire dans la psychanalyse, par la tension à réduire la dissonance cognitive (Festinger), des approches différentes de la psychologie ont cherché à mettre en valeur ce travail intérieur réalisé par la personne. Celle-ci n'est pas le corps réflexe qui réagit aux *stimuli* d'un environnement, même s'il est fait de règles et de techniques de management.

L'implication dans son travail, l'implication dans une institution, c'est le résultat d'un travail intérieur, d'un cheminement personnel. Il se trouve, dans ce qui nous occupe, que c'est la situation de travail qui devient le lieu d'implication mais tous les autres lieux sont possibles bien entendu : l'activité politique, la famille, diverses activités de loisirs, etc. Le travail n'est ni plus ni moins qu'un lieu possible d'investissement personnel.

Pour qu'il y ait implication, engagement personnel, l'individu doit y trouver quelque chose en échange et ce qu'il y trouve ressortit à cet ordre, ce moyen de réconcilier l'image de soi à ce qui est vécu. La coiffeuse trouve dans son activité le moyen de faire du beau, la gardienne d'immeuble de rendre service, le monteur ascensoriste de surveiller des techniques de bâtiment qui le fascinent. Quant à cette femme de ménage, l'important pour elle est de pouvoir faire comme chez elle, et d'aider, de faire parce que ce travail doit bien être fait...

L'implication existe parce que la personne y trouve un moyen de satisfaire son besoin d'ordre en réconciliant un idéal et un réel. Le premier mouvement à effectuer quand on veut intervenir sur l'implication, c'est déjà de reconnaître ce mouvement personnel vers l'implication plus que réactif aux politiques et actions de l'entreprise. L'implication est une « proaction » de la personne et non une réaction aux politiques de personnel ou de management.

Sans doute la singularité et la liberté de la personne sont-elles les deux notions les plus difficiles à reconnaître concrètement (parce que philosophiquement c'est facile), à élucider quand on interagit avec les autres.

Le second mouvement qui en découle, c'est la prudence à l'endroit des outils et techniques de management. Ceux-ci n'ont aucun effet totalement prévisible, ils ne peuvent pas s'imposer aux personnes, ils ne peuvent que changer le contexte dans lequel l'autre utilisera sa propre liberté. À voir l'utilisation toujours aussi répandue de la méthode 2KF3KC[1] dont nous parlions plus haut, il faut bien reconnaître que l'importance du cheminement personnel est souvent négligée.

---

1. 2KF3KC = 2 kilos de formation, 3 kilos de communication (voir supra).

Cependant, toute organisation sociale doit définir des modes de vie en commun, des droits et devoirs de l'institution vis-à-vis des personnes et ceux de la personne à l'endroit de l'institution. Ces politiques, ces modes de fonctionnement en commun doivent bien être assis sur des principes qui favorisent ce cheminement personnel, ce pari personnel pour un engagement dans l'institution ; en tout cas, l'entreprise, comme nous l'avons montré au chapitre 4, en a besoin.

Les trois principes de cohérence, réciprocité et appropriation sont capitaux parce qu'ils sont censés satisfaire ce besoin d'ordre. La cohérence donne un environnement interprétable, la réciprocité évoque l'équité de l'échange et l'appropriation permet d'internaliser l'expérience, de la faire sienne.

# 1 – La cohérence

La cohérence revient régulièrement dans la littérature de management de ces dernières années. C'est une réaction aux actions diverses et nombreuses qu'ont été amenées à prendre les organisations dans des situations difficiles. C'est aussi une notion rassurante qui fait le pendant à toutes les tensions et forces centrifuges qui semblent accompagner les situations confuses de nos sociétés. Cohérence, *alignement*, constance, persévérance dans les actions à long terme sont autant de contrepoids au mouvement parfois trop rapide des marchés et des activités.

Les personnes parlent de leur travail, elles en ont une vision lucide, personnelle, plus riche que ce qu'en disent les descriptions de fonctions. Mais les choses se gâtent quand elles parlent de leur environnement local de travail : combien d'enquêtes d'opinion internes révèlent que souvent elles ne comprennent pas le monde qui les entoure ; combien de personnes vous disent qu'elles ne comprennent pas comment leur entreprise peut encore exister, faire du bénéfice quand on sait ce qu'elle perd, ce qu'elle fait mal. Combien de personnes vous disent qu'elles ne comprennent rien aux stratégies, qu'elles ne savent rien, que la presse leur apprend ce qui se passe chez eux, que leurs chefs directs n'agissent absolument pas en conformité avec les règles et valeurs. On ne parle même pas des ricanements qui surviennent quand les grands thèmes rebattus de la communication sur le service au client, la chasse aux frais généraux ou le souci de la qualité sont passés au crible de l'expérience personnelle.

Ce sentiment de confusion est renforcé par les évolutions rapides de l'environnement de l'entreprise, des marchés et donc des stratégies de l'entreprise. Il peut aussi être dû à la professionnalisation et à la spécialisation du métier de la gestion et du management qui ne clarifient pas toujours les situations. La confusion découle aussi de la simplification croissante des moyens de communication et d'information qui conduisent à un appauvrissement des messages.

Mais ces incohérences peuvent se repérer à trois niveaux différents :

– Entre les discours et les actions : ce sont sans doute les incohérences les plus largement perçues. Les discours, ce sont les grandes déclarations des autorités de l'entreprise, ce sont aussi les ordres donnés par chaque responsable, c'est enfin ce qui transparaît du fonctionnement opérationnel de l'ensemble des procédures. Un système d'évaluation des performances des personnes envoie un message clair sur ce que doivent faire les personnes : augmenter le chiffre d'affaires et la rentabilité n'est pas toujours perçu comme le moyen de satisfaire le client ou d'assurer leur loyauté à long terme. De l'autre côté, ce sont des décisions qui se prennent mais aussi des comportements de la part de tous ceux qui sont « la direction » pour les salariés, aussi bien le comité de direction que les responsables hiérarchiques directs. Ces écarts sont encore plus visibles dans des moments forts de la vie d'une entreprise : les fusions et acquisitions par exemple. Tout le monde sait que si les raisons d'une fusion sont stratégiques, la mise en œuvre est uniquement culturelle, c'est-à-dire qu'elle tient à la manière dont les personnes parviennent à travailler ensemble. Dans ces situations les discours sont importants ; mariage oblige, on en réfère au souci de développer les synergies et de respecter les talents multiples des deux entreprises. Mais les salariés ont l'expérience des fusions et savent ce qui survient généralement dans ces cas-là et ils interprètent toutes les décisions prises.

– Entre les discours : les entreprises se trouvent parfois sur des marchés aux évolutions rapides qui demandent des réactions immédiates et même drastiques. D'un autre côté, la stratégie n'est plus cet exercice qui s'effectue après avoir bloqué les pendules, en arrêtant tout avant de définir un cours d'action soigneusement mis en œuvre après avoir été approuvé, discuté, communiqué. La réalité est plus rapide et complexe ; l'entreprise fait en permanence de la stratégie, en évaluant des risques et des opportunités, en confrontant des lignes d'action à des événements nouveaux et en réajustant en conséquence les cours de l'action. Ce processus permanent n'est pas facile à faire quand on est aux manettes mais il est encore plus difficile à comprendre pour les autres qui ont souvent l'impression que les lignes directrices ne sont pas suivies, que les discours changent, que leurs auteurs ne sont pas fiables. Il existe d'autres incohérences entre les discours de différentes parties prenantes dans l'entreprise et spécialement entre des niveaux hiérarchiques (direction générale et direction d'usine par exemple), entre des fonctions (les finances et la fabrication), entre le siège et le terrain, voire des contradictions apparentes des mêmes acteurs quand ils s'adressent à des publics différents (les analystes financiers sur le *road show*, le comité d'entreprise, ou le réseau des distributeurs). Quant aux incohérences des discours perçues à partir des productions des directions de la communication elles sont très nombreuses : elles concernent tous les médias de communication interne officiels, mais aussi la réaction à la présentation que la publicité et les relations publiques font de l'entreprise.

– Entre les actions : les incohérences peuvent être également nombreuses entre les actions des différentes parties prenantes de l'entreprise. Les différences d'action entre managers sont très importantes, elles se traduisent en perceptions d'inéquité. Elles ne font que se renforcer quand on demande aux gens d'être autonomes dans des structures contrôlées seulement sur les résultats économiques. Les différences de logiques d'action perçues auprès de la direction générale dans la manière dont elle traite différents problèmes (les conflits sociaux dans un cas, la communication de crise d'autre part). On parle trop souvent du caractère impératif des faits. Beaucoup des aides à la communication ont enseigné qu'il fallait partir des faits pour assurer une bonne communication comme si la réalité ne pouvait que générer l'accord, la compréhension, le dialogue. Malheureusement, nous voyons tous les jours dans les entreprises que les faits ne suffisent pas parce qu'ils sont vus, interprétés, à travers des prismes profondément ancrés. De beaux transparents sur une analyse concurrentielle ne suffisent pas à créer l'accord voire même la base pour une discussion ; on ne parle même pas des tableaux de chiffres censés traduire la réalité économique de l'activité et de la performance. Souvent les faits comptent peu, il n'y a que les intentions qui comptent. Les managers et les dirigeants ne voient que leurs bonnes intentions quand ils s'étonnent des réactions de leurs salariés alors qu'ils voulaient se lancer dans des changements utiles, nécessaires pour le devenir de l'entreprise et pour le bien de tous. D'un autre côté, pour les salariés qui observent leurs actions, les faits comptent peu ; seules comptent les intentions qu'ils prêtent à leurs dirigeants, difficilement interprétables, ou, du moins, interprétables à partir de leur propre cadre de pensée. Il n'y a souvent que ses propres intentions qui comptent pour celui qui agit mais aussi pour l'autre qui suppute, au-delà des actions, les intentions de celui qui les met en œuvre.

Pour mettre en lumière l'importance de la cohérence, nous avons étudié[2] les facteurs de réussite d'actions de changement au sein des entreprises. Trois niveaux d'action apparaissent très clairement dans les politiques menées :

– celui de valeurs : renforcer ou essayer de développer des référentiels pour les actions qui soient une sorte de toile de fond ;

---

2. Thévenet M., Vachette J.L., *Culture et comportements*. Paris : Vuibert, 1992.

– celui des règles, des systèmes, des procédures, des dispositifs ;

– celui du management ou plus précisément de la relation managériale, de la relation entre des superviseurs et des collaborateurs.

Il est impressionnant de voir la diversité des actions prises à chacun de ces niveaux et de voir aussi combien le succès ou l'échec ne semblent pas liés à l'utilisation de tel ou tel dispositif. Par contre le succès découle de la cohérence entre les niveaux d'action :

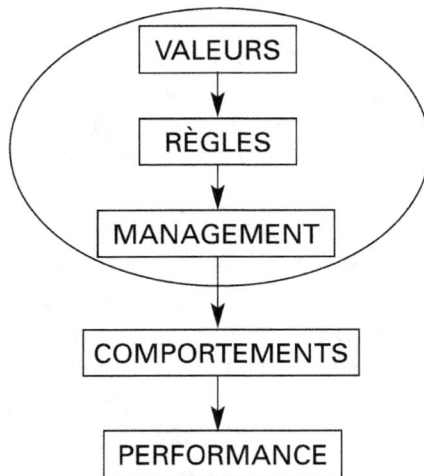

Que signifie « cohérence » dans ce modèle ? Il y a cohérence quand les règles, procédures, systèmes sont cohérents avec des valeurs opérantes qu'ils renforcent. Ainsi, un système d'individualisation des rémunérations pose un problème dans une entreprise où la culture dominante est celle du collectif, par exemple. Des règles, des procédures, des systèmes ne font que renforcer des valeurs, encore faut-il, pour être efficaces, qu'ils renforcent des valeurs existantes, opérantes et pertinentes face aux problèmes courants. De la même manière, il y a incohérence entre la demande faite aux managers de s'investir dans l'individualisation des rémunérations si ceux-ci ne sont pas aidés d'un système d'appréciation des performances légitime et performant.

Mais un second type d'incohérence est aussi présent quand l'un ou l'autre des niveaux d'action est développé sans concerner les trois. C'est le cas de toutes ces démarches qui tentent de changer les valeurs, voire d'en imposer de nouvelles par le seul poids de la séduction, du management symbolique, de la pression sur les émotions. C'est le cas quand seuls les systèmes de règles sont travaillés pour obtenir des systèmes de plus en plus parfaits : la tentation technicienne est permanente et on la voit revenir en force avec les systèmes de gestion intégrés ; dans ce cas, c'est aux règles d'apporter le changement sans appui sur des valeurs réelles de l'entreprise, ni relais dans les modes de relation. C'est le cas enfin quand tout le poids de l'action doit être supporté par les personnes dans leurs relations à leurs collaborateurs : la vision apparemment « humaniste » du management a insisté sur ce niveau en exigeant des managers qu'ils s'investissent dans leurs relations aux collaborateurs pour s'investir dans des tâches de plus en plus complexes de recrutement, sélection, rémunération, formation, « coaching », etc. Souvent les managers sont démunis face à cette exigence qu'ils ne peuvent philosophiquement contester sans pouvoir humainement l'assumer.

Cette théorie est illustrée dans de nombreux écrits où l'on insiste sur le souci pour l'entreprise de s'attacher à définir ce qui constitue le *core* : *core business, core values, core activities*, etc. L'idée est que l'entreprise dispose d'une espèce de personnalité, de quelques traits fondamentaux en cohérence avec lesquels il est important de développer des stratégies et des actions. Ainsi, une des clés de la stratégie reviendrait à retrouver ses métiers de base, liés à des compétences distinctives, à des connaissances, à de l'expérience, à de la création de valeur et à des savoir-faire. Il s'agit alors de s'assurer que toutes les diversifications et les évolutions stratégiques sont en ligne avec ces métiers de base. De la même manière, en gestion des ressources humaines, le problème de la globalisation pose de manière évidente la nécessité de pouvoir asseoir des politiques et des décisions sur des principes simples et peu nombreux, mais connus et appliqués sans faiblesse.

Comment imaginer pouvoir s'investir dans une entreprise que l'on ne comprend pas, qui révèle de fortes incohérences ? Le plus souvent ces incohérences n'existent pas, mais elles sont perçues et c'est cela qui compte. Si je perçois des incohérences, comment puis-je me retrouver, recréer une image à peu près consistante d'une réalité que je peux réconcilier avec l'idéal de moi ?

Il est triste de voir que les enquêtes d'opinion en entreprise donnent souvent comme résultat que les personnes interrogées ont le sentiment de vivre dans un monde qu'elles ne comprennent pas. On entend des phrases comme « en fonctionnant comme on fonctionne, on se demande encore comment on peut faire des bénéfices », « on nous change les structures alors qu'on les a déjà changées il y a trois ans : on marche sur la tête », « toutes ces communications, ce n'est que du pipeau », etc. On s'aperçoit de ce que manquent les entreprises en ne s'assurant pas que les salariés perçoivent la cohérence de ce qui est fait : le problème n'est pas d'être d'accord mais de repérer comment cela marche : chacun peut avoir ensuite ses opinions.

Mais comment ces banalités sont-elles encore nécessaires alors que l'on sait tout cela ?

Prenons l'exemple de cette entreprise qui consacre du temps à revoir en permanence ses positionnements de façon à ce que sa stratégie prenne toujours en compte les évolutions de l'environnement. Le PDG passe beaucoup de temps à développer ces scénarios stratégiques. Plus que cela il demande l'aide de cabinets de stratégie qui analysent, « auditent », « benchmarkent », recherchent d'autres cas dans le monde, analysent des tonnes de données avant de proposer une première présentation sur PowerPoint à l'issue d'un week-end de travail chargé pour le « partner » du cabinet. Après de longues discussions, le PDG demande une révision de la présentation et les consultants, forts de leur expérience et de leur intelligence, continuent de travailler pour enfin arriver à sortir ces idées apparemment simples qui ne peuvent que découler de processus complexes de réflexion. La situation a été tellement éclaircie que tout tient en très peu de transparents en trois points. Le PDG satisfait demande à son DRH de lui organiser une réunion des cadres voire de tout le personnel pour les informer parce que la communication c'est important....(2KF3KC). « Vingt minutes de présentation et simple... parce que les gens vont se lasser ». Après une telle présentation, il n'y a évidemment pas de questions... Six mois plus tard le PDG aura la tristesse de constater que rien n'a été intégré. Que s'est-il passé ? Tout simplement le résultat de la réflexion et de la mission de conseil, ce n'est pas le transparent en trois points avec le contenu d'un message, c'est le long processus de réflexion et d'élaboration de la pensée par des personnes averties, ayant une vision large des choses. Et l'on voudrait que des personnes n'ayant pas participé à ce processus aient le même degré de connaissance et d'intégration des résultats ?

Les règles de la communication en entreprise sont pauvres et considèrent peu la réalité de l'apprentissage. Plutôt que de chercher à communiquer seulement quand la direction générale l'estime nécessaire ou seulement quand on a peur qu'il y ait des réactions aux décisions, on devrait surtout communiquer quand il n'est pas nécessaire de communiquer, quand les décisions paraissent tellement évidentes à tout le monde qu'il n'est pas nécessaire d'en parler. Il faut communiquer quand tout est évident en réaffirmant les références communes que traduit cet accord, en les répétant. Cela prend quelques secondes, mais à force de réaffirmer les références de ces actions, on accumule un patrimoine de confiance nécessaire quand les problèmes rencontrés sont plus importants : les références utilisées pour décider paraissent alors plus cohérentes et crédibles. C'est le conseil que je donne à tous les managers qui se laissent souvent abuser par les techniques de communication sans voir ce que peut être, simplement, leur rôle et leur devoir de réaffirmer régulièrement les références des décisions prises.

Les familles – vieilles institutions – savent depuis longtemps qu'elles ne peuvent pas survivre sans redire régulièrement par des rites ou par le dialogue, ce qui les fonde.

Il est un autre principe d'action qui fonde le développement de la cohérence et dont on doit se souvenir quand on utilise à toute occasion, le groupe de travail, la *task-force*, l'équipe, comme une solution à tous les problèmes.

Dans « groupe de travail » quel est le mot important ? C'est bien entendu « travail ». Beaucoup de gens répondront « groupe » pourtant parce qu'ils sont fascinés par la magie du groupe, cette croyance dans le bain rédempteur et fusionnel du collectif dans lequel il suffit de se plonger pour trouver des solutions. Non, dans un groupe de travail ce qui compte c'est le travail, le véritable ciment du groupe. Sans travail ensemble, un groupe n'existe pas. Le travail c'est l'occasion de se confronter, de comparer dans le concret des situations, les références de chacun qui seules permettent de clarifier, si on le veut, les intentions. En clarifiant ces intentions, je me mets dans la situation de transformer les résultats émotionnels de la relation en référentiel commun qui construit des capacités à aborder des situations de plus en plus complexes.

# 2 – La réciprocité

## La non-réciprocité au quotidien

On ne peut s'impliquer dans une entreprise si l'on n'a pas le sentiment que l'entreprise s'implique vis-à-vis de soi.

❑ **Jean-Pierre** cherche du travail ; il en est à sa quatrième interview avec cette entreprise qui semble enfin s'intéresser à son profil ; tests, interviews, études graphologiques ont été pratiqués et enfin, après quatre mois, il découvre dans sa boîte à lettres la réponse qu'il n'attendait plus, il est engagé. Bien entendu sa satisfaction est grande au point même qu'il reconnaît maintenant la qualité et le sérieux des procédures de recrutement de cette entreprise pour l'avoir justement reconnu : une longue réflexion est bien le signe de la qualité des pratiques de cette entreprise. Rendez-vous est pris pour signer le contrat : la réception dans l'entreprise est chaleureuse parce qu'à force de contacts, les relations se tissent et c'est une telle impression de retourner pour la sixième fois dans les bureaux d'une direction des ressources humaines, mais en y étant maintenant engagé. Jean-Pierre avait tout de même lu dans les livres qu'il est toujours préférable de regarder les contrats avant de les signer et quelle ne fut pas sa surprise quand il s'aperçut que son contrat était à durée déterminée. Après les discussions qu'ils avaient eues, le besoin criant de ce poste, la rigueur du recrutement et les précautions prises... Jean-Pierre n'en revient pas. Toutes les discussions sur la constitution d'une équipe forte dans son domaine, le développement futur de son activité, l'évocation des stock-options n'étaient donc qu'un leurre, pense-t-il, puisque le contrat à durée déterminée est pour lui le signe même de la défiance de l'entreprise à son endroit. Il fait part de sa surprise et de sa déception au directeur des ressources humaines qui se trouve fort étonné et ennuyé de cette réaction. Mais nous sommes si heureux de vous voir nous rejoindre, répond-il, nous avons vraiment besoin de gens comme vous ; vous savez, il ne faut pas faire attention à cette formalité de contrat à durée déterminée, c'est tout-à-fait normal dans notre entreprise, c'est une politique de la maison : nous faisons la même chose avec tout le monde... C'est bien là le problème : s'il y a une chose que Jean-Pierre ne voulait pas entendre c'est qu'on le considère comme tout le monde !

Voilà le genre de signes de non-réciprocité tels qu'ils sont perçus par les personnes. Bien entendu on pense toujours aux grosses affaires : être licencié alors que l'on est très performant, ne pas récompenser des efforts importants, etc. Mais la non-réciprocité au quotidien est plus banale... Il existe même des exemples de non-réciprocité cachés derrière les meilleures intentions. En janvier 2000, le délégué du CJD (Centre des Jeunes Dirigeants)[3] parlait des politiques menées en matière de gestion des ressources humaines par les entreprises. Il disait que les entreprises devaient développer l'employabilité de leurs salariés, c'est-à-dire le développement de leurs compétences de façon à pouvoir éventuellement se repositionner sur le marché du travail. Ces politiques relèvent des meilleures intentions puisque les entreprises pensent au devenir de leurs salariés en cas de difficultés économiques et à leur valeur sur le marché du travail ; elles leur fournissent en quelque sorte une assurance contre des événements difficiles. Mais franchement,

---

3. Émission « Le Club de la Presse » sur Europe 1.

ce n'est pas un signe de grande réciprocité de voir votre entreprise se préoccuper de votre avenir en dehors d'elle...

Un des plus grands obstacles à la réciprocité est sans doute le lot de bonnes intentions qui empêchent de voir ce qui est réellement important pour la personne.

## Nécessité pour les uns ne fait pas loi pour les autres

Bien des causes expliquent la non-réciprocité au quotidien. La première d'entre elles est cette illusion de croire que si nécessité fait loi, nécessité pour moi fait loi pour les autres. La nécessité pour les parents de voir leurs enfants travailler à l'école et moins regarder la télévision ne semble pas toujours faire loi pour ces derniers... La nécessité des marchés, de la concurrence ou des actionnaires pour les directions d'entreprises ne fait pas forcément loi pour les salariés. Quelle que soit la qualité des rapports de conseil chèrement payés à des cabinets brillants, la nécessité de leurs conclusions ne fait pas toujours loi pour chacun ! Il est une nécessité que les entreprises ont parfois du mal à comprendre c'est que les salariés ne peuvent pas mettre au congélateur trop longtemps leurs attentes de réciprocité et ils vont la chercher ailleurs si l'entreprise ne peut plus l'apporter. Bien entendu quand nous parlons de réciprocité dans ce cadre, il ne s'agit pas uniquement de rémunération mais du minimum du respect et de la reconnaissance que tout être humain est en droit d'attendre... Ce n'est pas une raison non plus pour croire que la rémunération n'est pas importante. Elle l'est et on peut espérer que les signataires d'accord sur les 35 heures ne se leurrent pas en pensant que les salariés accepteront longtemps la nécessité de respecter les accords de modération salariale rapidement signés dans le cadre de la mise en œuvre de la loi Aubry !

Trop longtemps on a cru que les pressions des clients, des actionnaires ou des concurrents suffiraient à faire attendre les salariés, à leur faire oublier leurs attentes. On oubliait que les attentes de réciprocité ne relèvent pas que d'une démarche rationnelle et consciente consistant à élaborer dans sa tête une liste de revendications comme au bon vieux temps des relations sociales réglementées. Ce qu'exigent la plupart des professions qui manifestent bruyamment en dehors des institutions représentatives traditionnelles, c'est de la reconnaissance, de l'écoute. Ils ne savent d'ailleurs pas toujours quelles décisions pourraient leur donner le sentiment d'être enfin reconnus et de guerre lasse, ces conflits s'apaisent provisoirement avec quelques milliards. Mais les situations ne sont pas résolues pour autant. Ce que réclament les infirmières, les profs, et même les cheminots, pour ne parler que de ceux qui peuvent se permettre de manifester, c'est de satisfaire un sentiment personnel où des supérieurs, un public, l'État, une société leur renverraient une image d'eux-mêmes un peu plus positive que ce qu'ils recueillent actuellement comme *feed back*. Tout n'est pas que problème d'argent ; la meilleure preuve est qu'il existe dans l'administration par exemple des situations dramatiques de petits salaires sans primes qui ne font pas la première place des manifestations...

La réciprocité peut parfois prendre des formes originales, comme dans les *hot groups*[4]. Les personnes totalement investies dans le fonctionnement du *hot group* ne s'intéressent qu'à la tâche parce qu'elles y trouvent un élément de valorisation personnelle. Elles donnent l'impression de fonctionner un peu en apesanteur, concentrées sur une tâche sans regarder autour ce qui se passe ; H. Leavitt montre bien que ces personnes ont de fortes attentes de réciprocité de la part de leur entreprise même si elles ne l'expriment pas : elles attendent de pouvoir travailler tranquillement à ce qui les intéresse, elles demandent aussi qu'un leadership les protège de tous les problèmes relationnels et valorise leur travail à l'extérieur. Le leader de ces groupes se trouve dans la situation difficile de travailler en silence à créer cette protection et cette valorisation dont les membres du groupe ne leur sauront d'ailleurs jamais gré.

Les théories qui fondent cette notion de réciprocité tiennent tant à la théorie de l'équité que de l'échange. Toutes les relations entre les personnes et leur environnement sont des

---

4. Voir supra.

relations d'échange. En France, Besseyre des Horts et Peretti ont popularisé les utilisations des théories de l'équité en matière de politiques de rémunération : ils ont montré qu'un système de rémunération ne pouvait valoir que si les personnes ont le sentiment que le rapport entre ce qu'ils investissent et ce qu'ils retirent de leur travail reste constant d'un individu à l'autre. L'important dans cette approche est bien que le rapport entre ce qui est investi et retiré relève de ce qui est perçu par la personne et non pas ce qui est plus ou moins objectivement mesurable. Les théories de l'échange[5] avaient depuis longtemps mis en valeur le fait que la personne ne fait qu'échanger avec son environnement : essayer d'agir sur cet environnement, en retirer des satisfactions ou des insatisfactions, apprécier ces échanges, réinvestir en fonction des échanges précédents. Or cet environnement est essentiellement social, il se compose d'autres personnes avec lesquelles on ne fait qu'échanger (même si ce que l'on échange est très divers : biens, sentiments, etc.).

À la base des rapports humains dans les systèmes socio-techniques, qui restent un des concepts de base de l'analyse des organisations, se trouvent des relations entre des personnes : celles-ci initient des actions en direction des autres et créent des réactions ou des absences de réactions : le résultat de ces interactions détermine la suite des rapports entre les personnes. Ce que mettent en valeur les théories de l'échange au-delà du simple jeu de débit et de crédit entre les personnes (qu'ont repris avec beaucoup de pédagogie des approches comme l'analyse transactionnelle), c'est le fait qu'un individu ne peut vivre dans son environnement sans aucun échange avec lui. Comment imaginer que quelqu'un ait une expérience humaine sans relations, sans échange plus ou moins satisfaisant avec le monde qui l'entoure. Il en est de même pour le travail et il est illusoire de penser que l'on puisse traverser une expérience de travail sans aucune interaction, aucune émotion[6].

---

5. Homans G., *The Human Group*, 1960
6. Thévenet M., « Le travail : que d'émotions ! », *Revue Française de Gestion*, Novembre-décembre 1999.

Il y a forcément échange dans toute expérience humaine et plutôt que de savoir si les personnes sont satisfaites ou non, il est important de voir ce qu'elles ont le sentiment d'en retirer : la réciprocité ne relève pas des conditions que l'entreprise accorde à ses salariés mais de ce que les personnes perçoivent retirer de leur expérience dans l'entreprise.

Comme nous l'avons vu dans la section précédente, trois niveaux de réciprocité peuvent être approchés :

– Celui des valeurs : quand les théoriciens de l'implication parlent de définition, ils évoquent l'adhésion à des valeurs. Ils mettent ici en évidence que si l'entreprise a des valeurs, encore faut-il pour s'y impliquer que la personne s'y retrouve, qu'elle y adhère, qu'elle considère que ces valeurs sont compatibles et cohérentes avec les siennes propres. Tout le monde vous dira : je ne me vois pas faire tel ou tel travail, je ne me vois pas travailler pour telle ou telle entreprise. Ils expriment par là qu'un des éléments de la réciprocité, c'est la possibilité de retrouver un environnement qui m'apporte une reconnaissance, un renforcement de mes propres valeurs. Sans doute est-ce la réciprocité à ce niveau que certains expriment en disant que les personnes cherchent du sens et veulent le trouver dans ce qu'ils font, donc dans le travail.

– Celui des systèmes de gestion : c'est sans doute le domaine qui paraît le plus évident parce qu'il renvoie à toutes les politiques et techniques de gestion du personnel. En premier lieu les rémunérations traduisent l'appréciation que fait l'entreprise de la personne. Rémunération collective ou individualisée, liée à la performance ou au niveau de compétence, rémunération immédiate ou différée, rémunération sous forme de salaires ou d'autres avantages : toutes ces modalités donnent au salarié une image de ce qu'il reçoit de l'entreprise. La rémunération n'est pas qu'objective, elle est aussi symbolique. Cela signifie d'une part qu'elle s'apprécie concurremment à ce que reçoivent les autres : la situation est de ce point de vue de plus en plus critique tellement les situations sont différentes d'une personne à l'autre :

différences de contrats de travail, de statuts, de choix de la part du salarié pour certains aspects de sa rémunération[7]. Un élément important de la perception que je retire de mon travail vient de la comparaison avec les autres mais différents aspects de la rémunération peuvent avoir différents sens selon les personnes. Ainsi, les rétributions en avantages, en prévoyance, en prévisions de retraite, en stock-options aujourd'hui ont un sens très différent selon les personnes. Il est intéressant que les perspectives de gains à réaliser avec les stock-options aujourd'hui soient un critère tellement important que l'on ne considère même plus ce que ces modes de rémunération peuvent signifier pour les personnes : les évolutions du marché semblent s'imposer comme une espèce de rationalité unique qui devrait satisfaire tout le monde. Mais les systèmes de rémunération ne sont pas les seuls importants ; l'appréciation qualitative des performances est un signe important de *feed back* pour les individus et un signe de la manière dont l'entreprise les reconnaît, comme l'est la gestion des carrières qui distingue de plus en plus entre des segments comme les haut-potentiels par exemple. On peut parler aussi de la formation, de l'organisation du travail, de la gestion des statuts qui sont un facteur important de reconnaissance[8].

– Le niveau de la relation managériale. Sans doute ce troisième niveau de réciprocité est-il le plus souvent oublié. Il concerne les relations interpersonnelles du salarié avec son supérieur hiérarchique ou toutes les autres personnes qui comme lui jouent leur rôle dans l'entreprise. Le quotidien du travail c'est surtout la relation avec quelques personnes.

---

7. C'est le concept de rémunération cafétéria, développé en France par Bruno Sire en particulier, dans lequel les personnes choisissent l'importance relative de différentes composantes de sa rémunération. (LIRHE - Université de Toulouse I).
8. Voir supra l'interview de cet ouvrier qualifié qui souffre, du fait des nouvelles organisations du travail, de ne probablement jamais pouvoir devenir un contremaître comme son père et son grand-père : pour lui, ce n'est pas la rémunération ou la complexité du travail sur sa machine hautement sophistiquée qui compte mais le fait de diriger d'autres personnes, même peu, même des non-qualifiés sur des machines anciennes.

Le succès d'ouvrages comme *Le harcèlement moral*[9] en est l'explication parce que beaucoup se reconnaissent dans la description de relations parfois difficiles entre le salarié et son patron : ces relations rendent la vie impossible et ils constituent parfois l'aspect le plus sensible, le plus chargé d'émotions, le plus chargé de satisfaction ou de douleur de toute l'expérience professionnelle : il n'est qu'à écouter les conversations entre collègues dans un métro ou un RER bondé pour s'en convaincre. Nous avons repéré qu'en ce qui concerne l'implication dans l'environnement immédiat de travail cette composante relationnelle de l'activité était capitale et qu'elle pouvait apporter de très grandes satisfactions. Curieusement, bien peu est investi dans cet aspect de l'expérience professionnelle des salariés : la plupart des stages de management s'attachent à diffuser des principes ou des outils. Les principes sont toujours les mêmes, ils ressassent les bases de la communication, de l'écoute, du travail en commun ; tout le monde les connaît même si peu les appliquent. Quant aux outils, ils mettent dans une forme managérialement correcte des procédures, des systèmes d'informations, des processus aujourd'hui qui ne valent, *in fine*, qu'en fonction des intentions et de la volonté de ceux qui les utilisent.

Ainsi la réciprocité signifie plus qu'un bon salaire. Nous avons montré plus haut la part d'histoire personnelle qui permet de comprendre pourquoi quelqu'un s'implique. L'implication résulte de ce long cheminement personnel, de cette manière dont la personne « tricote » sa propre expérience au travail en fonction de ce qu'elle a vécu, de l'idéal d'elle-même qu'elle cherche à renforcer. Mais ce processus personnel ne peut se mettre en route sans des signaux de son environnement ; il ne peut pas se développer sans l'aide et le carburant des expériences sensibles de la personne dans sa situation de travail. C'est à cela que sert la réciprocité. Il y a un risque à imaginer les autres soumis à leur situation, voire soumis à leur soumission volontaire, tellement ils paraissent satisfaits dans cette situation où l'entreprise semble ne rien faire pour eux :

9. Hirigoyen M.-F., *Le harcèlement moral*, Syros, 1998.

on connaît ces situations de travail où les personnes semblent si engagées alors que ni la rémunération, ni la carrière, ne semblent le justifier : en fait cette personne trouve dans sa situation des éléments de réciprocité que l'observateur ne voit peut-être pas : il n'y aurait pas de négation plus forte de la personne que de croire qu'il n'est que soumis ou, pire, qu'il trouve de la satisfaction dans sa soumission.

Alors que la cohérence fixe ce cadre ordonné à l'expérience de travail, la réciprocité sert d'allumage ou de carburant à ce processus personnel d'engagement dans le travail. Il reste à décrire la troisième condition nécessaire à l'implication qui concerne le processus d'engagement lui-même : l'appropriation.

# 3 – L'appropriation

S'approprier c'est faire sien, c'est sentir qu'un événement, une situation, un produit, un résultat vous appartient partiellement. Quand on interroge les personnes impliquées, il est très clair que l'expérience de travail est la leur, ils ont le sentiment de faire quelque chose qui peut être utile pour les autres, pour l'entreprise, mais c'est surtout quelque chose qui est à eux ; ils ont le sentiment de posséder ce qu'ils font, en s'attribuant ce qu'ils décident et font, plutôt qu'en donnant l'impression de s'y soumettre. La femme de ménage de la clinique ne fait pas de différence entre ce qu'elle ferait chez elle et ce qu'elle fait dans son travail pour nettoyer ou aider les autres : il n'y a pas de séparation entre les deux expériences, elle a le sentiment de posséder totalement ses expériences. De la même manière pour la coiffeuse, son travail c'est son moyen de faire des choses qu'elle aime, qui correspondent à sa vision de ce qui est beau et utile pour les gens : elle a le sentiment de posséder son expérience, ses décisions. Elle le dit d'ailleurs en affirmant que la vision de son travail a évolué : au début elle faisait ce qu'elle croyait beau, puis elle s'est mise à considérer que sa satisfaction serait plus grande si les gens étaient contents et elle module sa vision esthétique par les réactions et opinions des clients. Dans les deux cas c'est elle qui se construit son expérience et se l'approprie.

Quand on demande aux personnes de revivre une situation dans laquelle elles étaient impliquées, et de décrire comment se comportait leur patron, deux remarques reviennent presque toujours[10] :

– leur patron était absent. On parle de délégation, de laisser-faire, d'autonomie, de toutes sortes de situations dans lesquelles la personne avait l'impression d'être totalement en charge de ce qu'elle faisait. Cette « absence » était bien ou mal ressentie, peu importe, l'important c'est que l'implication soit associée à un sentiment de maîtrise personnelle de la situation ;

– leur patron les aidait, il leur apportait un soutien quand ils en avaient besoin, quand cela leur était nécessaire. Cette notion d'aide doit être bien comprise : le patron n'aidait pas quand IL le voulait mais quand la personne impliquée en avait besoin. C'est un grand défi pour les managers parce qu'ils doivent pouvoir sentir le moment opportun et le type d'actions qui sont attendues comme aide par la personne. L'aide n'était pas nécessaire objectivement pour l'accomplissement de la tâche, elle était ressentie comme nécessaire par la personne...

## Les diodes mystérieuses ou les occasions ratées d'appropriation

❏ L'appropriation est toujours possible, parfois il paraît si dommage que rien ne soit fait pour qu'elle puisse se produire. Cette usine du sud de la France fabriquait des diodes, c'est-à-dire, en ce temps-là, une puce de silicium sous vide dans un corps de verre et reliée à deux fils de cuivre. Cette usine fabriquait des milliers de diodes par jour. Tous les opérateurs m'expliquaient les différentes phases du processus de fabrication, les traitements chimiques et physiques du silicium, les précautions à prendre à chaque stade de la fabrication. Au bout d'un moment, je posais à l'opératrice qui surveillait le contrôle de qualité final, la question qui me brûlait les lèvres depuis le début de la visite : mais à quoi servent les diodes et le dialogue suivant, digne de Devos, s'installa :

---

10. Voir chapitre 2, enquête effectuée auprès de 141 personnes.

– À quoi servent ces diodes ?

– Ah, eh bien on en fait énormément, cela part partout...

– Oui, mais on s'en sert pour quoi ?

– Pour des tas d'utilisations, on en envoie même en Australie !

– Oui mais dans quel type de produits ?

– ...Toutes sortes de produits...

**Et la discussion continua encore comme cela pendant un petit moment : après des années de travail dans cette entreprise, au poste capital du contrôle-qualité, cette personne ne sait même pas à quoi servent les millions de produits dont elle contrôle la qualité ! On a parfois l'impression que l'on passe à côté de belles occasions de laisser les personnes s'approprier leur travail. On se prépare à des actions de grande portée pour développer l'implication des personnes alors que le quotidien pourrait si facilement être amélioré.**

Certes, dans les activités de production, des efforts énormes ont été faits pour informer, donner aux personnes les moyens de comprendre leur activité, de la situer par rapport à l'activité plus globale de l'entreprise : dans les ateliers, on trouve des chiffres sur les résultats de l'unité de production, des indicateurs sur la quantité et la qualité du travail effectué ; il existe même des moyens de situer la production de l'entité ou de l'atelier par rapport à la production globale de l'entreprise.

Mais dans les activités plus gestionnaires ce n'est pas toujours le cas : combien passe-t-on de temps à expliquer la stratégie ou plutôt à diffuser et discuter la connaissance permettant de situer les évolutions tant de l'environnement que de la stratégie de l'entreprise ; comment les gens qui travaillent dans des activités tertiaires de gestion, de marketing, de développement peuvent-elles réellement situer leur travail dans un ensemble plus large, par rapport au sens que leur donne une direction générale.

On peut aussi parler de toutes les situations, plus humaines, où certains n'ont pas intérêt à laisser s'approprier les situations de travail par les autres. Ce n'est pas facile pour un responsable de ne pas s'approprier le résultat positif d'une décision, d'une action, d'une politique. Dans notre culture de management, la personnalisation est forte, du sommet de l'entreprise jusqu'à la base dans les usines et les ateliers ou les agences ; quand les dirigeants d'entreprise se prêtent pour toutes sortes de raisons bonnes et mauvaises au jeu médiatique du star-system, ce comportement tend à se généraliser à tous les niveaux. Ainsi un contrat, un bon résultat, une *best-practice*, sont des occasions de renforcer des succès personnels au lieu de renforcer encore l'idée d'un succès collectif. Les occasions ratées de l'appropriation viennent aussi de là.

Et pourtant, l'appropriation est un phénomène assez naturel, on peut en voir les signes dans la vie courante du travail. Pour ceux qui ont eu la chance d'avoir du travail la vision de la manufacture ou de l'usine, ils se rappellent comment les opérateurs s'appropriaient leur machine, leur poste de travail en le modifiant, en l'adaptant. Parfois même ils en modifiaient les fonctionnalités. Il faut se souvenir des difficultés rencontrées par les entreprises et la maîtrise pour mettre en œuvre certaines règles de sécurité perçues comme une intrusion de la direction dans la maîtrise de son outil : les opérateurs résistaient parce qu'ils n'avaient pas envie de voir modifier leur relation à leur machine. Cette résistance était le signe d'une contestation de l'autorité mais plus que cela, de leur insatisfaction à se plier à des règlements modifiant leur manière de faire avec leurs propres outils. Mais il en est de même aujourd'hui dans les bureaux : à la plante verte, la photo de la famille et les objets personnels, se rajoute la personnalisation de l'écran de veille de l'ordinateur qui donne encore une touche plus personnelle à son cadre de travail.

Les formes de travail dans la nouvelle économie seront-elles exemptes de ces mécanismes d'appropriation ? Probablement pas, le mythe du télétravail est le signe de ce souci d'appropriation : vous travaillez mais vous êtes chez vous, dans votre propre cadre en vous appropriant même le mode d'organisation de votre temps puisque vous pouvez vous connecter à tout moment, vous devriez pouvoir vous construire votre propre schéma d'utilisation de ce temps. Plus encore, vous êtes responsable de votre « employabilité », de votre réseau, des personnes qui compte dans votre environnement social, ce sont les nouveaux signes de l'appropriation de son travail...

Les éthologues comme Konrad Lorentz trouveront chez de nombreuses espèces animales les signes de la recherche de son propre territoire, de son lieu, de l'environnement personnel que l'on peut s'approprier : celui-ci prendra pour la personne des formes plus ou moins concrètes depuis la plante verte et les photos de famille jusqu'à un ensemble fini d'activités et de relations, d'interactions qui doivent progressivement constituer son monde.

Mais les psychosociologues ont cherché à décrire aussi ce qui se produit dans le mécanisme d'appropriation collective en observant comment des personnes peuvent progressivement faire leur un lieu ou, de manière plus abstraite et plus en ligne avec notre sujet, une production collective et des sentiments. H. Leavitt[11] décrit une expérience intéressante de comportements en groupe et entre les groupes qui illustrent ce processus. On demande à des groupes d'exercer leur créativité et leur imagination sur une même tâche qui consiste à trouver le meilleur slogan possible pour une entreprise ou un événement. Ces groupes travaillent dur à cette tâche et ensuite l'ensemble des slogans ainsi créés est distribué afin qu'ils choisissent le meilleur. Le plus souvent chaque groupe choisit son propre slogan. On demande alors aux groupes de se réunir, de nommer un représentant qui tentera, avec les autres représentants des groupes, d'atteindre un consensus sur le meilleur slogan. Dans la plupart des cas, les représentants ne parviennent pas à un accord. Que s'est-il passé ? En travaillant à son propre slogan, le groupe a créé quelque chose, un slogan qui représente ce qu'ils ont imaginé, pensé, ce qu'ils ont collectivement élaboré : la caractéristique de ces situations de créativité, c'est de parvenir à un résultat que les personnes s'approprient ; ce n'est pas le produit d'un individu, mais d'un processus collectif auquel chacun a le sentiment d'avoir contribué. Cette

---

11. Leavitt H., *Managerial Psychology*, op. cit.

appropriation collective crée un moral fort au sein du groupe et un attachement à ce qui a été trouvé. Quand les groupes voient la production des autres groupes, ils comparent ; d'un côté ils ont leur production qui signifie plus que ce qui est écrit, qui représente l'expérience collective qu'ils ont vécue et d'un autre côté, ils ont un slogan qui les surprend d'abord parce que les autres groupes ont eu des idées créatives auxquelles ils n'avaient pas pensé, ce qui est toujours un peu démoralisant. Mais ce sentiment de découragement disparaît rapidement ; très vite, ne pouvant comprendre et n'ayant pas participé au processus collectif des autres groupes, ils mettent en regard le sens profond de ce qu'ils ont produit et l'apparente superficialité de ce qu'ont fait les autres. Ils choisissent donc leur propre slogan et leur représentant reçoit le mandat de défendre leur position. Quand les représentants se retrouvent pour atteindre ensemble un consensus, ils s'en tiendront naturellement à la position de leur groupe ; ils agiront comme les représentants mandatés de leur groupe plutôt que comme des acteurs qui veulent atteindre un but commun.

Cet exercice illustre les conflits et rapports difficiles entre des groupes qui sont si fréquents dans les organisations actuelles basées sur une multitude d'équipes où les membres se sentent plus loyaux vis-à-vis de leur équipe que vis-à-vis de l'entreprise dans son ensemble. Il montre que cette loyauté résulte du fait que les membres du groupe se sont totalement appropriés ce qu'ils ont contribué à faire et que cette appropriation a des conséquences fortes sur leurs comportements.

Quels sont les mécanismes qui permettent cette loyauté et le développement de cette appropriation ? On pense généralement que le partage d'informations, la communication, sont des moyens pour la développer : cela relève des vœux pieux puisque chaque problème de management semble se dissoudre dans la communication. De manière plus intéressante, il faut noter que cette appropriation peut surtout se développer dans le concret, dans la réalisation de quelque chose, dans de l'activité, dans du travail. Quel que soit le problème aujourd'hui, la solution semble toute trouvée : il faut créer des équipes, des *task-forces*, des comités, des groupes de travail.

Pour que l'implication se développe il faut de l'appropriation. Quel dommage que si peu de personnes dans leur situation de travail puissent s'approprier leur expérience et n'aient que l'écran de veille de leur ordinateur, l'étagère pour leur plante verte et la couleur de leur voiture de fonction pour le faire. La participation a parfois été considérée comme un moyen de développer l'appropriation : c'est sans doute un concept trop vague. Il existe de multiples moyens pour faire de la participation auxquels on ne pense pas forcément, tellement préoccupés que l'on est par l'application de méthodes de management plus ou moins artificielles :

– présentez l'avenir de l'entreprise pour que les gens puissent l'absorber, se le construire, l'assimiler, c'est la première étape pour relier ce que l'on fait à des stratégies ;

– présentez le passé : on a besoin d'apprendre à partir de son expérience ;

– présentez les questions : on apprend aussi à partir des incertitudes et pas seulement à partir des certitudes que les autres se sont déjà appropriées.

Un des grands enjeux des politiques d'implication sera que les personnes puissent s'approprier leur entreprise, elles ne le feront que si cette part de leur existence en vaut la peine. Quand le travail était central dans la société la question ne se posait pas trop. Elle se pose aujourd'hui alors que la personne a tant de lieux d'appropriation concurrents. Sans doute dans le futur on se mettra à penser le loisir[12], par exemple, comme un lieu socialisé d'investissement de la personne. On ne comparera plus alors le lieu inhibant de l'entreprise aux lieux d'épanouissement des autres activités humaines, mais on pondérera des lieux sociaux tout aussi susceptibles d'appropriation et de perversités.

---

12. Comme commencent de le faire des travaux fondateurs comme ceux de Paul Yonnet : *Travail, loisir : travail et lien social*, Gallimard, 1999.

# 8

# Pérenniser l'implication

L'entreprise ne peut impliquer les personnes, elle peut seulement satisfaire aux conditions nécessaires de cette implication, la cohérence, la réciprocité et l'appropriation. Il reste maintenant à voir ce que l'on peut faire. N'importe quel outil, n'importe quelle technique peut faire l'affaire si elle répond aux conditions précédentes. Plutôt que de chercher la technique miraculeuse, c'est bien le cadre d'utilisation de ces techniques qui compte. On s'est rarement interrogé sur l'inefficacité fréquente des techniques de management, en considérant que l'on n'avait pas encore trouvé la bonne. Bien peu se sont interrogés sur la manière d'utiliser les techniques et sur les conditions de succès quand elles marchent. La diversité des situations de succès ou d'échec devrait pourtant nous mettre la puce à l'oreille : le problème n'est pas dans le marteau ou la clé mais dans la manière de s'en servir. Les principes d'utilisation des outils, les principes d'action sont plus importants que les outils et techniques eux-mêmes.

Toute action de management se heurte toujours, quelle qu'en soit la finalité, à trois problèmes permanents. Nos principes d'action doivent permettre de traiter ces problèmes :

– Le premier tient au démarrage : on a idée de la situation idéale, mais comment initier le processus pour y parvenir ?

– Le second tient au « développement durable » : il est facile de lancer une action, de décréter un changement, mais comment tenir le rythme, durer, assumer le second souffle d'une action, maintenir le changement permanent quand on a déjà utilisé le fusil à un coup de l'effet de surprise ?

– Le troisième renvoie au problème des compétences : y a-t-il des compétences nécessaires pour être capable d'assumer ces responsabilités sociales dans les entreprises ? Ces compétences peuvent-elles s'acquérir ?

# 1 – Comment démarrer ?

## Les données du problème

Le plus difficile est toujours de démarrer. Les plus grandes actions ont pourtant besoin d'un commencement. Curieusement c'est ce qui manque le plus à la littérature de management, qui vous décrit des états idéaux sans prendre le temps d'expliquer les étapes pour y accéder. Comment entamer une action, comment démarrer un processus de changement, comment initier un changement de soi-même, ce sont différentes formulations du même problème.

Sur un plan personnel, nous avons tous déjà pris des résolutions pour changer nos comportements ; ces résolutions s'adressent à des situations plus ou moins difficiles mais c'est le cas du fumeur qui veut arrêter, de celui qui veut commencer un régime voire de celui qui veut entamer d'autres relations à son travail ou au sein de sa famille. Il est suf-fisamment de donneurs de leçons pour expliquer la néces-sité de changer, la gravité d'une situation, l'ampleur des risques encourus tant pour votre santé que pour vos rela-tions familiales ou professionnelles si vous ne faites pas cet effort sur vous-même. Il est facile de prendre alors des réso-lutions et de les tenir... les premiers instants. Mais il est bien rare de réussir et les mêmes donneurs de leçons s'é-tonneront de l'incapacité à agir, ils diront même comment ils ont fait, ou, plus souvent, comment ils feraient : tout cela n'est pas d'une grande aide.

Si jamais le processus a réussi à s'enclencher, le reste suit, c'est difficile mais c'est possible et il semble donc bien que la difficulté soit de démarrer : quand vous avez l'habitude de prendre une cigarette, quand la plupart de vos comportements codifiés ont intégré cette activité, il est difficile d'imaginer le vide, d'imaginer la vie sans ces réflexes dont on ne comprend qu'alors la fonction et finalement l'utilité puisque le plaisir dans ces cas n'apparaît que quand ils viennent à manquer.

Il est des situations personnelles moins dramatiques mais tout aussi fortes où le problème du démarrage se pose avec acuité : comment entamer une relation, comment engager la conver-sation quand vous êtes timide, ou du moins quand vous vous en êtes persuadé. C'est le problème de la « drague » pour de très nombreux adolescents : comment entamer le contact quand les relations, à cet âge, sont une part aussi importante du modèle et du développement de sa personnalité ? Heureuse-ment ce problème du démarrage, du premier regard ou des premières paroles maladroites, a donné l'occasion de très nom-breux bons moments dans les films et les romans : la magie du premier regard, dans la relation amoureuse, c'est qu'il peut transformer le reste de votre vie...

Il en est de même pour le changement dans les organisations. Le plus souvent, quand il s'agit de changer une organisation, tout le monde est capable d'imaginer la situation idéale à atteindre à l'issue de la période de changement qui n'est qu'un intermède entre deux situations stables. Tous les diagnostics et les missions de conseil ont généralement la capacité de décrire la situation visée : on ne cesse de définir les structures idéales, de dessiner les organigrammes les plus complexes, de disséquer l'activité de l'entreprise en de multiples processus standardisés censés représenter la réalité de l'activité telle qu'elle doit se dérouler. Mais le problème là encore c'est de démarrer, de faire les premiers pas d'un processus de changement dont toutes les théories disent qu'il est complexe, global et stratégique. Dans un autre ordre d'idées, de nombreuses entreprises vivent aujourd'hui les difficultés d'une fusion. Ces fusions sont décidées pour des raisons stratégiques impératives, mais leur mise en œuvre n'est qu'un problème de personnes et de culture. On peut facilement dessiner les contours de la nouvelle entité avec une belle et forte culture, de nouveaux organigrammes, des rapports humains aplanis qui permettent un engagement total sur les enjeux et challenges stratégiques ayant justifié la fusion. Mais la réalité est différente et les managers qui ont travaillé si dur sur la négociation de la fusion s'aperçoivent que l'intendance ne suit pas et que rien ne se passe vraiment comme prévu.

Comment démarrer ce processus de mise en œuvre de la fusion, quand vous avez la pression des actionnaires et des présidents qui veulent que tout aille vite et confirme la décision de leur fusion, quand le personnel demande de l'information sur la manière dont cela va se passer et quand les analystes financiers observent tout signal significatif de succès ou échec ? Quelles sont dans ce cas les premières actions à mener, comment démarrer le processus pour réussir la fusion en dépit de toutes ces attentes contradictoires ?

Dernière illustration de cette difficulté à démarrer, les premiers pas après un séminaire de management. Toutes les techniques de communication, d'écoute, de management participatif, de travail en équipe et de négociation sont bien apprises mais que faire quand on revient au travail, face à ses collègues, ses supérieurs et collaborateurs. Comment commencer à donner du *feed back*, à écouter les autres, à initier ce que l'on a appelé le *coaching* dans le séminaire ?

Il est des moments où les actions s'enclenchent rapidement, c'est en cas de crise très forte, quand sa gravité est bien perçue. Un bilan de santé peu encourageant et un médecin qui vous fait peur, cela suffit parfois à commencer de changer ses pratiques alimentaires. Mais on connaît aussi de multiples situations où la personne n'est pas capable d'entendre ces menaces et n'en fait rien : on ne peut pas compter sur la gravité de la crise pour forcément susciter un changement.

Face à ce problème du démarrage, il existe plusieurs modes d'action peu efficaces même s'ils sont compréhensibles. Le premier s'appelle « les travaux d'Hercule » : on essaie de faire ce qui est visible, difficile, ce qui devrait envoyer le message que l'on a réussi avant même d'avoir commencé, comme par une sorte de méthode Coué : on annonce à grand renfort de publicité une nouvelle structure, par exemple. Ainsi dans les fusions, on va travailler immédiatement sur les organigrammes parce que pour beaucoup ce qui est sur le papier est l'image de la réalité de l'entreprise. Il est rassurant de voir un organigramme de la nouvelle entreprise fusionnée, de plus cela semble répondre au besoin inextinguible d'informations de la part du personnel qui est anxieux légitimement dans ce genre de situations. Le seul problème c'est que généralement une affirmation d'organigramme ne suffit pas à atténuer l'anxiété et la soif d'informations : il n'y en a jamais assez, un organigramme fait toujours naître le besoin des compléments, au sein des boîtes déjà précisées. Plus encore, l'organigramme traite de problèmes très importants et sensibles puisqu'il s'agit des positions respectives de pouvoir, une des choses auxquelles les personnes sont le plus sensibles : on peut imaginer qu'un nouvel organigramme, dans un état inquiétude, ne fait qu'attiser les insatisfactions et les procès d'intentions. Comment imaginer que l'on cherche d'abord à régler ce qui fâche alors que la situation est, par construction, tendue au moment d'une fusion !

Une autre manière de mal démarrer, c'est de vouloir mettre en œuvre immédiatement l'idéal, poser la maison et le toit visible avant même que les fondations n'aient été construites. Cela arrive, encore une fois, quand nécessité semble faire loi et que le manager ne semble pas avoir le choix. Puisque l'on n'a pas le choix, on décide : on a certes la conscience tranquille mais c'est souvent peu efficace. Dans ce cas, on ne veut pas voir les étapes indispensables.

Le plus visible, le plus difficile et l'idéal sont les pièges qui font commencer non pas par ce qui risque d'enclencher le processus le plus efficace mais ce qui flatte l'initiateur du changement.

## Le démarrage

L'approche en termes de systèmes socio-techniques nous a révélé depuis longtemps que dans toute situation, il existait deux processus totalement reliés, le processus technique et le processus social, celui qui concerne la réalisation de la tâche et celui qui touche aux relations entre les personnes. Ces deux processus sont totalement interpénétrés comme le montre très bien le déroulement d'une réunion : les personnes échangent des arguments, des opinions, se font des suggestions, apportent des idées techniques pour tenter de résoudre les problèmes mais ce sont des personnes qui interagissent : le ressentiment de quelqu'un qui n'a pas été écouté, l'émotion ressentie par quelqu'un dont on a rejeté les propositions d'un revers de main, vont ruiner le processus de travail parce que ces émotions deviendront prépondérantes pour lui.

N'importe quelle dispute montre comment ces deux phénomènes se mêlent : prenez les raisons évoquées pour une dispute conjugale, voire un divorce, elles paraissent bien peu importantes aux yeux d'une personne extérieure, comparées aux conséquences dramatiques de l'argument. Et pourtant cela se produit dans beaucoup de familles où se reproduisent, de génération en génération et dans tous les milieux, les luttes entre les frères et sœurs, conjoints, etc. : on arrête de se parler pendant des lustres... Le processus des relations et émotions entre les personnes semble dans ces cas-là submerger les éléments factuels.

Même si tous les managers ont été habitués à repérer dans les réunions, par exemple, la présence simultanée des questions techniques et humaines, il existe encore bien des situations où l'on évite de les prendre en compte conjointement. Un manager expliquait qu'il avait planifié de parler de changements majeurs à ses collaborateurs, mais qu'il hésitait parce que ces changements pouvaient être remis en cause par la perspective d'un important contrat, qui aurait ruiné les plans de l'entreprise ou les aurait fait exploser. De la façon la plus sincère qui soit, il préféra ne pas entamer les discussions sur ces changements nécessaires alors qu'un gros événement pouvait en modifier la mise en œuvre : on communiquera quand on sera sûr. Bien évidemment quand le fameux contrat fut acquis, il y avait d'autres décisions importantes à venir qui demandaient d'attendre encore pour démarrer le processus social. Le changement n'attendait pas pourtant et il se retrouva dans la situation du changement profond à réaliser en urgence sans aucune préparation, sans adhésion de quiconque. Il interpréta les mauvais résultats de l'opération à une résistance au changement... C'est souvent une tentation de séparer les deux processus, de ne vouloir engager les autres personnes que lorsque tout est bouclé techniquement. On n'oublie qu'une chose, c'est que le processus relationnel et social a commencé, qu'on le veuille ou non.

On a la faiblesse de penser que si l'on ne fait rien en direction des personnes, si on ne parle pas, si on n'échange pas, si on ne prend pas de décisions comme la DRH l'a demandé, le processus social n'existe pas. Il n'en est rien : l'absence de participation, les attitudes des personnes, leur langage corporel, tout cela intervient dans le processus social, tout cela est interprété comme un signe de non-reconnaissance, comme du mépris éventuellement. Cette perception va jouer sur les émotions des personnes et leurs comportements. Il existe une phrase souvent utilisée par les Anglo-Saxons dans la conversation qui prévient l'autre personne qu'il n'y a « rien de personnel[1] » dans ce qui est dit : il est naïf de penser qu'une

---

1. *Don't take it personally.*

simple phrase pourrait modifier ma perception si j'ai le sentiment que je ne suis pas reconnu, méprisé ou pas même considéré.

Tout ce qui se passe entre des personnes, tout ce qui ne se passe pas alors qu'il devrait se passer quelque chose, procède de ce processus social qui intervient dans toutes les relations humaines même s'il y a des tâches à accomplir : c'est une illusion de penser que l'on peut mettre ses sentiments de côté quand on est en relation avec d'autres. Parfois, on objectera que dans les situations d'urgence on est prêt à mettre son « ego » dans sa poche et à accepter des ordres, des pressions, une non-reconnaissance. C'est le cas d'un groupe de personnes qui se retrouve perdu dans une forêt la nuit. Il se trouve qu'un des membres du groupe est un expert, qu'il connaît la forêt très bien et sait comment se sortir de ce mauvais pas. Il est évident que cette personne va avoir du pouvoir auprès de l'ensemble des personnes et qu'il va pouvoir leur dire, de n'importe quelle manière, ce qu'ils doivent faire pour s'en sortir. Dans ce cas-là l'expertise est tellement appropriée à la situation que les membres du groupe accordent à la personne la possibilité d'exercer le pouvoir, parce qu'elles y ont intérêt.

Ce rappel de base sur la présence simultanée des processus technique et relationnel doit nous aider à mieux comprendre le processus de démarrage d'une action. Toute phase de démarrage sera conjointement centrée sur la tâche et sur les relations et ce serait une erreur d'oublier un de ces aspects. Cela arrive encore dans les situations de fusion : certains disent qu'il faut prendre les décisions importantes qui rassureront comme l'organigramme ou les décisions concernant les marques, les sièges sociaux, les présidences ou le sort des réseaux de distribution, avant de faire tout travail de participation puisque le personnel attendrait surtout de l'information sur des certitudes plutôt que sur des hypothèses. D'autres diront qu'il est essentiel que les gens se rencontrent et l'on voit fleurir des groupes de travail qui sont surtout des groupes, chargés de rassembler les personnes pour mieux se connaître plutôt que de travailler ensemble.

Comment devrait pouvoir se développer ce double processus pour assurer un bon démarrage des actions de changement ? La démarche est assez simple à expliquer, il suffit en gros de faire l'inverse de ce qui se fait généralement de manière faussement intuitive !

Au niveau du processus des tâches, il est important de lancer des actions qui répondent à deux critères :

– aboutir rapidement à des résultats ;

– des résultats positifs qui marquent un accord entre les personnes.

Pour ce faire, les actions entreprises doivent viser petit, rapide et facile. C'est le principe de la mayonnaise : le meilleur moyen de la réussir c'est de laisser prendre l'émulsion et les faibles quantités d'huile du démarrage accroissent vos chances. Démarrer petit, c'est assez contre-intuitif parce que notre culture opérationnelle, largement répandue, est une culture de héros, qui valorise les actes importants et marquants, le déplacement des montagnes et les travaux d'Hercule : mais qu'on le veuille ou non, la réussite du management sur le long terme est faite de persévérance, de consistance et de rigueur plutôt que de « coups ».

Pour le processus social et relationnel, une phase de démarrage nécessite des actes signifiants, qui marquent les personnes. Après l'ère du service, on parle aujourd'hui de l'ère de l'« expérience[2] ». Cela signifie le dépassement de la notion de service pour certaines entreprises qui doivent maintenant offrir dans l'acte d'achat un véritable événement, une expérience qui les marquera. On peut penser au voyage ou aux parcs d'attraction. Mais de manière plus banale, on pense à la mise en scène de certains services comme la restauration, l'hôtellerie, voire l'achat de certains produits comme les vêtements par exemple. Ne peut-on pas étendre la notion à la manière de traiter les personnes ? C'est ce que font les entreprises quand elles intègrent les nouveaux : elles créent un événement autour de leur

---

2. *The experience economy*, op. cit.

intégration qui est la marque de leur attention vis-à-vis des personnes qu'elles viennent souvent de recruter à grands frais. Pourquoi n'en serait-il pas de même dans d'autres moments de la vie de l'organisation ? Beaucoup d'entreprises sont passées maîtres dans l'art d'organiser des événements, il existe donc une technicité qui ne demande qu'à s'utiliser dans d'autres situations mais cela doit se faire en respectant deux conditions majeures :

– ces événements doivent avoir du sens : on ne peut pas faire n'importe quoi, il faut arrimer ces événements à des valeurs ou références profondément ancrées, qui correspondent à des valeurs opérantes et pas seulement affirmées, qui ne changent pas à chaque renouvellement stratégique ou à chaque arrivée d'un nouveau dirigeant ;

– ces événements ne doivent pas être déconnectés de la tâche, de la réalisation de quelque chose de concret.

Travailler à satisfaire les conditions nécessaires de l'implication, c'est d'abord apprendre à démarrer un processus d'action qui peut suivre les conseils suivants :

– l'événement se vivra dans la relation : les supérieurs directs ont une très grande responsabilité ;

– démarrer un processus qui facilite la cohérence, la réciprocité et l'appropriation, c'est avant tout un processus qui commence à son niveau personnel par les actions prises ;

– le premier signe de réciprocité sera perçu dans la relation avec vous, sur des sujets les plus banals ;

– ne pas mettre en place des choses nouvelles mais renouveler la manière de faire les plus traditionnelles : revoir les modalités d'appréciation, les processus d'information, sur l'activité de chacun et de l'entreprise ;

– partager vos questions sur les évolutions de votre secteur d'activité en dehors de tout événement particulier ;

– faites des choses petites, rapides et faciles, c'est-à-dire qui ont toutes les chances de réussir ;

– célébrez les événements qui le méritent et ne succombez pas à l'effet Halloween[3].

# 2 – Comment assurer la pérennité d'une action ?

## Les pressions du court terme

Le second problème de toute action de management, y compris celles qui viseraient à satisfaire aux conditions nécessaires de l'implication, concerne le « développement durable ». Comment maintenir la flamme, changer en permanence, supporter la nécessité de sans cesse remettre sur le métier l'ouvrage ? On parle d'amélioration continue de la performance, de constance dans les politiques, de persévérance dans les actions pour assurer une réussite à long terme. Les impératifs des marchés, la pression des résultats financiers trimestriels ne suffisent pas à expliquer cette difficulté. En fait le problème du long et du court terme semble bien plus profond et l'on peut en décrire quelques-uns des mécanismes.

Premier signe, les carrières. Il est devenu évident pour tout le monde, tous les magazines l'ont répété, qu'une carrière ne peut plus se faire dans une seule entreprise, que les personnes devraient forcément subir – profiter de – la mobilité en passant d'une entreprise à l'autre, d'un pays, d'une fonction voire d'une forme de contrat de travail à l'autre. Cela paraît si vrai que tout professionnel en vient à se culpabiliser de ne pas avoir bougé après plus de trois ans, avec la crainte que cet « immobilisme » lui soit reproché à l'avenir. D'ailleurs les jeunes futurs diplômés ne rêvent que d'une chose, c'est de variété des tâches et le séjour prolongé dans une entreprise, une fonction ou un pays leur semble être le signe de l'ennui et de l'échec professionnel. Toute fonction doit être considérée comme

---

3. Halloween est une fête très importante dans de nombreux pays, aux États-Unis en particulier où elle est fêtée par tous les enfants, dans toutes les familles. Depuis quelques années, cette fête s'est implantée en France sans qu'elle n'y ait aucune tradition et le phénomène de mimétisme s'est répandu très vite. C'est bien de faire la fête mais il peut y avoir des choses à célébrer qui renforcent un peu mieux des valeurs qui unissent plus encore votre communauté.

temporaire et puisqu'il faut préparer l'avenir, seuls vont compter dans l'exercice du travail, les résultats à court terme, rapidement visibles. Cette approche correspond bien d'ailleurs aux attentes des personnes : il est plus facile de trouver de la satisfaction dans la réalisation d'une tâche rapidement visible et réussie, plutôt que dans la permanence harmonieuse des choses dont on ne vous attribuera jamais le crédit.

Deuxième signe, les résultats. Un des problèmes les plus largement étudiés[4] en matière de comportements dans les organisations est l'absentéisme car on pense que c'est un bon indicateur et qu'il est facile à mesurer. En lisant ce qui a été tenté dans les entreprises pour réduire l'absentéisme, on est frappé d'une part par la diversité des solutions trouvées et d'autre part par leur réel succès. Au point que l'on peut légitimement se demander si n'importe quelle action entreprise contre l'absentéisme n'aurait pas inéluctablement l'effet de le réduire. Mais ce succès est de courte durée : la courbe d'absentéisme fléchit avant de rebondir inexorablement.

On peut se demander s'il n'existe pas une sorte d'effet Hawthorne en vertu duquel il suffit d'entamer un processus, de lancer une action pour qu'il se produise des résultats mais des résultats de courte durée. En matière de changement, par exemple on peut penser au cas de cette entreprise dans l'industrie lourde qui subit, au sein de son groupe multi-activités, des évolutions stratégiques très importantes. Il s'agit d'assurer une meilleure rentabilité de l'activité et des mesures drastiques de restructurations sont décidées. Un manager est débauché d'un grand cabinet de stratégie et il tente bien naturellement d'appliquer en grandeur nature ce qu'il a conseillé à tant d'entreprises-clientes auparavant. Pour ce faire il étudie les domaines d'activité stratégiques, met en place des *business units* avec à leur tête des managers talentueux auxquels des objectifs simples mais ambitieux ont été fixés en termes

---

4. Thévenet M., *L'absentéisme en milieu bancaire : l'importance de la gestion des groupes humains*. Thèse de doctorat en Gestion. Université Aix-Marseille 3, 1981.

de part de marché et de rentabilité. Cette nouvelle organisation de l'entreprise oblige à couper quelques activités qui ne cadrent plus vraiment avec les activités centrales sur lesquelles ils veulent se concentrer maintenant. La rentabilité revient très rapidement mais le directeur général exprime à son consultant le problème suivant : il me faudrait maintenant créer une culture commune. Bien entendu le problème n'est pas un problème de culture ; cette formulation n'est qu'un moyen pour exprimer le sentiment plus ou moins confus qui l'assaille : une restructuration profonde produit toujours des résultats sur le court terme mais comment continue-t-on de se développer à long terme ? On se rend compte que la pression mise sur les résultats à court terme a aussi ses effets pervers de concentrer toutes les énergies sur des actions qui ne sont pas toutes en synergie au sein de l'entreprise ; les phénomènes centrifuges prédominent. En demandant de créer une nouvelle culture, le directeur général exprime simplement le fait qu'il faut aussi que les responsables de *business units* travaillent ensemble pour développer les synergies, c'est le seul moyen d'assurer la pérennité de l'entreprise.

Troisième signe : « Prends l'oseille et tire-toi. » Plutôt que d'être un référentiel commun à tous ceux qui pensent à leur carrière ou un moyen d'approcher le changement, le court terme peut relever aussi d'une stratégie plus élaborée. À une époque où le bon management se mesure souvent aux résultats de l'action à court terme, on a vu des personnes un peu mercenaires aller d'une entreprise à l'autre pour y exercer des fonctions très temporaires consistant à réduire les effectifs, restructurer, etc. Par exemple, on passe d'une entreprise à l'autre ; on restructure, on licencie, on fait remonter le cours de l'action avant d'être embauché par une autre entreprise qui veut avoir les mêmes évolutions du cours de son action. Bien entendu, le jeu consiste à partir avant que les résultats ne commencent de se stabiliser. Là encore les stratégies individuelles révèlent une certaine complicité avec celles des actionnaires.

Si les pressions pour le court terme sont nombreuses parce qu'elles correspondent aussi bien à des besoins de l'individu que de l'organisation, il faut bien être conscient des problèmes que pose cette approche de court terme. Ce problème s'exprime souvent par la notion du second souffle. Le plus souvent une démarche de changement a réussi parce que les efforts à déployer ont été justifiés par la mobilisation pour sortir de la crise, par le souci de faire face à une difficulté, un problème de concurrence, le souci d'atteindre des standards, d'atteindre un niveau de qualité, etc. La plupart des acteurs concernés se représentent le changement comme une rupture entre deux états : la phase de changement ne serait alors qu'un moment critique entre deux états stables. Une fois le changement passé, tout devrait redevenir comme avant. Malheureusement le changement ne colle pas à cette représentation idéale ; les entreprises sont prises dans des processus en continu où il faut toujours remettre en cause les modes d'organisation, renforcer les processus d'amélioration de la qualité, revoir les procédures et les règles de fonctionnement. Si l'on peut facilement se mobiliser sur une action de changement donnée parce que l'on voit l'avantage potentiel à en retirer, il est plus difficile de remettre en cause en permanence ses modes de fonctionnement sans voir aucune fin au processus ou sans avoir un objectif stable d'un autre ordre. Si j'ai tout investi dans une action de changement il devient très difficile de me mobiliser une nouvelle fois, ou de rester longtemps mobilisé.

De plus les politiques menées par les entreprises ne facilitent pas la résolution du problème puisque beaucoup dans les entreprises ont l'impression d'avoir déjà tout essayé de ce qu'il faut faire. En matière de management, les outils se suivent, tout comme les restructurations dont on s'attend pourtant à chaque fois à ce que ce soit la dernière. Cette lassitude ne concerne pas que les salariés dont on pense qu'ils subissent les changements ; cela concerne aussi les dirigeants de ces entreprises qui, le plus souvent, prendraient plus de plaisir et de satisfaction à s'investir sur des projets. Chez cet équipementier automobile on se réjouit de l'amélioration du marché automobile en l'an 2000. Les constructeurs ont de nombreux projets qui ont été répartis entre les différentes usines du groupe. Les directeurs de ces usines sont tellement heureux et intéressés par ces projets passionnants sur le plan technique qu'ils en viennent à négliger le suivi du fonctionnement normal des usines et les améliorations en continu qui demeurent nécessaires pour conserver les niveaux de qualité et de productivité nécessaires.

## Les fausses bonnes approches

Pour assurer le développement durable, on se laisse aller à plusieurs démarches d'action qui ne sont pas forcément efficaces.

Premièrement, toutes les démarches de changement fonctionnent selon ce principe budgétaire qui pousse à ne s'intéresser qu'aux écarts, à chercher seulement à expliquer ce qui ne correspond pas aux prévisions. Ainsi, un dirigeant compare son entreprise à l'image idéale qu'il s'est forgée. C'est pour cette raison que les études montrent souvent un niveau d'implication des personnes dans l'entreprise généralement supérieur à ce que les dirigeants imaginent. En faisant un diagnostic, on s'intéresse toujours aux faiblesses, à ce qui ne correspond pas à cette image idéale : c'est un peu ce que veut notre dirigeant qui réclame une nouvelle culture. La première question qui vient aux lèvres d'un manager engagé dans des opérations de changement c'est comment surmonter les faiblesses, les freins de sa culture, les insuffisances, les valeurs apparemment peu favorables aux enjeux rencontrés. Cela renvoie à un comportement individuel fréquent qui consiste à critiquer d'abord ce qui ne va pas plutôt qu'à chercher à renforcer encore les forces. On s'épuise à supprimer les faiblesses. C'est ce que ressent l'individu qui s'évertue à mimer son modèle plutôt qu'à utiliser ses talents et être lui-même. Au niveau collectif, regardez ce que donne ce principe quand il s'agit des compétences des salariés ou des caractéristiques de la culture.

Deuxièmement, un des grands vecteurs des opérations de changement qui ne facilitent pas le développement durable, c'est de se servir de la logique bien connue du « bouc émissaire ».

René Girard[5] a décrit avec beaucoup de précision ce processus qui devrait être enseigné dans tous les séminaires de management comme l'est, plus ou moins bien, le processus de leadership. Pour lui, il existe un processus assez permanent dans les groupes quand ceux-ci sont confrontés à une situation de confusion dans laquelle la cohérence a disparu : on a le sentiment que tout va mal, que la situation devient imprévisible, non maîtrisable. Personne ne s'accorde forcément sur le diagnostic de la situation mais chacun en est conscient et insatisfait. Si les choses vont mal, il doit bien y avoir un responsable mais encore faut-il le trouver. R. Girard dit alors que la caractéristique principale de ce responsable est d'avoir des signes « victimaires », des signes de différence avec la majorité qui le désignent presque automatiquement comme le responsable. Il n'y a plus qu'à supprimer le responsable pour que tout redevienne normal. R. Girard poursuivra son analyse en disant qu'une fois tuée, la victime, dans la plupart des civilisations, a été sacralisée quand on s'est aperçu du meurtre de l'innocent. Il faut bien reconnaître que tout le processus d'annihilation du responsable rappelle bien des scènes de cour d'école où l'enfant différent, de taille, d'accent, d'habillement ou de couleur était victime de l'agressivité de ses « camarades »...

Ce processus se développe aussi au bureau et peut même être un moteur du changement : en effet, il est tellement plus facile de changer quand on a désigné le coupable de la situation difficile qui justifie le changement : il suffit alors de se concentrer sur la suppression de la cause pour que la stabilité et la satisfaction reviennent. Il est souvent plus facile de mobiliser contre des causes – mais aussi des services entiers, des personnes – apparentes des problèmes plutôt que pour l'accomplissement de buts ou d'orientations (la tactique du bouc émissaire est même parfois un ersatz des buts et des orientations). Le problème, c'est que la dynamique du changement ne peut durer très longtemps : les bourreaux du bouc émissaire ne sont pas très longtemps satisfaits de leur action, très vite

---

5. Girard R., *Le bouc émissaire*, LGF, 1986.

ils se rendent compte que la situation n'a pas été résolue. Il en est de même quand on s'est mobilisé « contre » et que la situation ne s'améliore évidemment pas après le sacrifice ; il faut alors trouver autre chose. C'est la situation qu'ont vécue beaucoup d'entreprises où l'on a considéré qu'il suffisait de supprimer une activité, faire quelques licenciements, revoir les règles de production pour que la santé de l'entreprise revienne : une fois les actions prises, la dépression suit quand on se retrouve à nouveau face aux problèmes, confronté aux besoins de trouver d'autres enjeux, d'autres défis. C'est une partie de l'explication des difficultés vécues par les « survivants » tels que les appelle la littérature, c'est-à-dire les personnes qui ont « survécu » aux plans sociaux et aux restructurations[6].

Il reste un dernier mode d'action parfois utilisé pour assurer cette action sur la longue durée : elle consiste à remplacer les personnes en charge selon le principe qu'il faut des personnes nouvelles, des idées nouvelles, des thèmes nouveaux pour réanimer le feu de l'action et du mouvement. Le nouveau s'évertuera à prouver que la situation qu'il découvre est tout à fait différente de ce qui a été vécu dans le passé, il se réappropria les idées, les analyses, avec l'espoir que ce dynamisme nouveau redonnera de la vigueur à un projet.

Le changement régulier et rapide des personnes a son intérêt, de la même manière qu'il est souvent utile de changer les équipes qui gagnent. En effet, certaines recherches montrent que les groupes ont une vie et qu'il est parfois nécessaire de changer les équipes même si elles sont encore performantes : il faut changer une équipe qui gagne. On sait qu'après plusieurs succès, une équipe aura tendance à reproduire ses modes d'action, et à ne pas être assez attentive aux changements qui ont pu se produire dans l'environnement : en reproduisant leurs modes de comportement traditionnels ils peuvent manquer les nécessaires évolutions : on

---

6. Amiel M., *La perception de la justice organisationnelle du plan social et ses effets sur les attitudes et les comportements du personnel restant dans l'entreprise*. Thèse de doctorat. Université d'Aix-Marseille 3-ESSEC, 1998.

est plutôt tenter d'expliquer ses échecs que ses succès... Mais cette théorie valable pour les groupes et les équipes n'est pas forcément pertinente pour les personnes et pour les dirigeants. Mettre la pression sur une personne pour qu'elle réalise les changements importants sans prendre la responsabilité de les mener à bien et de les assumer jusqu'au bout peut de manière évidente créer des effets pervers très dommageables.

Alors comment faciliter le développement durable et lutter contre ces approches contre-intuitives ?

## Les actions de développement durable

Il y a toujours un aspect du changement que l'on oublie de mentionner, tellement on est focalisé sur les résultats et leur attribution à des personnes : ce sont les ressources qui ont permis de les atteindre. Tout le monde a été surpris de voir le film tourné sur l'équipe de France de football par Canal + durant la Coupe du Monde. Il y avait des scènes étonnantes d'Aimé Jacquet dans les vestiaires ; vous voyez tous les joueurs assis sur les bancs, toutes ces stars qui valent des millions et ont à leurs pieds les médias et les fans. En face d'eux se trouve un entraîneur, peu pris au sérieux par une grande partie de la presse et de la population jusqu'aux premiers succès de l'équipe et celui-ci, plus vieux, moins riche, leur criait dessus avec des mots, une énergie, une tension que d'aucuns auraient pu prendre comme de l'insulte, du harcèlement devrait-on dire aujourd'hui. Mais le plus surprenant de l'histoire, et l'on a bien entendu en tête le grand succès de l'équipe, c'est que l'entraîneur ait réussi à créer entre lui et les joueurs un climat, une confiance, une densité de leur relation lui permettant d'avoir, au moment où cela est nécessaire, les mots qui peuvent être entendus par les joueurs et produire l'effet escompté : on ne pourrait jamais donner à quiconque le conseil de s'adresser de cette manière à son équipe s'il n'avait pas développé auparavant cette qualité de relation et de confiance qui constituait la condition, la ressource nécessaire pour pouvoir s'exprimer de cette façon.

C'est ce que l'on retrouve dans le mode de commandement chez les militaires[7]. On dit que dans le commandement militaire existent trois formes d'apprentissage différent : premièrement il y a la discipline, les soldats doivent apprendre le comportement réflexe qui les conduit, en cas de crise, à obéir immédiatement, sans discussion ni débat ; mais cet apprentissage de la discipline doit être complété par celui de sa propre zone de responsabilité : c'est là un apprentissage de chaque niveau hiérarchique à savoir prendre la responsabilité pour ce qui relève de son niveau ; c'est aussi un apprentissage à savoir, pour les supérieurs, ne pas intervenir pour le subordonné dans les limites de la zone de responsabilité de ce dernier. Enfin, il existe un troisième niveau de relation de commandement : celui de la relation personnelle, de la connaissance des personnes, du soutien, du suivi personnel, de l'écoute... ce que le management redécouvre bien longtemps après avec la notion du « coaching ». Mais l'important c'est que ces trois aspects de la relation ne peuvent être dissociés. Aucun aspect de la relation de commandement ne peut aller sans les autres. On caricature le commandement en le réduisant à la discipline ou à l'un seul des autres aspects. L'un ne va pas sans les autres ; l'apprentissage disciplinaire n'est possible qu'à la condition de disposer de ces ressources de relation personnelle. Quand on voit comment se traduit sur le plan du management l'obligation de faire de la productivité et de l'efficacité, on a l'impression que seul l'aspect disciplinaire est retenu...

La plupart des changements qui nous sont racontés dans les livres ou dans les magazines mettent surtout en évidence les actions personnelles du dirigeant, les décisions efficaces qui ont été prises. Non seulement on fait généralement peu de cas des efforts de tous les autres – c'est là le jeu naturel de la personnalisation – mais en plus, on fait l'impasse totale sur les ressources disponibles qui ont rendu ces changements possibles.

---

7. Fievet G., *De la stratégie militaire : l'expérience militaire au service de l'entreprise*, Interéditions, 1993.

Quelles sont ces ressources sur lesquelles s'appuyer ? Il en existe deux principales qui tiennent à l'entreprise dans son ensemble et aux individus.

Pour l'entreprise il faut chercher dans sa culture les traits qui peuvent être des forces face aux problèmes rencontrés. La culture c'est un ensemble de références partagées qui se sont construites tout au long de l'histoire. À l'étude de ces références[8], on s'aperçoit qu'il en existe toujours qui sont cohérentes et utiles pour faire face aux problèmes. Encore faut-il les connaître, encore faut-il ne pas se laisser abuser par ce que les équipes dirigeantes, ou tel ou tel groupe au sein de l'entreprise, croient être la réalité. Prenons l'exemple des services publics. Beaucoup d'entre eux sont soumis à l'obligation de devoir s'adapter à des situations nouvelles comme l'éducation, les finances ou le transport. Il est plusieurs moyens de le faire ; l'un sans doute est d'essayer de renforcer plus encore l'esprit du service public auquel tout le monde est attaché plutôt que de s'acharner à vouloir le remplacer par des modes de pensée que personne n'accepte : quand cette exigence de service public est confrontée à la réalité des problèmes rencontrés, des pistes de changement peuvent apparaître.

Comme nous l'avons montré en parlant plus haut de cohérence, le renforcement des valeurs fortes, de celles qui fondent réellement les comportements et qui sont pertinentes et utiles pour la résolution des problèmes rencontrés est un moyen d'assurer un développement durable, qui ne véhicule pas complaisamment le message incantatoire que tout doit changer tout le temps mais plutôt une autre vision selon laquelle on suit toujours le même chemin même s'il y a des virages.

Quand on recherche les *core values*, *core business*, *core competences*, on exprime cette idée qu'au-delà de toutes les vicissitudes des réactions à court terme aux évolutions des marchés, de la technologie ou de l'environnement, il doit exister quelques références stables qui guident dans l'action. On

8. Thévenet M., *Culture d'entreprise*, PUF, 1993.

ne peut bien changer que si l'on a une idée claire du cap, qui elle ne change pas à chaque virage. On peut tenir en pleine houle si le mât est bien fixé, on peut voyager très loin quand on se guide aux étoiles, on peut vivre de grands bouleversements personnels si l'on a quelques principes solides. Une organisation peut fondamentalement et durablement se modifier si elle a une idée du sens. Bien entendu si le sens de l'action se résume à l'obtention des résultats trimestriels, la lassitude et le découragement ne tarderont pas à venir. Plutôt qu'à chercher la technique de communication permettant de redonner le second souffle, il faudrait plutôt clarifier le sens des choses.

Il n'y a pas de gadget à s'interroger sur les cultures organisationnelles, seulement le pragmatisme de chercher du stable dans ce qui a, par définition, de la pérennité et une relative constance.

La deuxième piste pour trouver des ressources concerne les personnes. Dans quelle mesure les personnes, par leur mode de management et leurs comportements, peuvent-elles dans la continuité soutenir une action ? Comme nous l'avons vu dans le chapitre sur la cohérence, la relation managériale est probablement un des modes d'influence les plus forts sur les comportements ; encore faut-il que les comportements de ces managers aient une certaine consistance. Il faut bien reconnaître, comme cela a été dit sur tous les tons depuis des siècles, que l'exemplarité est la seule des qualités à attendre du détenteur de responsabilités. L'exemplarité c'est le respect des valeurs que l'on veut développer par toutes sortes de procédures, de règles et de systèmes de gestion. C'est aussi la personnification de ces valeurs et de ces comportements : ce n'est pas seulement le discours mais aussi les actes. L'exemplarité c'est le seul processus qui permet aux autres de repérer le sens exact de vos intentions. Ce n'est pas seulement l'attitude par rapport aux systèmes de gestion et aux procédures, c'est la manière de se comporter au quotidien : la relation managériale ne se limite pas aux moments symboliques comme l'entretien annuel d'appréciation, la définition des plans de formation, l'individualisation des rémunérations ou les décisions de sanction. La relation managériale se vit dans chaque réunion, dans chaque interaction, dans chaque rencontre au café ou à la cantine...

Quelques pistes pour assurer le développement durable des actions sur les conditions nécessaires de l'implication :

– mettre en évidence les quelques valeurs réelles qui vous paraissent pérennes et utiles pour servir de référence ;

– être exemplaire en changeant vos règles, procédures, systèmes de gestion pour les adapter à vous-même... ou en changeant vos comportements pour les rendre exemplaires ;

– ne pas se laisser prendre par l'activisme mais vous tenir à ce qui marche ;

– plutôt que de changer, soyez davantage vous-même pour mieux répondre aux défis des problèmes qui vous sont posés.

# 3 – Les compétences humaines

Le troisième principe d'action concerne les capacités des managers et de toute personne dans l'entreprise à traiter des processus sociaux, de l'aspect social que revêt toute activité du seul fait que des personne s'en occupent. Dit autrement, c'est la capacité à voir que même dans un monde très technicien marqué par l'impératif d'efficacité, tout est affaire humaine. Certains ont parlé de savoir-être[9] pour décrire l'ensemble des compétences permettant de fonctionner avec d'autres, d'adopter les comportements appropriés aux situations. Il est évident que quand il s'agit de favoriser l'implication des personnes, les comportements et attitudes vont avoir une importance primordiale. Le problème se pose alors de savoir comment augmenter ces compétences. L'international *Herald Tribune*[10] fait état de l'importance prise par les cours de leadership dans les programmes de MBA où les étudiants valorisent habituellement

---

9. Bellier S., *Le savoir être en entreprise, utilité en gestion des ressources humaines*. Thèse de doctorat en gestion, Université de Toulouse 1, mai 1997.
10. Numéro du 28/3/00.

les enseignements de stratégie, marketing ou finance, c'est-à-dire tout ce qui paraît être le plus important aux non-initiés. D'ailleurs les recruteurs ne cessent de dire que ce sont ces compétences humaines qui font la différence, puisque les autres peuvent s'obtenir facilement et surtout parce que vous avez les moyens de vérifier leur existence. Mais ce besoin pose de nombreuses questions sur la possibilité et les moyens d'acquérir ces compétences.

Force est de constater que le quotidien révèle souvent le manque des compétences élémentaires en matière sociale dès que l'on dépasse le langage superficiel de la nécessité d'écoute. Le jugement est certes sévère mais prenons quelques compétences basiques en matière humaine et chacun pourra faire un petit diagnostic des personnes qu'il rencontre :
- capacité à repérer ses propres besoins, objectifs, valeurs, hypothèses et références dans la façon d'aborder le monde qui l'entoure ;
- capacité à écouter le système de référence de l'autre et à le laisser l'exprimer voire à l'inciter à l'exprimer ;
- capacité à exprimer à l'autre ses sentiments, ses opinions ;
- capacité à comprendre les processus internes aux groupes et à intervenir sur les processus sociaux qui s'y développent ;
- capacité à investir le rôle qui lui est attribué dans une organisation ;
- capacité à contribuer à l'efficacité d'une équipe ;
- capacité à fonctionner simultanément avec une égale loyauté des groupes et équipes différents ;
- capacité à agir dans une organisation.

Parfois ces capacités de base s'expriment de manière plus moderne :
- être un leader visionnaire ;
- faire fonctionner des équipes transversales ;
- négocier ;
- mobiliser.

Mais derrière ces formulations plus modernes ce sont les mêmes compétences humaines qui s'expriment réclamant de la personne une grande conscience de soi (compréhension et acceptation) et une grande conscience des autres (compréhension et acceptation). Les commandements ont depuis des siècles reconnu cette compétence de base en lui donnant un fort contenu théologique : « Tu aimeras ton prochain comme toi-même ». Et c'est bien entendu le « comme toi-même » qui pose paradoxalement le plus de problèmes de travail et de rigueur.

Comment expliquer que l'on obtienne si peu de résultats concrets alors que toutes les théories sont là, tout comme les millions de francs dépensés en formation, sans même parler des coûts d'opportunité que provoquent des composantes humaines insuffisantes. On ne peut réellement prendre pour argent comptant que six millions de travailleurs français souffriraient de harcèlement ou de violence au travail, avant d'avoir correctement vérifié comment ces données sont recueillies ; mais ce chiffre, quoique surprenant, exprime au moins un symptôme.

Ces résultats posent la question de savoir comment sont développées ces compétences humaines : le problème ne se mesure peut-être pas en millions de francs en formation, mais plutôt en protocole d'aide au développement des compétences. Plusieurs approches assez contre-intuitives doivent là encore être mises en avant.

## Quelques idées fausses en matière de développement de compétences humaines

*Cela ne s'apprend pas.*

Beaucoup soutiennent que ces compétences ne s'apprennent pas, que chacun a des dons plus ou moins grands pour vivre avec les autres. En appui à ces opinions on cite les cas exceptionnels de personnages charismatiques. Ces exceptions sont les 2 % de la règle des 2-96-2 selon laquelle 2 % des gens ont ces dons, 2 % ne pourront jamais y arriver quoi qu'ils fassent et le restant, 96 % peuvent améliorer leurs compétences en travaillant. S'il faut aborder le problème des compétences humaines, c'est aux 96 % qu'il faut penser.

La plupart d'entre nous sommes capables de remarquer combien une expérience peut nous faire découvrir sur nous-mêmes ou sur les autres des aspects insoupçonnés jusqu'alors. Certaines relations fortes, quand on se départit de toutes les carapaces des rôles joués, nous montrent l'impact que l'on a eu sur les autres sans même s'en rendre compte ou l'impact des autres sur soi, pour peu qu'un événement nous ouvre les yeux.

*Les choses humaines, c'est comme la bicyclette...*

On les apprendrait une fois pour toutes et cela ne s'oublierait pas ? Il est assez intéressant de voir que tous les exercices qui mettent en évidence les difficultés de relations humaines au quotidien peuvent entraîner les mêmes comportements même si on les a déjà fait de nombreuses fois dans le passé. Pourquoi les règles de base de l'écoute sont-elles toujours les mêmes ? Parce qu'elles sont appropriées et que rien d'autre n'a pu être découvert ? Pourquoi sont-elles si peu appliquées ? On s'en souvient parfois, on les a vues de très nombreuses fois mais on doit faire un travail permanent pour les intégrer. Il paraît assez normal de répéter des gammes au piano pendant des heures et des années, à un chanteur de travailler sa voix en permanence, à un sportif de s'entraîner régulièrement non sans avoir passé des années à apprendre ses coups ou ses techniques. Pourquoi voudrait-on qu'il suffise d'avoir appris quelques règles de découverte de soi et d'écoute des autres en deux jours de séminaire pour connaître et maîtriser une fois pour toutes les compétences humaines ? Bien fonctionner avec d'autres personnes, c'est d'abord bien se connaître et s'accepter : on conviendra que c'est un travail de longue haleine qui nécessite d'être sans cesse repris et qui exige du temps, de l'attention et de la méthode.

En fait, il n'y a pas grand-chose à savoir, il y a beaucoup à pratiquer, il y a beaucoup de travail à faire en permanence sur soi pour réellement s'améliorer.

*Les relations humaines, c'est surtout des décisions.*

Pour beaucoup de ceux qui doivent traiter de problèmes de personnes dans les organisations, leur mission se résume à prendre des décisions. Face à tout problème personnel, on pense généralement qu'il faut convoquer la personne, lui organiser un entretien, lui donner de la formation, une promotion, une sanction. Cette tendance correspond à une culture opérationnelle bien caractéristique du monde du travail, elle est nourrie par la vague de la gestion des ressources humaines qui a généralisé les procédures en tout genre depuis l'appréciation des performances jusqu'à l'individualisation des rémunérations en passant par les plans de formation. Pourtant, il ne suffit pas de prendre des décisions pour changer et influencer les comportements des autres : les attitudes, les modes de communication, les relations au quotidien sont tout aussi importantes dans le fonctionnement des équipes ou des entités. La multitude des procédures en place donne parfois à tort l'impression que l'on s'occupe des personnes. De là à penser que les séances fastidieuses d'évaluation, et de comité RH en tout genre, ne servent qu'à donner bonne conscience, il n'y a qu'un pas qu'il ne faut évidemment pas franchir.

*Les relations humaines, c'est de la technique.*

Les relations humaines renvoient plus à l'esprit de finesse que de géométrie. Pourtant à force de présenter des check-lists de comportements à adopter comme les dix règles de la réunion, les douze principes de la communication, le politiquement correct de la relation interpersonnelle en quelque sorte, des réflexes se prennent qui ne sont pas forcément supportés par une réelle intention. Il est de plus en plus fréquent, en début de réunion, de voir les personnes singer la liste des premières étapes de la réunion telles qu'elles ont été apprises mais c'est plus la lettre de ces principes que leur esprit qui s'applique. On peut être un bon technicien des compétences humaines, celui qui applique les principes, mais ne fait pas le travail personnel préalable pour pouvoir réellement les faire vivre.

*Les relations humaines, d'accord mais la finance d'abord.*

Les *business schools* ne sont pas les seules à être convaincues de la nécessité de développer les compétences humaines de leurs étudiants, c'est ce que veulent aussi les entreprises qui développent de nombreux programmes internes de formation au management général de leurs cadres. Ces programmes peuvent avoir différents objectifs comme celui de donner des références communes, de permettre aux gens de mieux se connaître pour mieux travailler ensemble, etc. Il est rare que les cahiers des charges ne mentionnent pas la nécessité de développer les compétences humaines des participants. Toutefois, quand il s'agit de faire les programmes, on consacre trop peu de temps à ces questions : quelques demi-journées devraient faire l'affaire. On fera une sensibilisation qui n'enclenchera que rarement des changements de comportements ou une prise de conscience efficace. Il paraît toujours plus important d'enseigner les finances parce que les participants aiment bien, ils ont le sentiment d'apprendre quelque chose et les responsables de formation aiment bien que leurs participants soient contents...

## Comment peut-on s'y prendre pour développer ces compétences humaines ?

Le problème n'est pas vraiment le contenu des théories à apprendre mais la manière d'apprendre. Pfeffer et Sutton[11] stigmatisent le fossé entre ce que les managers savent et ce qu'ils font. Leurs meilleurs exemples se situent dans le domaine des compétences humaines où tout le monde sait à peu près tout de ce qu'il faudrait faire sans le faire. Ils développent les raisons de ce phénomène mais indiquent surtout comment combler ce fossé.

Le seul moyen d'apprendre c'est de faire, c'est d'expérimenter et de travailler ces expériences. En matière de compétences humaines, il faut être mis en situation, travailler en s'interrogeant sur ses comportements, leurs raisons et leurs conséquences sur le cours des choses.

Le seul moyen d'apprendre c'est de le faire en permanence parce que les situations changent, parce que les hommes ne vivent jamais deux fois les mêmes situations, parce que l'attention que mérite l'autre est difficile à acquérir. On ne

---

11. Pfeffer J., Sutton, *op. cit.*

développe pas ses compétences humaines comme sa maîtrise des théorèmes de mathématiques, on travaille en permanence ses expériences pour mieux se comprendre et mieux maîtriser ses relations aux autres, c'est le respect que l'on se doit et que l'on doit aux autres.

Le seul moyen d'apprendre c'est de diversifier ses modes d'apprentissage. La salle de cours n'est pas le seul média possible. La relation au coach, au mentor, au parrain, le mode d'exercice de ces techniques de gestion des ressources humaines, mais aussi le travail personnel d'évaluation permanente de ses actes, de leurs raisons et de leurs conséquences sont des pratiques qui peuvent être initiées soit par l'entreprise soit par le manager lui-même.

Des programmes d'apprentissage réussis doivent satisfaire à ces différents critères. Ils partent du principe que le seul moyen de développer les personnes, c'est de faire en sorte qu'ils deviennent de plus en plus eux-mêmes, qu'ils se déterminent de plus en plus eux-mêmes plutôt que d'être déterminés par l'entreprise. Pour ce faire les personnes doivent prendre progressivement conscience de leurs caractères personnels, ils doivent assumer de plus en plus leurs comportements en sachant eux-mêmes les observer, les écouter, les comprendre avant de mesurer l'impact qu'ils ont sur les autres et sur le fonctionnement des groupes autour d'eux. Ce travail prend du temps, il demande de la confiance en d'autres personnes qui savent aider les personnes à faire ce progrès par eux-mêmes.

Ce n'est pas de professeurs dont on a besoin en matière humaine mais de pédagogues qui vous aident à avancer vous-même. Le développement des compétences humaines est à ce prix et c'est seulement ces compétences qui peuvent aider le manager à assumer personnellement son rôle dans la satisfaction des conditions nécessaires à l'implication.

Quelques pistes pour développer les compétences humaines :

– accepter le principe selon lequel une formation humaine doit viser à rendre les personnes encore plus responsables d'elles-mêmes, auto-déterminées plutôt que déterminées par l'entreprise ;

– pour être efficaces, ces formations ont besoin de temps et de durée ;

– les systèmes d'évaluation et de gestion des carrières doivent valoriser ces compétences.

# Conclusion :
# Pourquoi est-ce si difficile ?

Pfeffer et Sutton disent dans leur dernier ouvrage ce que tout le monde sait[1] : on sait tout mais on ne fait pas. Probablement le lecteur n'a-t-il rien appris en lisant cet ouvrage, en suivant le fil du discours (il existe toujours la possibilité aujourd'hui de réagir par Internet et de contester éventuellement cette affirmation). Mieux que cela, certains phénomènes de société, anecdotes d'entreprises, références à la nouvelle économie n'auraient pas pu figurer dans un ouvrage écrit il y a dix ans mais le reste, le fond des idées, c'est ce que tout honnête homme sait depuis toujours.

En effet, les trois enseignements de ce livre pourraient se résumer de la manière suivante :

---

1. Pfeffer J., Sutton, *op. cit.*

1 - Les personnes s'impliquent, elles se constituent leur propre expérience du travail et le rapport qu'elles tissent à cette activité humaine résulte de leur propre cheminement. Nul ne peut le comprendre s'il ne considère pas, toujours superficiellement et imparfaitement, l'histoire de la personne : c'est cette histoire qui donne sens à ce qu'elle vit dans le travail. On ne peut se satisfaire d'aller modéliser les motivations et les implications au travail, d'établir des liens de cause à effets définitifs entre telle ou telle pratique de management et les réactions des personnes. Ainsi quand on est dans une organisation, une entreprise ou un département universitaire, une administration ou une association humanitaire, on ne peut faire l'économie de s'interroger sur ce que soi-même et les autres trouvent dans leur expérience. On doit se persuader que les organisations n'existent pas, que seules les personnes existent. C'est une banalité dont chacun peut quotidiennement constater qu'elle est bien difficile à mettre en pratique.

2 - Les organisations, les entreprises en particulier dans cet ouvrage peuvent avoir besoin de l'implication des personnes, tout simplement pour bien accomplir leur mission. Certes, les responsables peuvent vouloir de l'implication pour des raisons qui leur sont personnelles : égocentrisme ou accomplissement de valeurs morales qui leur sont propres. Ce ne sont pas les raisons qui nous occupent. Certaines activités nécessitent que l'on engage de sa personne plus que des connaissances et des savoir-faire. Réussir dans le service ou dans l'économie de l'expérience[2], faire fonctionner des organisations maigres et complexes exige un investissement fort des personnes. Mais il est de nombreuses activités qui peuvent être bien faites sans implication, de la même manière que chacun, au travail ou en dehors de lui, sait être efficace dans des tâches où il ne se sent nullement engagé. L'implication n'est pas un idéal universel, ce n'est pas une obligation morale ni un but en soi.

---

2. Voir supra.

3 - Le seul niveau d'action pour les entreprises, ce qu'elles peuvent essayer de faire tant au niveau de leurs politiques que de leurs pratiques de management et, surtout, des comportements de leurs responsables à quelque niveau qu'ils se trouvent, c'est de satisfaire aux conditions nécessaires de l'implication. Satisfaire à ces conditions ne sera pas suffisant, c'est toujours la personne qui s'impliquera en fin de compte. Mais la personne ne s'impliquera pas si les conditions nécessaires ne sont pas remplies. Cohérence, réciprocité, appropriation sont des termes vagues de premier abord. Ils sont en fait très exigeants dès qu'on les met en pratique. Non seulement les rémunérations, les conditions d'emploi et de carrière ne peuvent plus s'aborder de la même manière mais, plus encore, les comportements de chacun ne peuvent plus être les mêmes : c'est là le problème !

Si tout cela est connu, pourquoi est-il si difficile de travailler aux conditions réelles de l'implication plutôt que de chercher le procédé miracle qui dessinerait les organisations idéales, à l'image de leurs dirigeants ; pourquoi s'étonner et s'offusquer du comportement des autres avant d'essayer de le comprendre – sans même parler de le tolérer –, pourquoi s'évertuer à vouloir le changer ?

Pourquoi est-il si difficile de redonner au travail ce qu'il n'aurait jamais dû perdre, ce morceau d'expérience humaine que je ne peux manquer de toujours m'efforcer de comprendre dans la réalité de la personne et pas l'éther des idées ?

# 1 – Les trois handicaps pour accepter le retour du travail

Handicap 1 : Celui de l'analyse

Ce qui nous gêne, c'est de ne pas chausser les bonnes paires de lunettes, de chercher des clés non pas où elles se trouvent mais là où est la lumière. Aborder le travail c'est reconnaître que le travail ne compte pour la personne que pour ce qu'elle y investit personnellement. Aborder le travail pour le gestionnaire c'est éviter les pièges et les insuffisances de la dénonciation, de l'idéologisation et de la généralisation.

Handicap 2 : Celui de l'objectif

À trop parler de gestion des ressources humaines, on en oublie les personnes. Il serait peut-être préférable de parler de gestion des personnes car c'est elles qui sont au centre de la problématique plutôt que des ressources. Parler de gestion des personnes c'est, dans le terme même, fixer les limites naturelles de ce que l'on peut ou ne peut pas faire.

Handicap 3 : Celui des outils

La gestion des personnes, n'est pas à la recherche d'outils. On en dispose déjà de trop. On a plutôt besoin de savoir se servir de ceux qui existent sans cacher son incompétence derrière l'insuffisance supposée de méthodes.

# 2 – Le handicap de l'analyse

Pour analyser le travail, le gestionnaire doit éviter de céder aux sirènes de trois modes d'analyse qui ont chacun leurs avantages et leur intérêt mais n'aident pas celui qui a la responsabilité à faire fonctionner une équipe, un service, un département, une organisation.

## La dénonciation

Nous avons parlé plus haut de la littérature de dénonciation et de son succès. Stigmatiser les aspects négatifs du travail, ses perversions, ses conséquences néfastes sur la personne est utile parce que cela prévient, avertit, maintient attentif à ce qui se passe. Attention toutefois de ne pas jeter le bébé avec l'eau du bain ; attention de ne pas développer le mépris hautain qui en vient à distinguer entre des « petits » boulots et des « grands » boulots, entre des travaux nobles et d'autres qui ne le sont pas, entre le travail de l'intellectuel qui serait exonéré de toutes les perversités alors que le travail du non-qualifié serait évidemment un travail d'esclave. À force de dénoncer, on risque de ne donner qu'une même image du travail, de n'en révéler que les côtés négatifs. À force de dénoncer des systèmes que l'on croit désincarnés on en vient à humilier des personnes.

La dénonciation prend aussi des allures plus pernicieuses quand elle conduit à se laisser aller au principe de bêtise, celui qui ne fait pas l'effort de comprendre la rationalité des personnes avant de les juger pour ne pas avoir les mêmes opinions que soi. Les sociologues des organisations nous avaient, au moins dans la théorie, invité à faire le pari de l'intelligence et de la rationalité de l'acteur : tout le monde a lu les sociologues mais il semble qu'il soit bien difficile de mettre en pratique leur conseil en cette matière.

La dénonciation est utile quand elle veut interpeller et faire prendre conscience ; elle se pervertit quand on réduit l'activité humaine qu'est le travail à ses perversions qui sont, fondamentalement, les perversions humaines présentes dans toute collectivité, même en dehors de l'entreprise.

## L'idéologisation

Après avoir prié le lecteur d'excuser ce néologisme, il faut expliquer l'importance et les limites de cet angle d'analyse. Idéologiser le travail c'est le décrire tel que l'on voudrait qu'il soit ou tel que l'on voudrait qu'il ne soit pas, pour coller à une image idéale et théorique.

Idéologiser le travail, c'est par exemple le considérer comme fondamentalement mauvais et n'avoir de cesse de chercher dans toutes ses formes et conditions le défaut, le vice ou le mal qui doit forcément s'y cacher. Si le travail est mauvais des modes de production tayloriens doivent être mauvais parce qu'ils imposent à la personne un travail spécialisé et parcellisé qui ne requièrent que quelques savoir-faire de base sans faire appel à tout le potentiel de la personne ; mais dans des systèmes non-tayloriens, on stigmatise la pression morale, le stress d'avoir à prendre des décisions, d'avoir à assumer des responsabilités, supporter une autonomie...

Idéologiser le travail c'est aussi considérer que l'on doit forcément s'y épanouir, s'y développer, y être heureux. C'est considérer que seul le travail est un facteur de développement et que chacun doit y réaliser un potentiel : charge et responsabilité aux institutions de trouver les moyens pour que chacun s'y épanouisse. Idéologiser le travail c'est considérer qu'il faut adhérer, tant aux valeurs professionnelles qu'aux valeurs collectives, voire même qu'il faut absolument trouver de l'intérêt dans ce que l'on fait. Non, on est libre aussi de ne pas trouver de l'intérêt dans ce que l'on fait, sans pour autant ne pas être efficace. Il ne faut pas confondre le système de valeurs personnel et légitime d'une personne qui aime voir son entourage intéressé par son travail, avec l'impératif imposé de devoir absolument être heureux dans son travail. Il y a trop de risques à vouloir rendre les autres heureux malgré eux.

## La généralisation

Le texte que vous venez de lire risque, dans sa formulation, d'avoir péché par généralisation et il reste trop peu de pages pour s'en faire pardonner. La généralisation, c'est considérer qu'il y a des entreprises : cela n'existe pas, il y a une quantité de types d'entreprises différentes par la taille, l'activité, les systèmes de valeurs ou les rapports humains qui s'y jouent. C'est une faiblesse coupable de croire et de dire que l'on peut généraliser. Il en est de même pour le travail ; il n'y a plus de figure emblématique du travailleur aujourd'hui, il n'y a pas de tendance uniforme pour décrire le travail aujourd'hui.

Il faut faire attention à la généralité des tendances que l'on croit repérer ; le monde du travail est si complexe et multiforme que l'on ne peut se satisfaire de tout ce qui véhicule l'image de ce que serait aujourd'hui l'expérience de travail des personnes. Au moins espérons que les tranches de vie racontées dans cet ouvrage en auront convaincu le lecteur.

# 3 – Le handicap de l'objectif

Plutôt que de gérer des ressources humaines, il faut gérer des personnes[3]. Les termes ont-ils de l'importance ? Sans doute puisqu'ils sont fortement évocateurs même si les évocations diffèrent selon le cadre de référence de l'auditeur. Passer de la gestion des ressources humaines à la gestion des personnes est une question de mots, donc de sens.

Personne n'a vraiment décidé de renommer la gestion du personnel en gestion des ressources humaines mais l'historien accepterait, *a posteriori*, de dégager le sens d'une transformation réussie puisque tant les entreprises que les administrations ont progressivement adopté la dénomination.

L'expression donnait de l'importance à la notion de ressource. Une ressource engage la responsabilité pour son détenteur d'en faire quelque chose, de la connaître, d'en éviter la dépréciation et de l'utiliser. Ainsi, l'entreprise avait une responsabilité vis-à-vis de son personnel. Elle ne pouvait se satisfaire de l'employer et de l'administrer (terme devenu péjoratif), elle devait chercher à le développer.

Associer ressource et humain, c'était considérer qu'il n'y avait pas que des ressources matérielles ou financières mais que le soin, la rigueur et la technicité de la gestion devaient aussi concerner les gens. En resituant ce mouvement dans l'histoire, parler de gestion des ressources humaines revenait à lui donner une importance que le personnel ne semblait pas avoir. Plus encore, cela signifiait qu'en ce domaine, il pouvait y avoir de la connaissance, du professionnalisme dans l'exercice d'une vraie fonction de l'entreprise.

Depuis quelques années, avec l'usure du temps qui galvaude les termes et les éclaire du jour de la conjoncture, on éprouve souvent le besoin, en parlant de gestion des ressources humaines de préciser que les personnes ont des ressources

---

3. Thévenet M., « Le retour du travail et la fin de la gestion des ressources humaines ». *Revue Française de Gestion*. Décembre 1999.

plutôt qu'elles ne sont des ressources. Ainsi, on parle toujours de ressources mais ce n'est plus l'entreprise qui les a en ayant du personnel, ce sont celles des individus que les entreprises ont le devoir de développer.

Ce glissement sémantique est intéressant parce qu'il remet la personne au centre du dispositif. Il peut aussi indiquer que le terme a pris de l'âge et que les effets d'apprentissage des organisations sont en train de jouer pour évoluer vers d'autres formulations.

La formulation « gestion des ressources humaines » met l'accent sur plusieurs points forts :

– on parle de gestion, de méthode d'analyse, de décision et de contrôle ; ce qui concerne le personnel n'est pas en dehors des logiques de l'entreprise, on doit l'aborder avec la même rigueur ;

– on parle de gestion c'est-à-dire que l'on ne peut considérer le personnel comme seulement une variable d'ajustement, un coût : l'entreprise a pour mission de le développer ;

— on parle de ressources, c'est-à-dire que l'entreprise a, comme vis-à-vis de toutes ses autres ressources, la responsabilité de les gérer et d'en éviter la dépréciation ;

– on parle d'humain parce que ces ressources sont d'un autre ordre, on ne peut les aborder comme du matériel ou du financier : il y a donc des questions éthiques en jeu.

Mais on peut caricaturer la notion de « gestion des ressources humaines » et y voir :

– associer les notions de gestion et de ressources à l'adjectif « humain » c'est utiliser du vocabulaire économique à propos de l'homme donc déprécier l'humain, le ranger au niveau des autres ressources ;

– gérer l'humain, c'est avoir la prétention d'agir dessus, de l'aliéner, de prendre des décisions le concernant par rapport à une seule logique, celle de l'économie ;

– gérer c'est adopter des modes d'action forcément déshumanisés puisque la gestion ne peut être que froide ;

– gérer les ressources c'est cacher les personnes derrière des chiffres, des outils et des méthodes, des segments et des catégories.

Voilà deux argumentaires pour entrer dans des discussions sans fin sur le sens de la gestion des ressources humaines. Chacun de ces arguments fait écho à des systèmes de valeurs personnelles, légitimes et louables mais qui sont de l'ordre des hypothèses de chacun plutôt que de la vérité scientifique : il faut avoir la modestie d'en convenir.

Parler de gestion des personnes revient à mettre l'accent sur des aspects qui paraissent importants aujourd'hui, surtout à l'issue de cet ouvrage :

– Si les situations de travail sont de plus en plus diverses et les représentations liées au travail de plus en plus éclatées, il devient nécessaire de prendre en compte ce que travailler veut dire pour chacun. En termes de marketing, on dirait qu'il faut laisser tomber les segmentations pour faire du « *one to one* ». En matière de gestion du personnel, la segmentation a des vertus pédagogiques mais elle a aussi ses limites : parler des jeunes, des « quinquas », des femmes, des ingénieurs, des jeunes diplômés ou des ouvriers n'est plus suffisant pour en déduire un type de rapport au travail ; vouloir traiter les problèmes de ces catégories, c'est aussi prendre le risque d'oublier la personne derrière son critère d'appartenance à un segment.

– Les organisations du travail et beaucoup de postes exigent de leur titulaire d'investir plus que leurs connaissances mais aussi leurs émotions dans des carrières dont les postes-clés ne sont plus aussi balisés qu'ils l'étaient dans le passé : on en vient à aborder un rapport plus personnel. Comment aborder la gestion de la carrière, les problèmes de développement si ce n'est en tenant compte de multiples facteurs qui dépassent de loin les seules qualifications et performances réalisées ? Le champ des données à prendre en compte pour répondre aux attentes de carrière de la personne mais aussi à ses opportunités de développement sont forcément de plus en plus étendues. Au-delà même de la gestion des carrières, d'autres politiques de personnel (rémunération, formation) devront s'individualiser, non pas parce que l'entreprise y a directement intérêt mais parce que cela correspondra aux attentes des personnes.

– Si les démarches sociotechniques sont débattues depuis des décennies dans la littérature, on n'est pas encore allé au bout de leurs conséquences. La performance ne dépend pas que des systèmes techniques mais de la manière dont les personnes se les approprient. Pour développer de la performance on n'a pas fini de s'interroger sur ce que travailler veut dire pour les opérateurs et ce rapport est personnel.

– Les déterminants de la performance se situent dans les systèmes de règles et de procédures mais aussi dans la relation managériale, les relations entre personnes. Comme l'expérimentent quotidiennement tous ceux qui travaillent dans des équipes et des groupes, le comportement des autres dépend aussi de leur relation avec eux. Si la relation managériale devient aussi importante dans des organisations de moins en moins formalisées, il faut renforcer les compétences à mieux faire fonctionner ces relations et c'est en s'occupant des personnes que l'on peut le faire.

– Gérer les personnes induit que cela ne peut se faire de manière centralisée ou technocratique : cette notion met donc l'accent sur le partage de la fonction sur la responsabilité largement partagée de prendre en compte les personnes.

Gérer les personnes ne veut pas dire changer les personnes, nous l'avons suffisamment répété tout au long de cet ouvrage. Gérer veut dire que l'on essaie de comprendre, d'agir et de contrôler l'efficacité et les conséquences de ses décisions. Comment imaginer un responsable qui ne prendrait pas de décisions concernant les personnes qui travaillent avec lui... ce serait un piètre responsable ! Mais prendre des décisions concernant les personnes ne signifie pas décider à leur place pour ce qu'elles ont à décider ; cela ne signifie pas que l'on se substitue aux autres mais que l'on assume ses responsabilités.

Gérer les personnes ne veut pas dire que l'on traite des cas particuliers comme pourrait le faire le consultant psychothérapeute. On s'occupe des personnes, on prend des décisions concernant les personnes (et non pas sur les personnes). Mais ces décisions et actions sont prises dans un cadre de références. Les analyses de culture révèlent qu'un de ses traits dominants tient toujours[4] à la conception de la personne, c'est-à-dire aux droits et devoirs de l'institution vis-à-vis de la personne ainsi qu'aux droits et devoirs de la personne vis-à-vis de l'institution. On sait que l'on ne peut tenir sur le long terme qu'en référence persévérante à des principes (*core values*, etc.) qui servent de guide dans la prise de décision et assurent l'équité des décisions prises. C'est donc au sein de ces références élaborées au fil de l'histoire que l'on aura intérêt à rechercher le facteur d'unité, de finalité et de cohérence des actions prises en matière de personnel.

Prendre en compte les personnes, ce n'est pas traiter les cas individuels séparément les uns des autres, mais s'occuper de l'individualité de la personne dans le contexte de références claires, peu nombreuses, cohérentes et solides.

# 4 – Le handicap des outils

Nécessité ne fait pas loi comme nous l'avons si souvent répété dans cet ouvrage. Ce n'est pas l'obligation du résultat qui doit conduire à faire n'importe quoi. La culture opérationnelle du « faire » dans les organisations ne doit pas pousser à utiliser en matière de personnel des outils pour se rassurer en faisant quelque chose. Au quotidien des relations de travail, il serait plutôt nécessaire d'arrêter de faire, mais d'« être » plus.

Face aux problèmes de personnes, à quelque niveau que l'on soit, la réaction la plus fréquente est de prendre des décisions, de faire des choses, de piocher dans la boîte à outils

4. Thévenet M., op. cit.

de la fonction qui ne cesse d'ajouter aux méthodes d'audit et d'évaluation, des bilans, entretiens, *assessments* et autres outils toujours plus complexes les uns que les autres. On peut tester dans des exercices simples la difficulté des managers à simplement exprimer les attitudes et relations qu'ils auraient avec des personnes dans des situations particulières, absorbés qu'ils sont par la volonté d'actionner des outils.

Outre que l'outil détourne de la qualité de la relation, le handicap des outils a besoin de trois étapes majeures pour être dépassé :

## L'illusion technicienne

L'illusion technicienne c'est de pouvoir atteindre, grâce à une technique, un résultat voulu. Avec les machines cela marchait assez bien mais c'est différent avec les personnes. Mis en termes plus psychologiques, on dirait que l'on attend des réponses après avoir actionné des *stimuli*. En ce qui concerne les personnes et leurs comportements, il n'y a guère qu'au niveau des réflexes que l'effet stimulus-réponse fonctionne à plein. Même si le comportementalisme n'est pas très politiquement correct, il est sans cesse présent dans les référentiels implicites de nombreux acteurs dans les organisations. En expliquant, tout devrait marcher, en formant, les gens devraient mieux faire, en améliorant le système de rémunération, cela devrait motiver, etc. On va même demander quelles techniques nouvelles arrivent sur le marché pour motiver, impliquer, être performant.

Quand on attend des outils un résultat magique, on ne peut qu'être déçu du résultat, on va alors chercher d'autres outils. Or le problème n'est pas l'outil, mais la manière de l'utiliser. Le meilleur guide d'entretien d'évaluation des performances peut être perverti et utilisé de mille et une manières différentes, la meilleure procédure de comité de carrière peut donner le meilleur ou le pire. Les entreprises ont, en général, bien trop d'outils de gestion du personnel ; elles devraient les élaguer plutôt qu'en créer d'autres, travailler sur leurs utilisateurs plutôt que sur les outils eux-mêmes.

262

Un phénomène est aujourd'hui particulièrement intéressant, c'est le développement du *coaching* : par nature, c'est de la relation mais à force de vouloir l'organiser, le structurer et l'outiller, on risque de fabriquer l'antithèse de ce que l'on veut mettre en place.

L'illusion technicienne se nourrit du carburant de la « systématisation ». On rêve tellement d'un monde parfait qu'il faut l'imposer. On trouve le *coaching* si nécessaire qu'il s'agit d'en offrir à chacun le bénéfice ; la rémunération individuelle correspondrait à une telle valeur qu'elle doit être destinée à tout le monde. Malheureusement, le mieux est souvent l'ennemi du bien et à trop vouloir généraliser, on enlève toute la force et le sel de ce que l'on tente de mettre en œuvre. De plus on crée des résistances et on passe alors son temps à les surmonter plutôt qu'à les mettre en œuvre. En matière humaine plus qu'ailleurs, on a besoin d'expérimental, d'opérations pilotes bien choisies qui ont toutes les chances de réussir pour créer l'envie ailleurs et laisser à chacun de prendre le temps de se convaincre. Mimétisme et envie sont aussi des vecteurs de changement : ils sont plus efficaces, même si personne ne peut ensuite s'approprier le bénéfice personnel du succès...

Il est difficile de savoir exactement d'où vient cette illusion technicienne mais il est frappant de voir combien elle est générale, dans toutes les institutions, à tous les niveaux de responsabilité. En matière de compétence humaine, tout le monde est à égalité, fait face aux mêmes difficultés d'apprentissage, du dirigeant à l'agent de maîtrise et au futur agent de maîtrise, du responsable d'une entreprise au président d'une association, de celui qui détient la science (même humaine) à celui qui ne connaît rien. Les diplômes n'y font rien. Mais, complément nécessaire, tout le monde peut apprendre, s'améliorer.

## L'illusion du temps

Les personnes ne sont pas des ressources comme les autres. Sans même donner un contenu moral à cette affirmation, les personnes ont cette particularité que leur temps est particulier.

Les marchés, la concurrence, la technologie et le droit changent à un rythme qui n'est pas forcément celui des personnes. Le développement des compétences ou de l'implication ont leur propre rythme et c'est une illusion de croire qu'ils peuvent être en phase.

La difficulté des questions de personnel c'est d'assurer ce développement et de gérer l'écart obligé entre le temps de l'apprentissage des personnes et le temps de la stratégie des opérations. Pour réconcilier ces deux échelles de temps, la logique voulait que le développement des entreprises soit guidé par la référence à quelques principes permanents qui constituent ce que certains appellent une identité. Celle-ci n'était pas un gadget mais plutôt les points fixes indispensables pour pouvoir beaucoup changer : c'est parce que l'on a du stable que l'on peut beaucoup changer, c'est parce que les étoiles ne bougent pas trop dans le ciel que l'on peut naviguer et trouver sa route.

Ces conceptions paraissent à la fois simples et démodées à l'heure où les entreprises se créent pour mieux se vendre rapidement, où la création de valeur doit assurer des profits rapides. Il est toutefois des moments où l'on se demandera s'il n'est pas préférable d'avoir des institutions pérennes sur le long terme, où les fonds de pension considéreront que la régularité et la pérennité d'un retour sur fonds propres vaut bien quelques points de rentabilité à court terme.

Une entreprise française de services ne réunissait-elle pas récemment les analystes financiers pour leur présenter... sa culture d'entreprise !

## L'illusion du changement

Tout change mais est-il possible de changer les choses. Les personnes changent mais est-il possible de les changer. Voilà des questions beaucoup trop philosophiques pour un ouvrage écrit par un professeur de gestion. Par contre, il y a une réalité que nous renvoie toute l'histoire des expériences humaines, c'est que la seule personne que l'on peut changer c'est soi-même. Vous qui travaillez dans un environnement qui est essentiellement social, constitué d'autres personnes, votre premier lieu de changement c'est vous-même, vos comportements quotidiens : vous changer vous-même, cela provoque des changements chez les autres. Nos comportements ne découlent pas uniquement de l'exercice solitaire de notre raison, ils sont aussi une réaction aux comportements des autres. Alors pourquoi ne pas commencer par soi.

Si l'on reprend les trois conditions nécessaires de l'implication vues au chapitre 7, cohérence, réciprocité et appropriation, il est facile de voir comment chacun peut commencer d'y satisfaire à son propre niveau, sans attendre les outils, sans attendre que les autres fassent de même.

# 5 – L'exemplarité

Il est un concept vieux comme le monde, qu'un auteur en gestion des personnes ne peut pas utiliser en début d'ouvrage sous peine de faire fuir le lecteur, c'est celui de l'exemplarité. L'exemplarité n'est pas une obligation pour le chef, le responsable, le leader, l'animateur, c'est une obligation pour tout le monde. Parler de gestion des personnes, c'est aussi s'éloigner des outils cache-misère pour situer les leviers d'action là où ils sont vraiment. Chacun a la liberté de le faire ; c'est de la responsabilité de chacun de le faire. La gestion des personnes c'est aussi la clarification de ses propres responsabilités dans le travail. En ce sens, le travail est vraiment un morceau de vie.

# INDEX THÉMATIQUE

# BIBLIOGRAPHIE

*Livres*

ADAM G. et REYNAUD J.-D., *Conflits du travail et changement social*, PUF Sociologies, 1977.

ALBERS-MOHRMANS S., *Designing and leading Team-based Organizations, a workbook for organizational self-design*, Jossey-Bass, 1997.

ATTALI J., *Fraternités*, Fayard, 1999.

BAIRD L., *Managing Performance*, Wiley, 1986.

BELBIN M., *Management teams : why they succeed or fail ?*, Butterworth-Heinemann, 1996.

BELLIER S., sous la direction de, *Compétences en action*, Liaisons, 2000.

BELLIER S., ROUVILLOIS S. et VUILLET P., *Le travail à visage humain*, Liaisons, 2000.

BLOCH P., HABADOU R. et XARDEL D., *Service Compris*, Lattès, 1986.

CORIAT B., *L'atelier et le chronomètre, essai sur le taylorisme, le fordisme et la production de masse*, Bourgois, 1994, 2ᵉ édition.

CYRULNIK B., *Un merveilleux malheur*, Odile Jacob, 1999.

DUMAS M.

EHRENBERG A., *La fatigue d'être soi*, Odile Jacob, 1998.

FIEVET G., *De la stratégie militaire : l'expérience militaire au service de l'entreprise*, Interéditions, 1993.

GIRARD R., *Le bouc émissaire*, LGF, 1986.

GUÉRIN F., *Faut-il brûler Taylor ?*, Management et société, 1998.

HAMMER M. et CHAMPY J., *Reengineering the corporation, a manifesto for business revolution*, Harper Business, 1994 p. 177.

HERSEY P. et BLANCHARD K., *Management of organizational Behaviour, utilizing human resources*, Prentice Hall, 1982.

HIRIGOYEN M.-F., *Le harcèlement moral*, Syros, 1998.

HOMANS G., *The Human Group*, 1960.

ILGEN D.R. et PULAKOS E.D., *The changing nature of performance*, Jossey Bass, 1999.

JARROSSON B. Et ZARKA M., *De la défaite du travail à la conquête du choix*, Dunod, 1997.

JEAN-PAUL II, *Laborem Exercens, Encyclique sur le Travail*, Bayard Centurion, 1981.

JOULE R.V. et BEAUVOIS J.-L., *La soumission librement consentie*, PUF, 1998.

LEAVITT H. et BAHRAMI H., *Managerial Psychology*, The University of Chicago Press, 1998, 5ᵗʰ edition.

LEIDNER R., « *Rethinking questions of control : lessons from Mc Donald's* », in SIRIANNI C. Et C., *Working in the service society*, Temple University Press, 1996.

LESSARD B. et BALDWIN S., *Net Slaves*, Mc Graw Hill, 2000.

LIPMAN-BLUMEN J., LEAVITT H., *Hot Groups*, Oxford University Press, 1999.

MARTIN B., LENHARDT V. et JARROSSON B., *Oser la confiance*, INSEP, 1996.

MIDLER C. et LÉVY R., *L'auto qui n'existait pas*, Dunod, 1998.

MILGRAM S., *Soumission à l'autorité*, Calmann-Lévy, 1974.

MOTHER D., *Le temps libre contre la société*, Desclée de Brouwer, 1999.

MOWDAY R.T., PORTER R.M. et STEERS L.W., *Employee Commitment, Turnover and Absenteism*, New York Academic, 1982.

PFEFFER J., *The Human Equation*, Harvard Business School Press, 1999.

PFEFFER J., SUTTON B., *The knowing-doing gap*, Harvard Business Schoiol Press, 2000.

PINE B.J. et GILMORE J.H., *The Experience Economy,* Harvard Business School Press, 1999.
RIFKIN J., The End of Work, Putman's sons, 1995.
TAYLOR, F.W., *Scientific Management*, Harper and Row, 1947.
THÉVENET M., *Impliquer les personnes dans l'entreprise*, Liaisons, 1992.
THÉVENET M. Et VACHETTE J.-L., *Culture et comportements,* Vuibert, 1992.
THÉVENET M., *Culture d'entreprise*, coll. Que sais-je ?, PUF, 1993.
YONNEY P., *Travail, loisir : travail et lien social*, Gallimard, 1999.

### Revues et périodiques

« Qui bosse, qui bulle ? », *Le Nouvel Observateur*, 23-29 septembre 1999.
ALLEN N.J. et MEYER J.P., « *The Measurement and antecedents of affective continuance and normative commitment to the organization* », Journal of Occupational Psychology, n° 63, 1990.
BAUDELOT C. et GOLLAC M., « Le travail ne fait pas le bonheur mais il y contribue », *Sciences Humaines*, n° 75, août-septembre 1997.
BUCHANAN B., « *Building Organizational commitment : the socialization of managers in work organizations* », Administrative Science Quarterly, n° 19, 1974.
GOULDNER W., « *Cosmopolitans and locals* », *Administrative Science Quarterly*, n° 2, 1957.
MORROW P.C., « *Concept redundancy in organizational research : the case of work commitment* », *Academy of Management Review*, n° 8, 1983.
PETITNICOLAS C., « Le tabou de la violence au travail », *Le Figaro*, 21 octobre 1999.
REY F. et TRENTESAUX J., « Les nouveaux forçats », *Liaisons sociales mensuel*, février 1998.
ROJOT J., « Ce que veut dire la participation », *Revue Française de Gestion*, mai 1992.
THÉVENET M., « L'écot de la mode », *Revue Française de Gestion*, n° 53-54, 1985.
THÉVENET M., « Les dimensions cachées de la relation au client », *Éducation Permanente*, n° 137, 1998.
THÉVENET M., « Le travail, que d'émotions ! », *Revue Française de Gestion*, n° 126, décembre 1999.

www.ingramcontent.com/pod-product-compliance
Lightning Source LLC
Chambersburg PA
CBHW061144220326
41599CB00025B/4346